除了野蛮国家,整个世界都被书统治着。

后读工作室
诚挚出品

流波 著

讀上心頭

人民东方出版传媒
东方出版社

图书在版编目（CIP）数据

读上心头 / 流波著. -- 北京：东方出版社, 2024.6
ISBN 978-7-5207-3958-0

Ⅰ.①读… Ⅱ.①流… Ⅲ.①读书笔记—中国—现代
Ⅳ.① G792

中国国家版本馆 CIP 数据核字 (2024) 第 100695 号

读上心头
（DU SHANG XINTOU）

作　　者：	流　波
策　　划：	姚　恋
责任编辑：	王赫男
出　　版：	东方出版社
发　　行：	人民东方出版传媒有限公司
地　　址：	北京市东城区朝阳门内大街 166 号
邮　　编：	100010
印　　刷：	北京启航东方印刷有限公司
版　　次：	2024 年 6 月第 1 版
印　　次：	2024 年 6 月第 1 次印刷
开　　本：	640 毫米 × 950 毫米　1/16
印　　张：	26
字　　数：	316 千字
书　　号：	ISBN 978-7-5207-3958-0
定　　价：	79.80 元
发行电话：	（010）85924663　85924644　85924641

版权所有，违者必究
如有印装质量问题，我社负责调换，请拨打电话：(010) 85924602　85924603

推荐序

流波这本书前的题记是周作人的一段话："从前有人说过，自己的书斋不可给人家看见，因为这是危险的事，怕被看去了自己的心思。"其实，这段话也可以用来表示序文作者所面临的风险，那就是贸然写作，忽略了暴露自己知识缺陷的麻烦。

虽然我跟流波都是法学专业出身，还是同一学校毕业，但是读他的书稿，得到的观感却是如此新奇。这本书大多数篇目所论及的都是文学尤其是近现代文学的书籍和人物，是我自己的阅读所较少涉及的领域。他谦虚地自称"跨行伪军"，伪军本身已经属于身份越界了，再跨行，不禁让人更有角色扑朔迷离，身份变化莫测之感。

读这部书稿，我常想象作者书房里，架上插着的各种新旧书本，猜想法学作品应该不多，但张爱玲、鲁迅、萧红、沈从文、贾平凹、刘震云们却一定是琳琅满目。本书中，作者化身导游，在生动的文学世界里，给读者叙述这些"遥远而亲切的书名与作者"，娓娓道来地讲述那些书和人相关的各种故事，于是，读这本书，我仿佛置身于一个自己从未体验过的山川异域之中，经常获得突如其来的意外喜悦。

也许正因为是"跨行伪军",流波的眼光跟文学"正规军"相比,有着通常文学评论所不常见之处。例如他会揭示某些作品中一些"隐身人"的存在(包括被消失的作者),他固执地再现主流观点所力图遮蔽的真情实感,他告诉我们与作品有关的人们——其中不少是他有亲密交往者——是如何通达或偏狭。令我惊讶的一个细节是,他推测一位女作家的死因居然是"自缢导致意外死亡"——这是多么费解而自相矛盾的一种死因!

不过,贯穿全书的还是作者清晰明确的文学主张。他坚定地相信艺术本身有着超越任何意识形态的价值;驶向法国的那艘邮轮上的诸多风云人物注定会变成过眼云烟,能够传世的也许就是其中一个不起眼的少年留学生林风眠;高君宇最终还是或必将是因为石评梅而为人所知;苏联存活了六十九年,《日瓦戈医生》却永垂不朽。他对小说的叙事风格树立了严格的标准,反感那些污秽的语言,期望某种令人回味的叙事。他坚持主张文学语言应该经得起反复阅读,而不是读一遍就不想再读。我想起钱锺书先生某次给文学作品的界定,那就是不仅可读(readable),而且必须经得起反复读(re-readable)。

饶有兴味的是,流波自己虽然跨行评论,但对一些学者跨行写的小说却不以为然,他认为除了钱锺书,没有几个成功的教授小说家。教授难以写好小说,当然是一个值得深思的问题。某年我曾经在一个西北城市的书店里意外地买到了唐德刚的小说《战争与爱情》,虽然当时的我属于"德刚体"的爱好者,但是那本小说令我大失所望,算是我对教授小说的一次悲伤的体验。说到流波推崇的钱锺书,虽然我也算是一个重度"钱迷",但私心以为《围城》这部小说还是有某种"教授小说"难免的缺陷,例如每一个人物的话语都过于精彩，妙喻迭出，令人感觉超乎日常。无论如何，流波提出了这个问题，还是一个文学研究中的复杂课题。

令我欣慰的是，这本书中不仅有"遥远而亲切的书名与作者"，还有一些让我有更亲近感受的书籍，例如与作者和我都有频繁交往的朋友的作品。尤其是谈到跟法学有关的人与事，流波不再"跨行"，而是回归到了自家安身立命的领域，发论独到，极具专业性。给我印象深刻的，诸如对秦政的反思，对阎锡山宽容媒体的解读，还有涉及名誉权之类争议的观点，都颇具法学家的深度。这也可以算是跨界之后的回归吧。

英语中有一个说爱书人的词，叫做 bibliophile，我读流波此书，感到他就是一个典型的爱书人，也可以称之为"书痴"。在这个手机阅读大流行的时代，这本图文并茂的作品让读者得以体味纸质书本之美，文学阅读之乐，容我不避老友内举之嫌，在此做出诚恳的推荐。

宁海舟

2024 年 4 月 14 日

目录

〇一　001　书香缘

中国书店购书记／做贼似的买了一本书／古华签赠于浩成／仍是费迷／悄吟的《桥》／淘到一本与众不同的萧红选集／"石一歌"时代一去不复返了吗／碰巧淘到了这几本书／淘得中国现代文学第一部长篇小说／感觉不错／一场历险，一次纪念／原来是谢材俊／买书如山倒，读书如抽丝／喝酒上头，读书上心／看书要看最新版本／"凑"书／寻书记／为一篇文章买一本书／二十年不涨反降／有家书店叫"卡西莫多"／旧书店的签赠本／绿房子＝青楼？／一本书定价2000元／腰折／书中书

〇二　049　留得残荷听雨声

专属西政的《我的大学》／留得残荷听雨声／重读儿时书／那条叫丹江的河／吴伯箫的美文／一本"放开写"的书／躺着读《躺着读书》／哪个译本好／与小说有关／让书店卖书／看过完整版《追捕》吗

〇三　071　有关萧红的细节

何人绘得萧红影／死后埋在鲁迅身边，并非萧红临终遗言／寻访商市街25号／呼吁恢复商市街本名／《生死场》书名的由来／这不是萧红住过的房间／萧红的欧罗巴旅馆／青杏般的诗句／天真萧红／胡风对萧红的谬议／越轨的萧红／丁、萧无可比性／萧红哪部作品最伟大／《呼兰河传》书名的翻译不符合作者本意／重庆抗战文艺史不应缺失萧红浓墨彩的一笔／特务的道具／更是以讹传讹／不受人待见的端木蕻良

〇四 109 鲁迅的饭局

胡风错过了那场非同寻常的饭局 / 孺子牛 / 无人负担鲁迅的丧葬费 / 考证,不可"以理服人" /《狂人日记》中没有这句话 / 陈师曾算杀熟吗 / 两株加两株,一共四株 / 祝福 / 有关鲁迅的两个问题 / 内山书店已不是书店

〇五 129 抵达内心的歌谣

语言终止之处,音乐开始了 / 小情小调 / 陈川的舞之乐 / 能传世的或许是《我们这一辈》/ 篡改、经典的瑕疵 / 郭峰,音乐大师或三流歌手 / 听听俗歌 / 毒"鸡汤" / 樱桃树并不难栽 / 像滚石,向鲍勃·迪伦 / 光天化日的怀旧

〇六 155 读书读书

看《战争和人》/ 春有百花秋有月 /《白鹿原》曾被做过"手术" / 皮和瓤 /《平凡的世界》是衡量文学鉴赏水平的试金石 / 冯骥才"记述文化五十年"的五部曲 /《搁浅》搁浅了吗 /《搁浅》果然搁浅 / 请保持原貌 / 被简化的作者 /《红楼梦》里有密码 / 这两本小说,以及另一本 /《酱豆》仍未问世 / 一本稀见的贾平凹早期的书 / 一本文体奇特的书 / 学术小说 / 特别任务 / 文学应有独特的语言美 / 有头无尾的"京都三部曲" / 本人读过的翻译水平最差的一本书 / 迟子建的短篇小说更佳 / 愿赌服赢 / 何谓读书人

V

〇七 197　瞧！这些人

有关路遥，别再以讹传讹了 / 你懂个锤子 / 史铁生没能葬于地坛是地坛的憾事 / 让"死"活下去 / 三毛的死因 / 当我们谈论林徽因时，我们在谈论什么 / 学者还是不要写小说为好 / 封面设计·学者小说 / 黄济人的坚持 / 玄虚 / 贾平凹的画 / 这部小说写到了张志新 / 无独有偶，两个非凡的女性 / 下一个获诺奖的中国作家是阎连科 / 诺奖奖作家，茅奖奖作品 / 说书人二月河 / 李敖 /《天网》之后的主人公及作者 / 这不是启功个人的事 / 启功书法的真伪 / "熟悉的"叶圣陶和不熟悉的叶兆言 / 高露洁 / 方尖碑

〇八 239　文人的脾气

见过 / 朱学东，醉能述以文者 / 那个人就是刘楠祺 / 李印白：行摄千里追寻惠特曼的《自我之歌》/ "一地鸡毛"是新成语 /《新星》成了巨星 / 从"李向南"到"罗成" / 一部影片叫《萌谍》，一名导演叫郭啸 / 谁还没有个爹？ / 美术大师的两处房子 / 相见 / 李代林赐 / 不"索惠"不是你家了 / 为了让"经典"更加经典 / 订正 / 这本书让我感到很悲哀 / 两本书恰巧都谈到了包产到户 / 一个比一个狠 / 文人的脾气 / 刘震云可能离诺贝尔奖越来越远了 /《手机》没有侮辱崔永元

○九　287　感时忧世

感时忧世 / 那书那人那市 / 秦制何止两千年 / 只要秦制两千年，人人活在洪武时代 / 一"镇"知国 / 陈果被黑 / 揭开唐山震前真相的一本书 / 作妖 / 蝼蚁 / 病痛可医，人瘟难治 / 这些知识难民是最先进生产力 / 蒙昧的典籍 / 农业部曾打算告贫嘴的"张大国" / 最底层的"矫诏"，最大胆的"伪托" / 人家的法律 / 上海的魅力，弄堂的魅力 / 深圳是座有文化的城市 / 领导的叮咛 / 我的整个人生和你的连在了一起 / 揭人隐私的代价 / 也是一种爱的箴言 / 能用钱解决的都不是问题

一○　323　陈旧人物

阎锡山对待舆论 / 一代鸿儒旧居 / 死生大义须史事，留取芳名几百秋 / 会讲外语尤其俄语的重要性 / 画家林风眠 / "流氓画家"和"洋场恶少" / 那个年代那些有温度的文字 / 撮长 / 侠肝义胆沈从文 / 卧底冯亦代说刘海粟是汉奸 / 石评梅墓前的对话 / 张爱玲的决绝，以及最重要的两部长篇小说 / 第一本张爱玲文集 / 瞎子阿炳之死 /《我与悲鸿》和《徐悲鸿一生》/ 赵树理与山药蛋派的区别 / 最后的闺秀 /《唐诗三百首》的作者 / 汗颜 / 卡扎菲哪儿去了

vii

一一 　361　**文学与人生**

文学就文学 / 虹影·重庆 / 日记 / 不宜用小说写传记 / 传记写作：不似考古，胜似考古 / 传记不足信 / 一篇序文的故事 / 六十九年与永垂 / 玛蒂尔德，诚信和自尊的典范 / 忠诚 / 同类 / 美人 / 一碗油盐饭 / 莲叶李田田 / 做个有趣的人

389　**代跋：酒肉朋友新解**

393　**图版索引**

从前有人说过,自己的书斋不可给人家看见,因为这是危险的事,怕被看去了自己的心思。

——周作人

书香缘

中国书店购书记

时间：某年某月某日
地点：中国书店海王邨门市部
人物：店员永远比顾客多

一个年轻人从书包里拿出几本书，戴蓝套袖的店员挑拣着，选了几本，剩下的一推：这些都不要。

年轻人望着蓝套袖抱在怀里的书，问：多少钱？

蓝套袖：6块。

年轻人：多少？

蓝套袖：6块！

年轻人：您看，带插图的……

蓝套袖：就6块！

我凑上前：啥书？

蓝套袖紧紧抱着那几本书，白了我一眼：跟你没关系。

几个蓝套袖过来帮腔：要看出去看，这不是农贸市场。

年轻人几乎是从蓝套袖手中抢回那几本书的。

走出店外，年轻人给我看刚才蓝套袖故纵欲擒的书，原来是一套《源氏物语》。年轻人说：你看，丰子恺译的，还带插图。

你打算卖多少钱？

30。

你是学生？

嗯。

当我举着《源氏物语》返回书店，所有的蓝套袖齐刷刷地向我行怒目礼。

《源氏物语（上中下）》[1]
[日]紫式部 著　丰子恺 译
人民文学出版社 1983 年 10 月北京第 1 版

---

[1] 书影旁所列书名、作译编者、出版社及版印次等信息，均与图书在版编目数据及版权页保持一致，因此可能出现与书影不一致的情况，特此说明。——编者注

做贼似的买了一本书

20多年前和一大学同学逛中国现代文学馆，馆内设有一小书屋，不是开架式的，所售图书均放在橱柜里。

挑选了几本市面上也有卖的书，聊作纪念。忽然，在展示柜里看到一本《书香缘——作家捐书题词集》，就请女售货员拿出来。一翻，是所有为建馆捐书的作家题词集，扉页有巴金、冰心、艾青和萧乾的钤印。

这本书卖吗？

卖呀。

多少钱？

后面不是有定价嘛。

这些盖章是真的吗？

咋不是真的，都是作家亲手盖上去的。

还有吗？

没有，就这一本。

心跳加速，战战兢兢地付过钱，贼似的逃离。

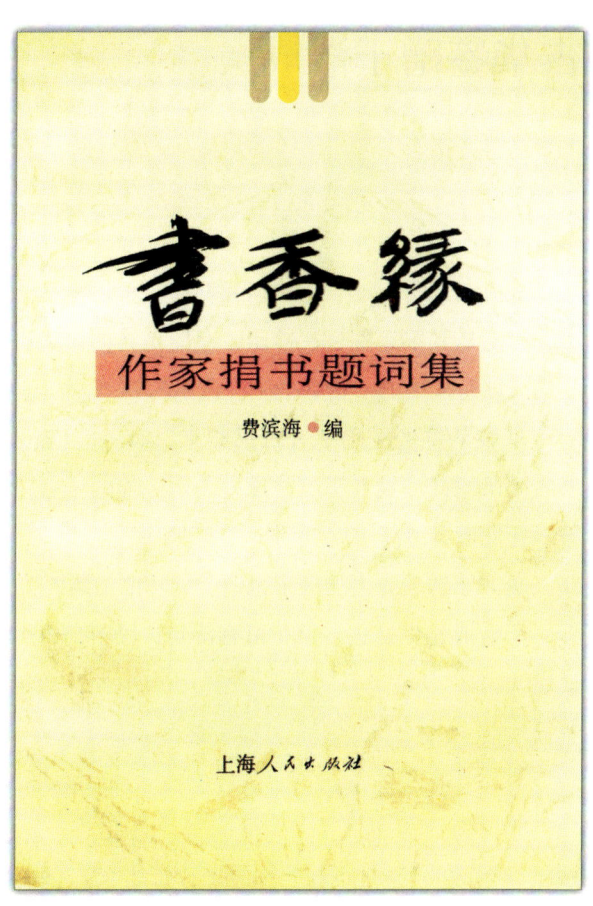

《书香缘——作家捐书题词集》
费滨海 编
上海人民出版社 1995 年 11 月第 1 版

古华签赠于浩成

我在灯市东口的中国书店淘到过好几本于浩成先生的私人藏书，有的是其亲笔签名、钤印，有的是其他作者送他的签赠本。这些书应该是从他的"新绿书屋"流出的。

京城某位老文化学者藏书颇丰，有一年淘汰一批藏书，中国书店闻讯竟开一辆卡车前往家中装运。他的子女对这些旧书毫无兴趣，任凭以可能高于废纸的价格处理掉。

莫非于浩成先生的藏书也遭受同样的命运？

于浩成先生是法学家，留有诗句：民不自由毋宁死，国无法治最堪忧。

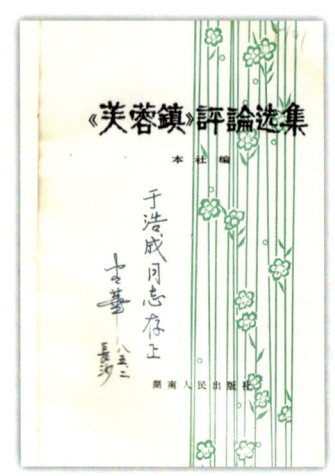

《〈芙蓉镇〉评论选集》
湖南人民出版社 编
湖南人民出版社 1984 年 12 月第 1 版

仍是贾迷

中华全国农民报协会秘书长魏小兵女士去陕西开会，返京给本人带回一份礼物——贾平凹亲笔签名的长篇小说《山本》。

本人曾用数年时间专门收集贾平凹各种版本的著作，后无奈中断，原因是市面上越来越多的作品属"排列组合"，尤其不能忍受的是出版社改头换面，老酒装新瓶，便逐渐失去了收藏"贾著"的兴趣。但对贾平凹两年一部的新作，本人仍抱有期望，均一一拜读。

书房设有"贾平凹专区"，收藏有大约200本各种版本的贾氏著作，却没有一本作家签名本，这不能不说是遗憾；好在如今填补了这一空白。

谢谢慷慨的朋友，也谢谢贾平凹。

《山本》
贾平凹 著
作家出版社 2018年4月第1版

悄吟的《桥》

"文学丛刊"是巴金20世纪三四十年代主编的大型丛书，先后出版10集，每集16册，收录了当年文坛优秀作家的主要作品。20世纪80年代初，花城出版社决定从这160册书中遴选出一部分，新编"文学丛刊选"。

《桥》便是首批10册书之一。其余9册包括巴金《利娜》、萧军《羊》、何其芳《画梦录》等。

本人收藏有萧红部分著作，但署名"悄吟"的原版，这还是第一本。

此书是偶然从孔夫子旧书网淘得，品相很好，价格低廉，卖家是作者家乡的一网店。此书1981年4月第1版，1982年6月第2次印刷。虽比不上民国二十五年上海文化生活出版社初版那么久远，可怎么说也过去40年了。

《桥》
悄吟 著
花城出版社1981年4月第1版

淘到一本与众不同的萧红选集

淘得一本小册子：萧红的《小城三月》，文化艺术出版社1989年1月1版1印。

萧红作品选本极多，这个35年前的选本，本人还是头一次见到。除了《小城三月》，还收录了《夜风》《桥》《手》《牛车上》《黄河》等五篇作者在不同创作时期的短篇小说精品。

这本小册子与众不同之处，是每篇作品后都附有长达2000字左右的赏析文章，对作品及创作背景做出了中肯的分析和评价，这在数不胜数的萧红作品选本中非常少见。

一印印数只有3800册，在当年属于非常少了，这也是这个选本市面上罕见的原因。

还需要说明的是，这本书当年是列入"中学生文学名著阅读与欣赏丛书"的，目的是"向广大青年读者普及中外文学的优秀作品"。所收录六篇小说，编者说是供中学生阅读与欣赏，但本人认为阅读和欣赏萧红作品，又岂能只是中学生。千载谁堪伯仲间！

《小城三月》
萧红 著
文化艺术出版社 1989 年 1 月第 1 版

"石一歌"时代一去不复返了吗

有好几年没来呼市了,抽空去了趟大学路文化商城,还是几年前的模样,那家二手书店也还在。

看到"石一歌"的《鲁迅的故事》,果断买入,就冲着作者的大名。

书是上海人民出版社 1973 年 2 月出版的,距今整半个世纪,"石一歌"——"十一个"成员绝大部分默默无闻,有的人则厚颜享受着"大师"的名号。

后记中有这样一句话:"鲁迅所处的时代对今天的少年读者来说是完全陌生的,而且这个时代已经一去不复返了。"读到这句话时我忍不住想:"石一歌"这个名称对今天多数民众来说是完全陌生的,但是,"石一歌"所处的时代真的是一去不复返了吗?

《鲁迅的故事》
石一歌 著
上海人民出版社 1973 年 2 月第 1 版

碰巧淘到了这几本书

几个月前,一位朋友发朋友圈,配图上有两句疫情期间提振士气的话,注明出处是戴厚英小说《人啊,人!》。

看到这两句话,激发了我重读《人啊,人!》的兴趣。几天后,我向一位大学同学推荐了这本 20 世纪 80 年代轰动全社会的小说。但同学后来告诉我,几个著名图书网店均无货。不可能呀,这本书近年仅人民文学出版社就出了好几个版本,怎么可能断货呢。再说,年轻读者连戴厚英是男是女都不知道,不至于造成"不良影响"的。但是,网上线下查询,果然都不见此书踪影,个别网店虽有卖,但价格大都百元以上。

这部探讨人道主义的文学巅峰之作,莫非在四十年后又遭 N 茬罪?莫非还是因为写"人"?

某天,突然想起好久没去海淀中国书店了,于是,坐亿元豪车前往。惊喜的是,竟淘到好几本觊觎已久的书——

1.《人啊,人!》

戴厚英 著

花城出版社 1980 年 11 月第 1 版 1982 年 1 月第 1 次印刷

原定价:1.15 元

买入价:10.00 元

《人啊,人!》出版后,先是上海,继而全国各地掀起了一股批判戴厚英的风潮。戴厚英的复旦大学文艺理论教研室主任职务被罢免,讲课权利被剥夺。

在《人啊,人!》遭到大批判的同时,美国、法国、日本、联邦德国先后出了译本。当年里根总统访问复旦大学,有关接待文件上专门写了一条:"如果外国记者问起戴厚英,就说不知道。"

这本书的写作手法,任何人都无法模仿,可谓空前绝后。

2.《人·兽·鬼　写在人生边上》
钱锺书　著
海峡文艺出版社 1991 年 5 月第 1 版第 1 次印刷
原定价:2.40 元
买入价:10.00 元
版本很多,这一本被列入《上海抗战时期文学丛书》,费解。

3.《丑陋的中国人》
柏杨　著
湖南文艺出版社 1986 年 12 月第 1 版第 1 次印刷
原定价:1.50 元
买入价:5.00 元
此版本与本人早年最初看到的 1987 年时代文艺出版社的版本,毫无疑问都属删改本。2015 年人民文学出版社出了柏杨系列作品,自然包括最具影响力的《丑陋的中国人》,但近期有图书下架,此书首当其冲。

4.《弥天》

刘醒龙 著

上海文艺出版社 2002 年 4 月第 1 版第 1 次印刷

原定价：22.00 元

买入价：30.00 元

这是一部被严重忽视的佳作。封底内容介绍提道："……人性在革命的名义下被扭曲变形……明明知道眼前的一切都是美丽的谎言，但所有的人都心照不宣地参与其中……用汗水泪水乃至鲜血成就了一场历史的弥天大谎！"

此书系作者签赠本，签赠对象是著名文学评论家雷达："雷达先生指正 刘醒龙 2002.5.20"。

5.《源氏物语》（上）

[日] 紫式部 著 丰子恺 译/插图

1980 年 12 月第 1 版第 1 次印刷

原定价：1.50 元

买入价：20.00

迫切淘到这套老版。2022 年春节期间在新街口中国书店淘得下册。我与这部书有缘，有故事。

6.《新时代争鸣作品丛书》

中国作家协会创作研究室 编

时代文艺出版社于 20 世纪 80 年代末陆续出版

每册原定价 3 元左右，共淘到 7 册，买入价每册 10 元

这套丛书影响较大。从收入的篇目中选取一篇作为每册书名，

包括《晚霞消失的时候》《鲁班的子孙》《公开的情书》《一个女人和一个半男人的故事》《贞女》《男人的一半是女人》《小城之恋》，收录的都是当年货真价实的争鸣作品，在社会上而绝不仅是文学界，引起了强烈反响。

《人啊，人！》
戴厚英 著
花城出版社 1980 年 11 月第 1 版

淘得中国现代文学第一部长篇小说

十多年前闹热程度不比西单逊色的新街口，如今冷清得让人难以面对。只有大丁字路口西南的那家中国书店，仍是我的念想，唯一的念想。前日淘得几本稀本，其中列入"中国现代文学作品原本选印丛书"的《冲积期化石 飞絮 苔莉》，是人民文学出版社1988年4月1版1印。

鲁迅的《狂人日记》是中国现代文学第一篇白话小说，也是中国现代文学第一篇短篇小说。郁达夫的《沉沦》是中国现代文学第一部短篇小说集。而张资平的《冲积期化石 飞絮 苔莉》，则是中国现代文学第一部长篇小说；我是看了简介才知道的，惭愧。

也有学者考证，中国现代文学史上的第一篇白话小说并非鲁迅的《狂人日记》，而是陈衡哲的《一日》。前者发表于1918年，而后者发表于1917年，年头早了一年。

《冲积期化石 飞絮 苔莉》
张资平 著
人民文学出版社 1988年4月北京第1版

感觉不错

说来惭愧,本人阅读哈耶克很晚,是在 20 世纪 90 年代后期,纯属偶然,甚至不可思议。在北京东郊图书批发市场一摊位上看到书名,顿时眼前一亮:通往奴役之路?莫非是告诉读者,怎么做就能当奴隶,就会被奴役吗?那就读一读,学一学,看如何对照此书"倒行逆施"。

于是,在对内容和作者丝毫不了解的情况下,买了《通往奴役之路》。

仅凭书名就想一探究竟,这种情形下买书不止一次,记忆中还有《历史决定论的贫困》《被亵渎的鲁迅》等几本。

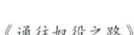

《通往奴役之路》
[英] 弗里德里希·奥古斯特·哈耶克 著
王明毅 冯兴元 等译
中国社会科学出版社 1997 年 8 月第 1 版

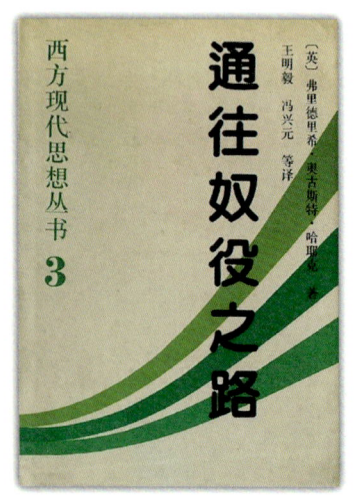

一场历险，一次纪念

"一场历险 一次纪念"，这是《〈日瓦戈医生〉出版记》的扉页题记。

这本仅118页薄薄的小书，虽然版权页标注的字数是80千字，但实际文字不足20千字，因为世界各地各语种出版的《日瓦戈医生》不同版本的书影部分就占了书中整整40页。

《日瓦戈医生》惊心动魄的出版过程，早已为世人所知。1956年5月，一位意大利记者在莫斯科近郊访问作者帕斯捷尔纳克，后将原始书稿偷偷带出苏联。第二年，这部小说的问世震惊了苏联，轰动了世界。

北京大学出版社2015年出版了《当图书成为武器：日瓦戈事件始末》([美]彼得·芬恩、[荷]彼特拉·库维著 贾令仪、贾文渊译)，很快一书难求。

一挚友知道我正急切寻找《当图书成为武器：日瓦戈事件始末》，出差时在河南一家小县城书店看到有售，便买下了唯一一本，慷慨赠送予我。后来朋友自己也买到一本，却花了高出定价几倍的价钱。寻书—买书—赠书，虽不是历险，也是纪念。

《〈日瓦戈医生〉出版记》

[美]保罗·曼科苏 著 初金一 译

广西师范大学出版社 2018 年 5 月第 1 版

原来是谢材俊

读到一篇署名唐诺的评论，写得很好，于是在网店搜索作者的书，著作不少，最后选了一本随笔集《声誉》。

拿到书后，翻看勒口作者介绍。谢材俊？30年前熟悉的名字。李宗盛首张个人专辑《生命中的精灵》基本是自己包揽了词曲，但有一首《风柜来的人》，词作者却是谢材俊，这首歌是朱天文编剧、侯孝贤导演的电影《风柜来的人》片尾曲。

唐诺是谢材俊的笔名，朱天文誉之为"一个谦逊的博学者、聆听者和发想者"，想必是比较中肯的评价。至于许知远称其为"天下第一读书人"，不知基于何种考量，总觉得吹捧朋友不是不可以，但不该把对方抬到不胜寒的高处。我的好友谭昊评介说：当世在文学领域读书之多，唐诺不说第一，恐怕前十跑不掉。因为他这么多年几乎没干别的，每天都去家旁的咖啡馆坐着读书，跟上班似的，坚持好多年了。阅读之广（当然主要是围绕文学和历史），思考之深，观察之久，少有。

30年前谢材俊的歌词打动过我，30年后对唐诺的文字也应该心有戚戚。

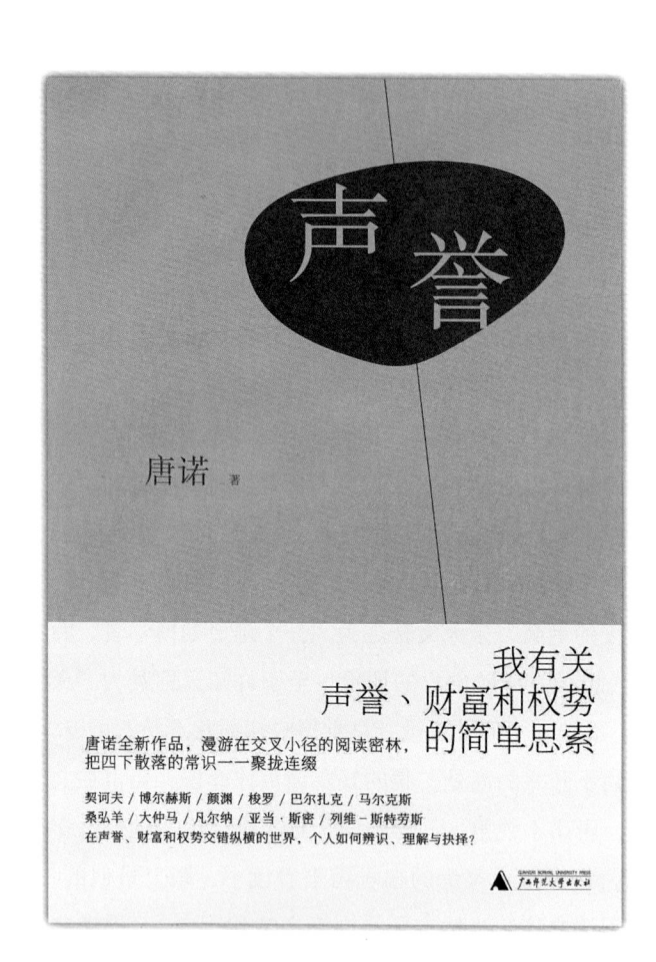

《声誉》
唐诺 著
广西师范大学出版社 2021年3月第1版

买书如山倒，读书如抽丝

这话没错，起码后半句没错。不能让你看两遍或者想看两遍的书，大多也没必要看第一遍。

《读书读书》
周作人 林语堂 老舍 等著 陈平原 编
北京时代华文书局 2018 年 5 月第 1 版

喝酒上头，读书上心

朋友特意推荐给我的书，本人基本照单全收。平日却轻易不给别人开书单。读书纯粹是个人乐趣。

去南方出差，在某企业老总的办公桌上和书柜里发现几本书很面熟。老总一脸严肃：你朋友圈介绍的书我都买了，正一本本读。

前日在微信朋友圈提到某作家和他的一本书，富豪榜上的某位人物在评论区写了四个字：已经下单。几分钟后，他又在自己的朋友圈把我的微文贴了上去，并加了按语，意思是他相信本人，所以相信本人推荐的书，所以果断下单。

一南一北两位业界精英，还有几位至今未曾谋面的微信好友，对本人微信朋友圈提到的书如此看重，本人深感"责任重大"。在此，有必要对本人在微信朋友圈中提到的书做几点说明：

一、这些书绝大多数本人读过，有的是多年前读的，有的读了不止一遍。二、本人正在读的书。三、准备读且一定会读的书。四、本人收藏的书。譬如偏爱的一种书的不同版本。

读书似品酒。酒分白、红、黄、啤，各人有各人的喜好，书也差不多，古今中外，萝卜青菜。

喝酒上头，读书上心。

每个人都在艰难地生活着，能有一两种爱好已是奢望。世风日下，如今有书相伴，还有三五位因买到几本书而兴奋的朋友，实为幸事。谢谢。

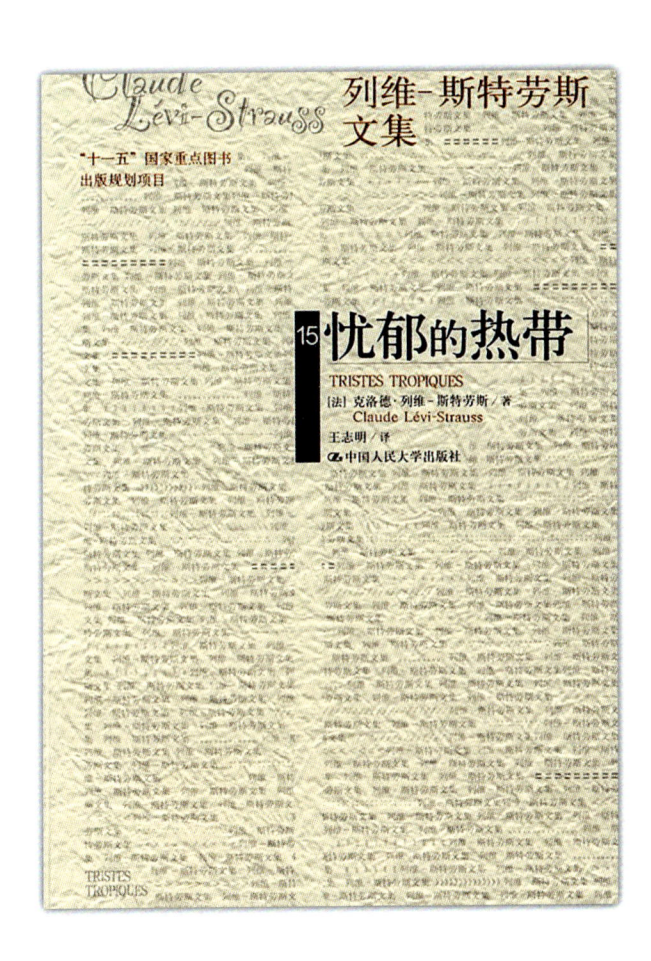

《忧郁的热带》
[法]克洛德·列维-斯特劳斯 著　王志明 译
中国人民大学出版社 2009 年 9 月第 1 版

看书要看最新版本

读大学时,教刑法的老师讲解了一个发生在 20 世纪 80 年代中期四川省攀枝花市的真实案例。

某男对女友提出分手心生仇恨,伺机报复。某日晚,该男子对女友施以极其残忍的伤害,用随身携带的纱布进行简单包扎后,将对方送至附近医院,捡起两块石头,砰,砰,击碎窗户,然后到派出所投案。

警:知道自己犯什么罪吗?

男:故意伤害罪。

警:知道后果吗?

男:知道,七年。

警:什么?七年?谁告诉你的?

男:之前去了书店,找了书,书上说故意伤害罪最高判七年。

警:你看的是哪年(出版)的书?

男:没注意。法律就是这么规定的啊。

警:告诉你,法律已经对故意伤害罪做了修改。

男:那……几年?

警:几年?死刑!

该男子所说的最高七年,是 1979 年《中华人民共和国刑法》第一百三十四条第 2 款规定,"犯故意伤害罪,致人重伤的,处三年以上七年以下有期徒刑",但是,1983 年全国人大常委会《关于严惩严重危害社会治安的犯罪分子的决定》对该条款做了修改,"故意伤害他人身体,致人重伤或死亡,情节恶劣的,可以在刑法规定的最高刑以上处刑,直至判处死刑"。显然,该男的行为属于"致人重伤""情节恶劣",应当适用《决定》关于故意伤害罪的死刑量刑。

该男子在书店查阅的书应该只是 1979 年《中华人民共和国刑法》条文,没有《决定》的内容,所以也就没看到自己关注的故意伤害罪的新规定。

如果当初他看到了《决定》,或许惮于死刑的威慑,不会对昔日女友施以严重伤害。

据说警察告知该男子要判死刑后,补充了一句:记住,以后看书要看最新版本。

《论犯罪与刑罚》
[意] 贝卡里亚 著 黄风 译
中国大百科全书出版社 2003 年 2 月第 1 版

"凑"书

当年"凑"齐一套小人书不易。因为书店不是整套进货,也就不能整套出售。

人民美术出版社《岳传》全套十五集,当年老家的小书店是从第八集《牛头山》开始卖的,而不是第一集《岳飞出世》。我凑齐这套书花了大半年时间。当最后一册在手,别提多开心了。

那时候多卷本长篇小说也是类似情形,陆陆续续地出版,陆陆续续地上市,有的第一部已出版,但余下章节作者尚在写作中,如《平凡的世界》《战争和人》《野葫芦引》等。译著《尤利西斯》上、下卷出版面市,相隔一年半时间。

如今,即便是多卷本长篇小说,大多是作者全部创作完成后,由出版社一次性出齐。而"群龙见首不见尾"的,多半是特殊原因导致。

几个月前,某友人推荐了《闲话》系列。先是他送了我买富余的一本,随后我自己在中图网淘了四本,前几天在另一图书网又发现一本。这套书总共 20 余本,凑齐的可能性不大,不过不急,一本一本凑吧,挺有意思的。

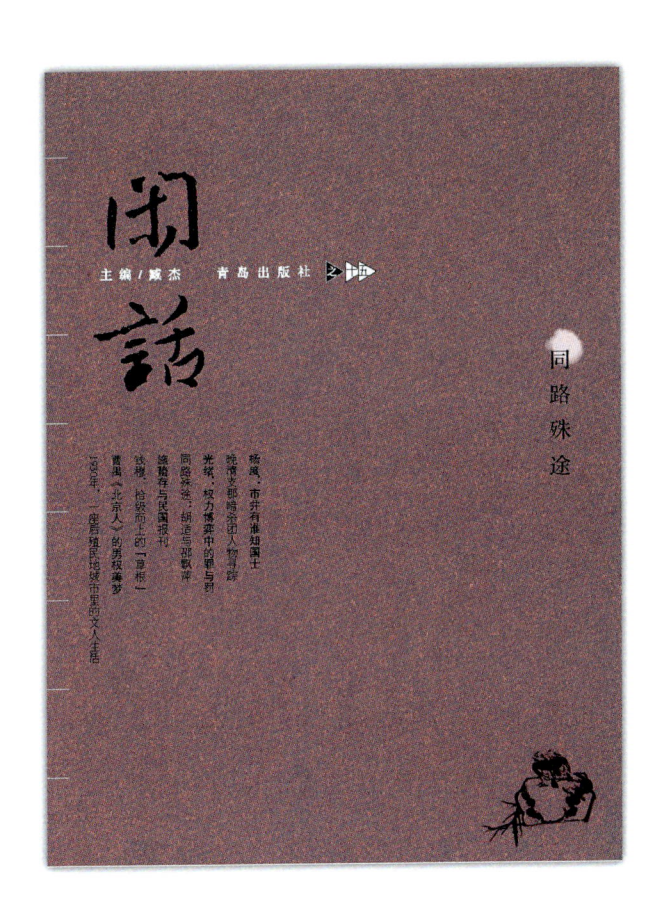

《闲话（十五）：同路殊途》
臧杰 主编
青岛出版社 2012 年 1 月第 1 版

寻书记

友人记录每日读书和吃喝的流水账突然"此内容因违规无法查看",他百思不解,猜测可能是文中谈了一本书的缘故。这本书是《新月与蔷薇:波斯五千年》。

此前我在网上留意过这本书,但觉得128元定价有点小贵,便暂时放入了购物车,期待"五折限时抢"或"满100减50"的来临。

上网查看,发现几家网站此书均已断货;有卖的,但价格飙升,书口彩绘的"蔷薇版"更是翻了几番。

紧急把这一"书讯"告知某挚友兼书友,电话那头的他听后很兴奋,说马上搜寻。不一会儿,他回复说网上仍有售,就是价格有点儿高,打算买两本,送我一本。我告诉他没必要花高价,这两天我去实体店找找看。

打电话跟几家著名的民营书店询问,均答复无货。

书是译林出版社出的,出版社所在地书店或许有存货,于是联系当地同学。为一本书给人家添麻烦,很过意不去,但求书心切,只好委婉地说如果周六日逛书店,请顺便帮忙寻觅,道了好几遍辛苦谢谢。

得知我正四处寻找此书,有朋友发来图片。哇,竟是"蔷薇版"!同时,人家大方表示"可以借给你看",并建议可在译林出版社官网预订。其得意之形透过手机屏幕都能感受到。

也只能这样了,便预订了两本,50天后发货。

第二天晚上有一小聚，是前面那位挚友兼书友组的局。中午刚过，他发来短信：书买到了没有？我回复：已预订，你就别订了。他说：本来晚上见面想给你一个惊喜，那就不给你了。

别价呀！短信误事，电话追了过去。原来，前一天他在某平台多家网店下单、支付，但很快被退回，告知售罄。刚刚有一家店主跟他联系，发现库存还剩一本，问他要不要，要的话快递寄出。朋友一听，还快递啥呀，"我已经开车在取书的路上了"。

离晚饭还有几个小时，我打算去朋友推荐的一家"书香不怕巷子深"的小店逛逛。小店远倒是不远，但那叫一个偏。确实很小，是废弃的老厂房改建的，收银台前后左右被书架围困着。还没来得及装出镇静状，那个早已印在脑子里的封面忽地闪耀在眼前。抓起包着塑料皮的样书，催促店员赶快找几本。他镇定地敲了敲键盘，说只有书口刷金的"新月版"了。那这本呢？我问。他说：写着呢，是"非卖品"。

"新月版"就"新月版"吧。立马掏出电话，做贼似的压低声音，告给估计仍在路上狂奔的那位。

什么，真的有？多买几本啊，送给××一本，给×××一本，给……

抱着书刚走出书店，他又打来电话：这儿不是一本，是两本。有你一本啊！

031

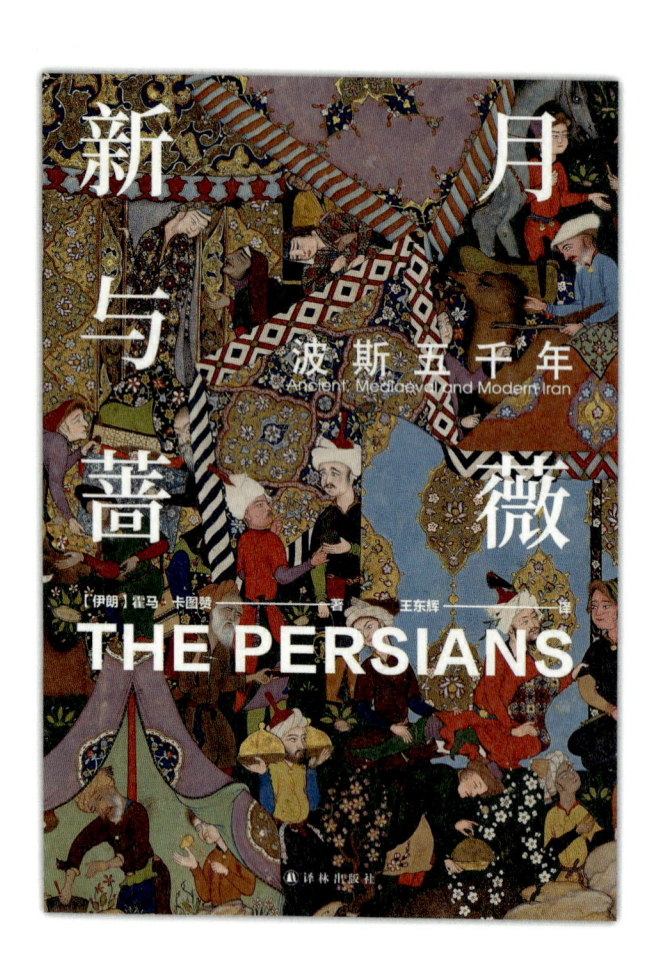

《新月与蔷薇：波斯五千年》
［伊朗］霍马·卡图赞 著　王东辉 译
译林出版社 2022 年 1 月第 1 版

为一篇文章买一本书

文章是哈维尔 1995 年 3 月 31 日在新西兰惠灵顿维多利亚大学的演说《知识分子的责任》，他强调知识分子需具备与邪恶和暴力做斗争的精神。

其实，何止这一篇，书中收录的 53 篇演说词，几乎篇篇都是人类思想的精华。

收录唯一中国人的演说，是鲁迅 1927 年在香港青年会的《老调子已经唱完》。

鲁迅这篇著名的演说，被引用较多的，是对中国文化的论断："中国的文化，都是侍奉主子的文化，是用很多人的痛苦换来的。"而演说结尾关于自由的论述，在近百年后的今天犹振聋发聩："贪安稳就没有自由，要自由就总要历些危险。只有这两条路。"

鲁迅演说中有两处特别的用语，不知读过的人注意到没有。一是"元朝人起初虽然看不起中国人"，另一处是"清朝又是外国人"；我本人是非常认可大先生这一表述的。中国历史教科书中的元朝和清朝，其统治者除了迅速征服"原住民"及稳定其统治的需要，大约不会认为自己是中国人，更不会认为自己仅是中国历史上的一个朝代，就连影视剧中的皇帝和八旗子弟也是一口一口"我大清国"的。

除了演说，书后收录了三篇对人类文明进程产生了深远影响的宣言：美国《独立宣言》（1776 年 7 月 4 日）、法国《人权与公民权宣言》（1789 年 8 月 26 日）和联合国《世界人权宣言》（1948 年 12 月 10 日）。

《广场钟声：演说与宣言》
林贤治 编选
花城出版社 2012 年 8 月第 1 版

二十年不涨反降

最近几年图书价格猛涨，定价 50 元以下的难得一见，精装书动辄过百。经常买书的朋友都说，内地书价已赶超港台了。

在中国书店淘到两本《当代英雄》，一本是 1956 年 8 月北京第 1 版、1957 年 10 月北京第 2 次印刷，另一本与前者版别相同，却是 1978 年 6 月北京第 5 次印刷。

两本书面世相距 20 年，字数、开本、印张、插页、页码都一模一样，除封面设计，只是定价不同，1957 年印刷的定价 0.68 元，1978 年印刷的是 0.56 元。

按说过了 20 年，书价应有变化，后一本书应高于前一本，然而，书价非但没有涨，反而降了 0.12 元，按当时的物价水平和经济状况，这个降幅可不是一般的大。虽然后一本书比前一本少了作者像和 6 幅插图，或许印刷成本降低了，但后者纸张质量明显高于前者。

从提出"大跃进"口号的 1957 年 10 月，到临近改革开放的 1978 年中，这 20 年间，是物价一直平稳，还是"国民经济已到了崩溃的边缘"而导致了通货紧缩？由两本书的定价，可见一斑。

当代英雄

莱蒙托夫 著

《当代英雄》
［俄］莱蒙托夫 著　瞿松年 译
人民文学出版社 1956 年 8 月北京第 1 版

有家书店叫"卡西莫多"

我说的卡西莫多，不是雨果《巴黎圣母院》里的敲钟人，而是湖北孝感的一家独立书店。

店主姓潘。几年前，有朋友把潘先生的微信推给我，源于书店微信公众号有一篇关于萧红的文章。

潘先生的微信朋友圈基本是有关书的内容，信息量大，相信每个爱书人都会喜欢。卡西莫多书店销售的都是店主自己精心挑选的书，还定期举办书友会，交流读书心得。

书店会替书友找书，当然都是不好找的书。

我从卡西莫多书店买过几次书，因为都是难觅的"好"书，所以店主会提示书友书价有点"小贵"。书价其实并不贵，是公道的。

有一天中午，老潘推荐了20世纪90年代出版的绝版书《潜流与漩涡——论二十世纪中国小说家的创作心理障碍》。我先是道谢，随后问内文是否有画线和阅读者的批注。老潘回复说翻过了，没有任何字迹。

书很快就寄到了。品相不错，就是那个年代的印刷质量。

突然发现有画线，还很多。怎么回事？

拍照发给老潘，猜测可能他当时着急并没仔细翻看。

"汗如雨下！提醒自己做事要更上心。"老潘连连道"对不起"，表示"惭愧惭愧"，的确没有逐页翻看。

言重了。我宽慰老潘：您突然发现地上有个钱包，捡起来后第一个打电话问是不是我的，我必须感动并道谢呀，即便那不是我丢的。

《潜流与漩涡———论二十世纪中国小说家的创作心理障碍》
王晓明 著
中国社会科学出版社 1991年10月第1版

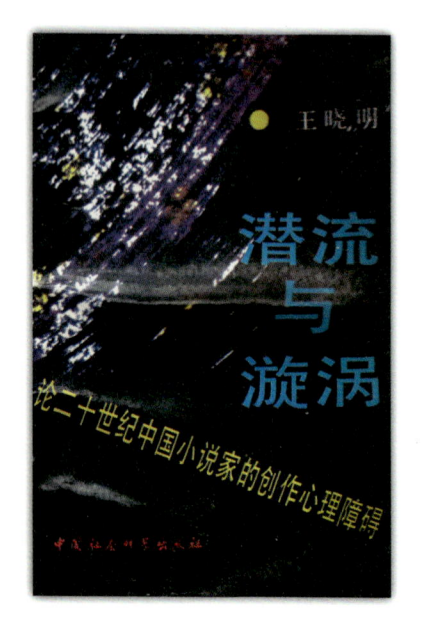

旧书店的签赠本

能淘到自己感兴趣的签赠本以及签名本、名家私藏本，对藏书人和读书人来讲，都是乐事、趣事。

在中国书店某分店，有两三百本签赠本，集中摆放在一个书架。签赠者即原作者中不乏著名作家和学者，而受赠者是一个人：著名文学评论家雷达。

个人藏书集中大量流向了旧书店、书摊、二手网店，这种情况一般是藏书人去世后，家属把藏书处理了。但是，签赠本这样集中出现的情形并不多见。在网上搜索了一下，果然，雷达已于五年前去世。

对于签赠，有种情形比较尴尬，那就是签赠本在旧书店、书摊、二手网店出现，恰巧被签赠者看到。于是，有签赠者看到自己的签赠本被转售，便慷慨解囊，买下后写上"再赠×××"的字样，送给原受赠者。

发现了一本雷达自己的著作，前衬页写有"郁芳同窗存念"。显然，这本书作者签是签了，但一直没有赠给要赠的人。落款竟是20多年前的1995年12月。个中原因，外人不好妄自猜测。

从众多签赠本中选购了几本，都是本人喜爱的作家和作品，其中有一本是杜高的《又见昨天》，有原作者亲切的赠言，还有钤印。该书是"百年人生丛书"中的一种，这套书中有几本，譬如《思痛录》（韦君宜著 北京十月文艺出版社1998年5月第1版），是能够传世的。

《又见昨天》
杜高 著
北京十月文艺出版社 2004 年 3 月第 1 版

绿房子＝青楼？

略萨曾在2020年3月遭谴责，于是，这位2010年诺贝尔文学奖得主的作品，当时在实体书店和网店都"暂缺"了。

不过，也就"暂缺"了一年多的时间，略萨那些一个个熟悉的书名，又伴随着新面孔出现在中国读者面前，就出现了版次是2020年之前、印次是2020年之后的异常情形。

目前，略萨已在中国出版的15部著作中，较早也最为中国读者熟悉的，是1966年的《绿房子》，但目前唯一在实体书店不见踪影的恰恰是《绿房子》，网店倒是有售，但价格大多高于书的原定价。

前日在某大型书店，抱着试试的心态，查询其图书检索系统，结果惊奇地显示《绿房子》"库存1"，且是该书店出售的略萨唯一一种著作。

导购员说：哦，有印象，侦探小说！于是把我带到了侦探悬疑类书架前。我途中想，系统可能出错了，也可能是重名。

导购员把书递给我。一看，哇，马里奥·巴尔加斯·略萨！

这本人民文学出版社于2009年11月出版的封面上端印有一行字：亚马逊妓院"绿房子"的兴衰史。1982年，云南人民出版社曾引进出版该书，书名译作《青楼》。

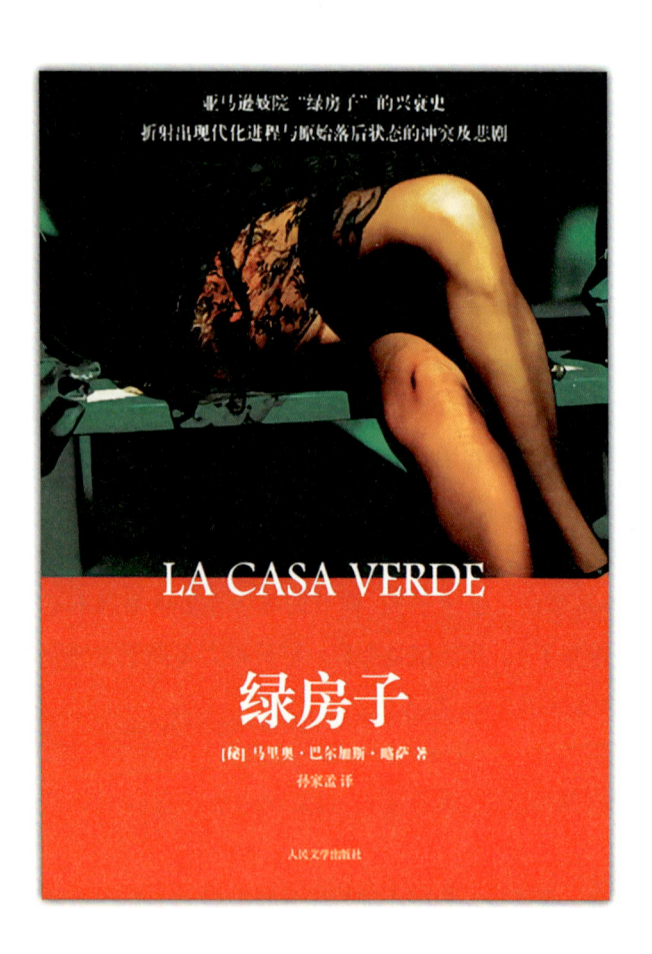

《绿房子》
［秘］马里奥·巴尔加斯·略萨 著 孙家孟 译
人民文学出版社 2009 年 11 月北京第 1 版

一本书定价 2000 元

这可能是本人藏书中定价最"贵"的一本。

《论艺术文学的特征》,人民文学出版社 1954 年北京 1 版 1 印。作者是苏联女作家尼古拉耶娃,她的长篇小说《收获》和中国女作家丁玲的《太阳照在桑干河上》同获 1951 年斯大林文学奖,两本书所表现的主题有历史相近之处,文学水准大体也属同一档次。不过,她在斯大林死后发表的中篇小说《拖拉机站站长和总农艺师》,写得很不一般,是苏联"干预生活"文艺作品的代表作,堪比刘宾雁的《在桥梁工地上》。王蒙的短篇小说《组织部来了个年轻人》据说就是在其影响下写成的。

该书在中国出版一年后,即 1955 年 3 月 1 日,中国实行币制改革,核心内容之一是改万元为元。其实,2000 元相当于 0.20 元。

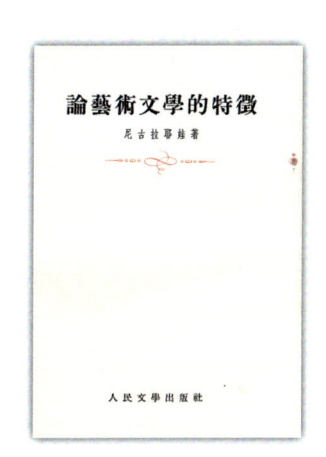

《论艺术文学的特征》
[苏]尼古拉耶娃 著 高叔眉 译
人民文学出版社 1954 年 10 月北京第 1 版

腰折

明知北京大观园是为拍摄电视剧《红楼梦》应景建造的仿品，但我还是逛过很多次，陪亲戚和朋友。园里有一"红楼书屋"，第一次去的时候惊奇地发现，这里有好多种市面上很难见到的红楼梦方面书籍，且全部按原定价出售。譬如《郑振铎藏残本红楼梦》，书目文献出版社 1991 年 1 版 1 印，定价 2.90 元。遗憾当年没多买几本，送朋友。

距最后一次去大观园，已过去快 20 年了，不知那间小小的红楼书屋如今还在不在。

跟"郑藏本"一样，本人也后悔当年没多买几套"蒙府本"。（《红楼梦》早期抄本之一，因曾收藏于某蒙古王爷家中，故名。）书目文献出版社 1986 年 1 版 1 印，全 6 册，影印版，精装 16 开，品相极好。

如果说花 2.90 元的定价把"郑藏本"买到手算是捡了个小漏的话，那"蒙府本"就是捡了个大漏——定价 300 元，半价出售。如今在旧书网上，前者卖 100 元左右，后者品相好的已卖到六七千元甚至更贵。

"蒙府本"是 1994 年在劳动人民文化宫书市上买的。那时候北京书市办在太庙里，读者皆在天然遮阳伞般的参天古树中穿行，后来才先后移到了地坛和朝阳公园。

按说，1994 年仍属于读书年代，但出版社为何把珍稀书籍半价出售，确实匪夷所思。

当年在书市上还买了一套《王蒙文集》（精装十卷本），华艺出版社1993年12月1版1印，定价500元，也是半价买到手。记得现场有位老先生愤愤不平，大声嚷嚷：我回家就给王蒙打电话，他的书竟然卖半价！

如今算算账，当年半价也不便宜，相当于本人半个月工资了。

《蒙古王府本石头记》（凡六册）
［清］曹雪芹 著
书目文献出版社1986年第1版第1次印刷

书中书

《文化界遛弯儿》出版于2014年，收录了作者丁东2013年在某报专栏发表的50篇随笔。丁东在文化界颇具盛名，被誉为"没有出版社的出版家"。

50篇文章，写的是文化界的人和事，基本与书有关，涉及近百本书，这些书出版过程都一波三折，但几乎每一本都值得研读及珍藏。

对20世纪90年代《顾准文集》的出版，丁东在一次沙龙上讲得比书中的《顾准不过时》一文更为详细。当年《顾准文集》经王元化推介，贵州人民出版社在并不十分了解该书及作者的情况下，稀里糊涂地出版了，还让顾准胞弟陈敏之出了15000元的费用。没想到书问世后大卖，出版社赚钱赚得不好意思了，又以稿费的名义退还了15000元。

书中书，有的幸运出版，有的遗憾在海外问世，有的自费出版，有的作为纪念自印，也有的至今未能面世。

《文化界遛弯儿》可当作爱书人的淘书指南。

《文化界遛弯儿》
丁东 著
广东人民出版社2014年5月第1版

留得残荷听雨声

专属西政的《我的大学》

这本书当年我一次买了好几本，当天迫不及待地告知某校友，谁知他比我更迫不及待："等着我，我马上去取。"不一会儿，他开车到了我办公楼下，接过书，转身离去。

《围城》中赵辛楣跟汪太太有段自白："这种恋爱故事，本人讲得津津有味，旁人只觉得平常可笑。"《我的大学》这本书恰如赵辛楣的恋爱故事，别人听起来未必感兴趣，但它却是属于西政人的，往事也属于2005年一个冬日午后的两个西政人。

《我的大学》
梁治平等 著
法律出版社2004年8月第1版

留得残荷听雨声

李商隐诗《宿骆氏亭寄怀崔雍崔衮》：竹坞无尘水槛清，相思迢递隔重城。秋阴不散霜飞晚，留得枯荷听雨声。原诗为"枯荷"，但曹雪芹在《红楼梦》中却借黛玉之口，评价说"我最不喜欢李义山的诗，只喜他这一句'留得残荷听雨声'。偏你们又不留着残荷了"。

"枯荷"与"残荷"，究竟哪个更确切？

好友"喜来"为这一句诗琢磨了一晚上，越琢磨越有味道。他觉得"枯"好，一是韵，二是"残"字把话说尽了，"枯"尚有余味。

"无所谓"认为，枯荷有型有节无色，凉而不悲；残荷无型无节有色，凉且悲。

"随顺"则从时令考证，深秋荷当先残后枯，枯即败；认为"枯""残"二字根据自己的内心感知，可灵活运用。同时提出"残"的境界要高于"枯"的境界，表现的是心绪，而"枯"只是景物描写。

本人认为，从外貌观察，枯荷无论叶、茎、蓬，俱已干黄，而残荷，或碧绿犹存，或黄绿相间，虽残枝败叶依旧千姿百态。尤从下文"听雨声"而言，残荷才能听到雨声，枯荷几乎反衬不出声响的。

可以想象一下雨打芭蕉的情形，那一定是残蕉，枯萎的芭蕉叶是经受不住雨打的，一打就"化作春泥更护花"了。

曹雪芹是伟大的文学家，也是伟大的诗人，"留得残荷听雨声"既符合常理，更能让读者体味出意境来。

《李商隐诗选》

刘学锴 余恕诚 选注

人民文学出版社 1986 年 11 月北京第 2 版

重读儿时书

回忆买书生涯,起初买的自然是小人书,"大书"是小学三、四年级才开始买来读的。回想起来那也是四五十年前了,但至今仍记得当时买的是哪几本书,书名、封面甚至插图都历历在目。有几本书如今实在不好意思说出书名,不过有一本《在森林中》倒不妨说说。

封面是一只憨态可掬的幼熊,身旁有一个小饭碗。内容讲的是发生在小兴安岭与动物有关的趣事,其中有一篇《老邢头碰上什么》。老邢头本想打鹿,却碰上了野猪,足足四十多头野猪。更神奇的是,在一头跟一头行走的野猪队尾,竟是一只跟牛一样大的老虎!老虎饿了就吃掉一头野猪,然后继续前行,边走边吃,直到吃掉最后一头野猪。

书的模样记得,书中的故事遥远又清晰,但作者大都不记得了;不是没记住,而是当初根本没有留意。

直到几十年后,才惊奇地知道这本《在森林中》的作者是谁。

本人收藏了一些木刻作品,读过这些木刻家写的书和写他们的书,黄永玉是其中之一,他的散文、诗歌、小说大都读过,他太太的名字不时出现在他的文章中。直到某天,知道他太太写过很多儿童文学作品,其中一本就是《在森林中》,同时知道了书中的全部插图是黄永玉刻的,他太太名叫张梅溪。

可惜,连同《在森林中》在内的几本儿时阅读的书,后来在我读大学期间，因搬家不幸遗失了。

2018年，《在森林中》连同作者的《好猎人》《绿色的回忆》，三合一重新出版，也有了新名字:《林中小屋》。于是，毫不犹豫地买了一本，很开心地重读了一遍。

《林中小屋》
张梅溪 著　黄永玉 黄永厚 插图
人民文学出版社 2018年9月北京第1版

那条叫丹江的河

20世纪八九十年代,北京开往重庆的旅客列车到达湖北襄樊站后,不再南行,而是折向西北,经湖北十堰、陕西安康进入四川境内。这样,火车行进在湖北和陕西境内时,便有一条河时有时无地出现在旅客的视线里,这条河就是丹江。

那几年在飞驰的列车上,数次望见这条名气不大不小的河,每次都有种莫名的亲切感。之所以有这种感觉,完全因为一位作家和他的作品,这位作家是贾平凹。

"在这本书里,我仅写了一条河上的故事,这条河我叫它州河。"这是贾平凹长篇小说《浮躁》序言里的话,所指的看似杜撰的州河,其实就是丹江,因为丹江在陕西境内就称作州河。丹江一直流淌在贾平凹于20世纪80年代写就的众多以商州为背景的文学作品中。

如果一个作家不只有一部作品的话,贾平凹应该是我几乎读过其所有作品的作家之一。

根据《小月前本》改编的电影《月月》是在高考前偷偷看的,书则是后来在大学暑假期间,在秦皇岛市一家不起眼的书店买到的,背着装有这本书的行囊,徒步六天到了北京。这本书被我带回了学校,在同学中传阅率很高。至今还记得一次上大课时,发现外班某同学正对此书施以摔、翻、压、推的一连串动作。书咋到了他手上?我没借给他啊。课后一个个追查,等到书回归我手里,"前本"已成了"残本"——丢了4个页码。

这也算读书趣事，所以虽然后来又淘到一本崭新的，却也没舍得扔掉旧的。

《小月前本》连同其他我买的贾平凹的书，很多同学传阅过。本人引发继而带动了一些同学读贾平凹，对此，我很开心，尽管这些书归原主时多半已面目全非。

《小月前本》《鸡窝洼的人家》《浮躁》《腊月·正月》《商州初录》……丹江两岸，贫穷、落后、封闭，但人活得干净，一如贾平凹当年的这些作品。那时的文学写得真像文学，有文学之美。

丹江，曾经匆匆一瞥，之后这条河便长久滞留在记忆中贾平凹的文学作品里。真想以后去丹江两岸游走游走。

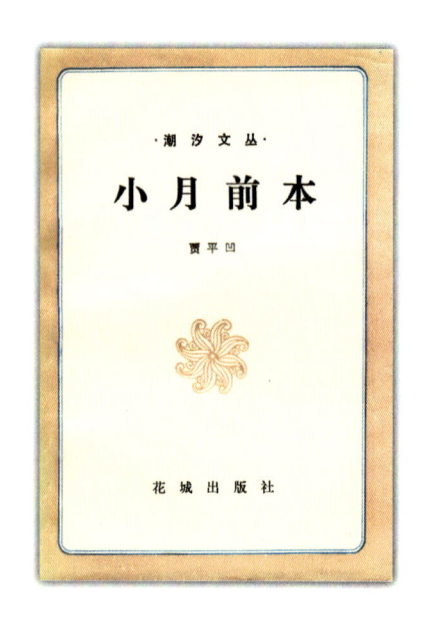

《小月前本》
贾平凹 著
花城出版社 1984 年 12 月第 1 版

吴伯箫的美文

读中学时,语文课本选入作品较多的作者,除了鲁迅和毛泽东,还有吴伯箫。《菜园小记》《记一辆纺车》《歌声》《猎户》……老师讲解这叫叙事散文。吴的这几个名篇据说是应景之作,同时,囿于作者主观历史局限,不免有浓厚的时代印记。

虽然今天的中学语文课本已不见吴伯箫文章踪影,但不能否认,从文学欣赏角度来说,当年那一篇篇优美的文字及叙事风格,至今仍留在我的记忆深处,读起来温暖如初。

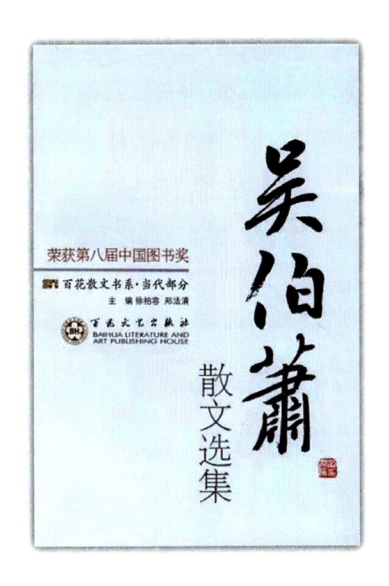

《吴伯箫散文选集》
吴伯箫 著
百花文艺出版社 2009 年 6 月第 1 版

一本"放开写"的书

作者罗达成在书中写道:"我犹豫了整整一年,不写比写更痛苦……"于是便有了这本很多文学名家鼓励作者"放开写"的回忆录:《八十年代 激情文坛:我在〈文汇月刊〉十年》。

本书由一篇篇独立的文章结集而成,总觉得这不太符合通常意义回忆录的写法,存在跑题之瑕,譬如回忆当年著名报告文学作家理由的文章,写成了理由个人的人物通讯。

算得上"放开写"了,书中有"干货",但需要读者细心揣摩。还是以理由为例。1986年,理由的《九七年》《香港心态录》等文章受到中央统战部的关注和赏识后,不久他便接到了"限制出境,前往香港"的通知。与此同时,有关机构建议官方派遣一批大陆作家"单程"到香港,长期扎根……理由成为不二人选。于是,如日中天的理由很快在大陆文坛消失了。

书中写到了周扬、丁玲、艾青、北岛、舒婷、雷抒雁、刘晓庆、李谷一等人与仅仅存活了十年《文汇月刊》的激情往事,很值得一读。

这仍是一部关于20世纪80年代的书,尽管谈的是文学,但正如肖复兴在序中所言,那时的文学没有屈膝于权势和资本,而有着独立的品质、正义与正气。激情,属于20世纪80年代的文学,也属于20世纪80年代。

《八十年代 激情文坛：我在〈文汇月刊〉十年》
罗达成 著
中国大百科全书出版社 2019 年 1 月第 1 版

躺着读《躺着读书》

挚友来访，赠书数册，其中一本书名很应景:《躺着读书》。

挚友说，当时他看书名挺有意思，就多买了一本送我。他收到书，翻开第一页就知道买对了，因为这本十万字的小册子，卷一的12篇短文多是与萧红有关的文字。

查看我与挚友的微信对话记录，此书5月初就已送至挚友手中，算起来因疫情我们已有20多天没见面了。

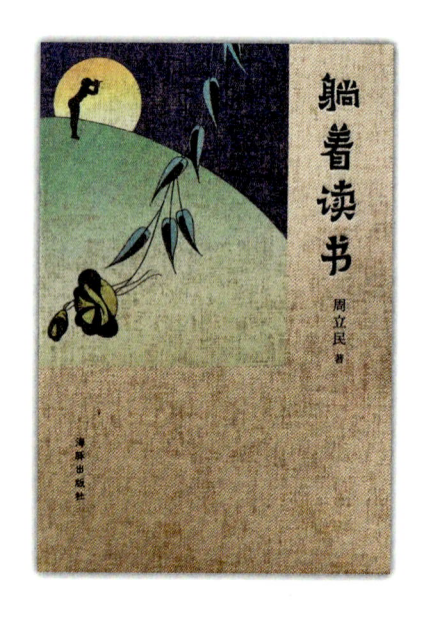

《躺着读书》
周立民 著
海豚出版社2017年6月第1版

哪个译本好

这原本是我要请教的,但编发信息时却写成了"哪个版本好?",于是,平日里我尊称其老师的朋友给了我宇宙真理般的答案:"英文版啊。"

当时真想回敬一句:老师你过来,我保证"打不死"你。

《1984》和《动物农场》虽说是世界名著,但能够享誉中国令人有些意外。看到关于奥威尔的《缅甸岁月》的介绍,因我没有读过《缅甸岁月》,上网查看发现有五六个版本,不知哪个译本好,于是发生了前面的那一幕。

这本书哪个译本好些?奥威尔的其他作品呢?

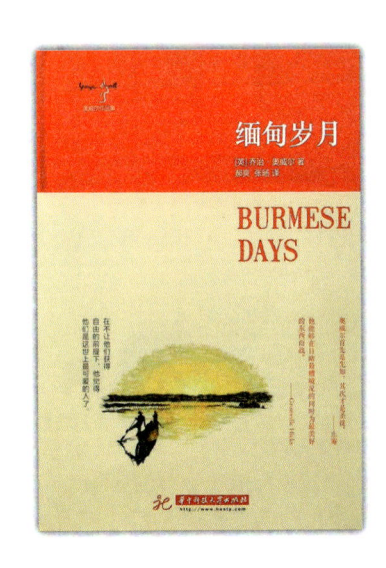

《缅甸岁月》
[英]乔治·奥威尔 著 郝爽 张旸 译
华中科技大学出版社 2016 年 1 月第 1 版

《缅甸岁月》
［英］乔治·奥威尔 著　李锋 译
南京大学出版社 2007 年 8 月第 1 版

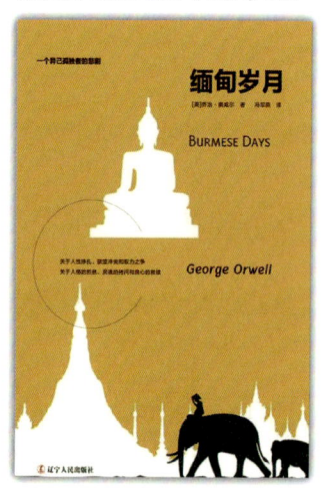

《缅甸岁月》
［英］乔治·奥威尔 著　陈超 译
上海译文出版社 2017 年 8 月第 1 版

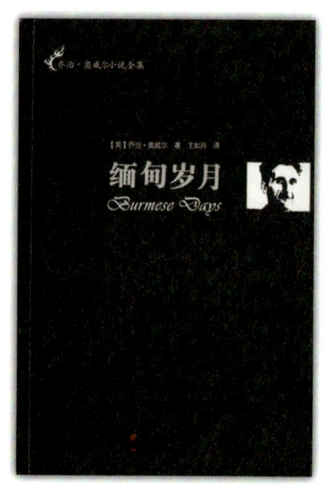

《缅甸岁月》
［英］乔治·奥威尔 著　冯军燕 译
辽宁人民出版社 2017 年 3 月第 1 版

《缅甸岁月》
［英］乔治·奥威尔 著　王如月 译
云南人民出版社 2015 年 1 月第 1 版

与小说有关

至今记得刚参加工作时,领导善意提醒我:别跟他们(指老员工)瞎聊,没事看看小说。

如今,我允许同事们在上班时间看小说,有时还有意引导,但基本无人响应。上级单位曾给35岁以下员工每人发了一套《平凡的世界》,但有人直到离职,书的塑料护膜仍完好无损。现在太多的年轻人不是不喜欢看小说,而是不喜欢看书。对此,我很发愁。

一次,和一挚友交谈,他谈到一位对众多历史事件有独特研究和见解的温姓学者评价麦家的小说《风声》:纯粹瞎编。本人也觉得作者编得的确不怎么样,不知"谍战小说之父"的称号是哪个井底的蛤蟆给叫出来的。

我认为,2020年问世的麦家的小说《人生海海》,不仅是他本人迄今最好的作品,也是近几年中国长篇小说的上乘之作,比获茅盾文学奖的《暗算》好看多了。

某日,忽然产生不想再看小说的念头。但随手拿起一本尚未读完的书,真是巧,翻到的竟是麦家的一段话:"月光有没有用?如果从有用的角度来说一点用处都没有,如果没有月光,我想万物照样生长。它没有什么实用性,没有功利性。但你想象一下,如果没有月光,人类的感情会多么寡淡。你在白天喧嚣繁忙,月亮出来了,很多情绪也被酿出来了。月光洒下来时,很可能是我们思念亲人的时候,是我们和亲爱的人手牵手林间散步的时候,也可能是我们静下来听听音乐的时候。所以文学有时候就像月光一样，它看起来没什么用处，但如果你的人生把月光、文学这种柔软的部分抽掉了，你这个人其实活着是很无趣的。"

哦嚯，这话说的！看来小说还得看下去呀。

《人生海海》
麦家 著
北京十月文艺出版社 2019年4月第1版

让书店卖书

20世纪90年代开头那几年,我住的大院里有两三家书摊,生意都不错,热火朝天地卖《废都》《白鹿原》,羞羞答答地卖《山坳里的中国》《顾准文集》,贼眉鼠眼地卖《改革与新思维》《金瓶梅词话》。三四平方米的小摊位,废纸壳上贴张白纸,用圆珠笔写上"《××》到了!",再用竹竿挑起,颇有"水村山郭酒旗风"之意。这种简单粗暴的宣传效果非常好。我就是看到这样的招牌一次买了四本《围城》。

这些书摊卖的书非常杂,但有一个铁律,即啥书好卖就进啥,就卖啥,哪个摊主拿到的热销书快、多,谁就能赚到钱,赚得多。这些小摊主眼光独到,他们比任何一家新华书店总经理更了解图书市场,也更清楚读者的需求。

没几年,这些小书摊不见了,接着,京城比较有名的书摊聚集区,如南沙沟、五四大街、金台西路等书摊也一一被清理了。

几乎与此同时,以风入松、万圣书园为代表的民营书店闪亮登场。然而,这些规模化的民营书店大都举步维艰,好景不长。尤其是从2012年开始,包括民营在内的实体书店越来越不景气,效益持续下滑,大量倒闭。受网络书店冲击是一方面原因,但所有书店,既包括实体书店也包括网络书店,效益不好和不能更好的重要原因,并非管理不善,而是经营受限。上面提到的小书摊摊主,没有谁是大学经济管理和图书出版专业毕业的,也没有谁受过清华北大总裁班的培训，但他们在当年个顶个地腰缠万贯。

  估计任何一家书店都遭遇过经营受限的情况。如果说有的商品因质量问题下架，是理所应当，同时有其他同类商品替代，比如牛奶，假如一盒、一个批次、一种品牌出现了质量问题，消费者完全可以有其他选择，但一本书"因质量问题"被下架禁售，是不可能有其他任何一本书能够替代的。

  做生意总是有赚有赔，都赚也不符合市场规律，但问题是有哪家民营书店是赚钱的？"风入松"已歇业多年，"万圣书园"依靠出版社的关照和老顾客的情怀方得以维持。当然也有赚钱的书店，那多半是国有书店和卖教辅资料、盗版书的。

  有人说，一个不读书的民族是没有希望的民族，本人则说，一个让书店赚不到钱的社会是堕落的社会。所以，也许并不需要扶持书店的经营，只需要让书店卖书就可以了。

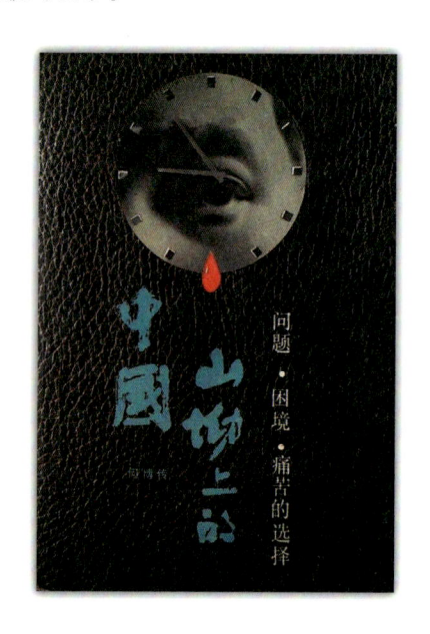

《山坳上的中国》

何博传 著

贵州人民出版社1989年6月第1版

看过完整版《追捕》吗

《追捕》是40年前风靡我国的日本电影,用万人空巷形容当时观众的热情毫不为过。影片除了扣人心弦的情节,还有许多广为流传的台词,时至今日,"你看多么蓝的天啊,走过去就会融化在蓝天里""一直朝前走,不要往两边看"仍时不时成为人们调侃的话。

但是,当年在中国大陆公映的并非该片完整版,而是被剪了约占三分之一片长的"删节本"。被删剪的部分其实并非可有可无的赘笔,更谈不上"少儿不宜"。

事实上,几乎所有被删剪的情节,都是围绕影片主题铺陈开来,是展现人物性格的点睛之笔。尤其是人物之间的对话,揭示的是司法人员甚至包括站街女在内的民众,对法律的思索乃至对人性的拷问。譬如:

站街女:昨天晚上警察等到很晚才撤的,杜丘先生。

杜丘:你知道还要帮助我?

站街女:你走不动了,不帮怎么办?

杜丘:可是我现在是逃犯。

站街女:请你别这么说了。

杜丘:你帮助逃犯,这也是在犯罪。

站街女:你可真是个检察官。如果不帮助病人,那不也是犯法吗?只有你们这些人,整天拿着法律当饭吃,离开法律就没法活了。哦，我对检察官说这些是不是有点儿多余了？

杜丘：我已经不是了。为了生存下去，我多次破坏了法律。

站街女：检察官违法是什么心情？

杜丘：我一直想做法律的维护者，我不允许自己成为法律的破坏者。

杜丘一路逃亡潜回东京的情节被整段整段地删剪了。杜丘发高烧无力行走，被站街女搭救的一段长达四分钟的镜头，在公映的影片中更是了无踪迹。

站街女的善良、朴实，甚至对法律的无知，都令人动容。杜丘是被全国通缉的逃犯，通缉令张贴于大街小巷，站街女不会不知道。然而，就是这个靠出卖色相维持生计的女人，却冒着被法律惩处的风险，将逃犯留宿在自己的住处，给逃犯治病，做饭。她应该知晓自己行为的违法性，杜丘也提醒她"帮助逃犯也是犯罪"。然而，她却质朴地认为，不帮助病人也是犯罪。而杜丘"为了生存下去，我多次破坏了法律"的话，更加催人泪下。昔日检察官为查清案件事实真相，维护法律的尊严，却横遭恶人陷害，导致被同事误解，被警方追捕的下场，满腔的愤懑只能对一个低贱的站街女倾诉，与站街女探讨法律伦理。可贵的是，身处困境的逃犯，生死关头仍牢记自己的信念：做法律的维护者。

杜丘：我在逃亡时就已明白了，对于法律我一直在想，我想，执法者不能只站在追捕别人的立场上考虑问题，也应该考虑一下被追捕者的立场。

这是影片结尾杜丘对检察长说的话，他身旁站着追捕他的警视厅警长矢村。

作为法律监督机关的检察官，杜丘为何说出执法者"也应该考虑一下被追捕者的立场"的话呢？

现实中人们常说，法律是无情的，但法律又是人定的。当然，不应该把这句话简单解释为法律可以任由人的主观意识随意修改，也不应该视法律为永远一副凶神恶煞般的面孔，而应该理解法律是以人为本的。法律最小限度地限制人的自由的同时，也应最大限度地保障人的自由。具体到一个刑事案件，中外之法无一不明确规定，未经法院依法判决，对任何人都不得确定其有罪。然而，就中国屡屡发生的刑讯逼供案件而言，一些执法者为获取口供，对犯罪嫌疑人实施肉体上和精神上的双重折磨，最终导致冤假错案的发生。试问，那些行刑者，有谁体谅犯罪嫌疑人？有谁设身处地考虑嫌疑人，即杜丘所说的被追捕者的立场呢？

一个文明的法治国度，其执法者执法时应当充分考虑被执法者的感受和合法利益，否则，法律的公平与正义很难得以保障。

电影改编自日本小说家西村寿行的小说《涉过愤怒的河》，完整版的电影中国观众看到的不多，看过原著的就更少了。

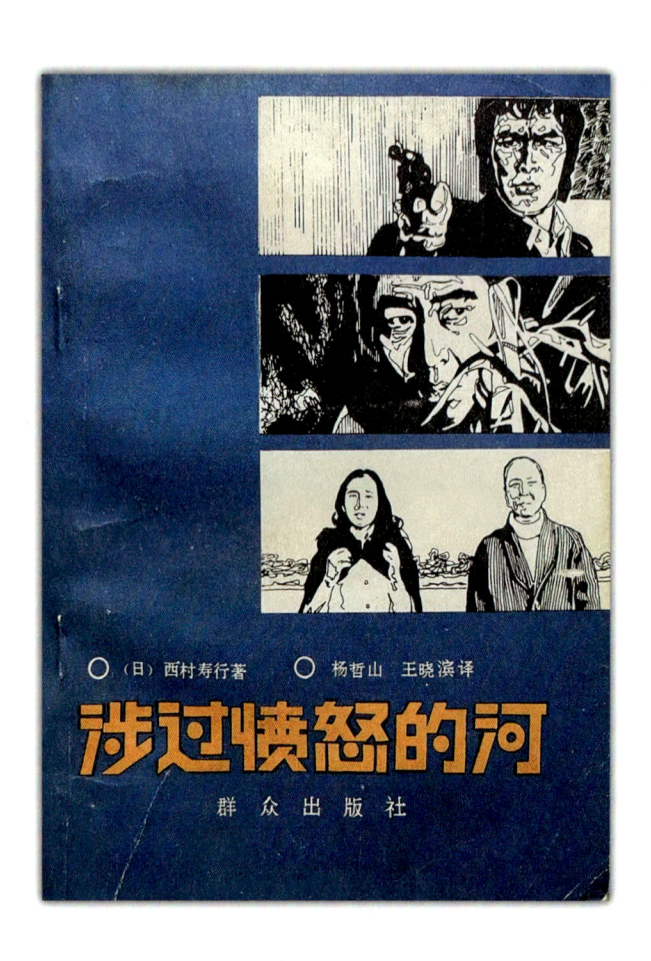

《涉过愤怒的河》

[日] 西村寿行 著　杨哲山　王晓滨 译

群众出版社1982年2月第1版

有关萧红的细节

何人绘得萧红影

专程到广州银河公墓拜谒萧红墓,发现墓碑上照片完全不像萧红。顿时心生不解:萧红生前有很多肖像照,怎么会单单选用了这张陌生的面孔?

读《萧红印象·影像》,书中揭开了众多萧红传记不曾提及的"照片之谜"。

萧红墓碑上"照片"其实是炭笔画像,并非照片。

1942年1月22日,萧红病逝于香港,端木蕻良将萧红骨灰分葬两处,一处浅水湾,一处圣士提反女子中学。由于战后浅水湾一带改建,原本简陋的墓地毁坏严重,甚至到了难以辨识的程度。

1956年12月5日,《人民日报》发表了香港诗人陈凡《萧红墓近况》一文,立即引起了文化界重视。随即,在叶灵凤等人士呼吁下,有关部门商讨迁墓事宜。

1957年8月3日上午,60多位香港文化界人士在九龙举行了萧红骨灰送别会,送别会上所用的就是如今镶嵌在墓碑上的画像。画像的作者叫陈海鹰,他并未见过萧红本人,而是依据他人的描述和自己的想象所画。

按说当年选用一张萧红生前照片并不难,墓碑选用了与萧红本人相貌差距甚远的画像,这样做未免草率。

当时端木蕻良在京,因故没有出席8月15日萧红骨灰下葬仪式,否则墓碑上一定是拜谒者熟悉的面容。

1946年1月22日是萧红的忌日，聂绀弩当日在重庆《新华日报》上发表了一篇题为《在西安》的悼念文章，开头有诗云："何人绘得萧红影，望断青天一缕霞。"

《萧红印象·影像》
章海宁 景然 编著
黑龙江大学出版社 2014年2月第1版

死后埋在鲁迅身边,并非萧红临终遗言

午夜,朋友在微信群里@我,说"你的萧红来了",随即推送了一篇有关萧红的公众号文章。

文章题目是《迟子建:萧红临终有言,她最想埋葬在鲁迅先生的身边》。迟子建是我比较喜欢的作家,佩服她几十年来不急不躁的写作态度。作为萧红故乡文学界最杰出的代表人物,迟子建字里行间流露出对萧红由衷的崇敬和真挚的怀念。

然而,粗略浏览,发现文中有几处错误。

"萧红与萧军在东北相恋,在西安分手。他们的分手,使萧红一度心灰意冷,她远赴日本疗伤。"二萧分手是1938年的三四月份,在西安。而萧红只身东渡日本是1936年7月,虽然也与同萧军的感情出现了裂痕不无关系。显然,这段叙述有误。

另,鲁迅病逝于1936年10月19日,此时萧红正在日本。两个多月后,1937年1月,萧红从日本启程回到上海,不久,前往万国公墓祭奠鲁迅。萧红希望自己死后埋在鲁迅先生身边的愿望,完全可以理解,因为后者既是导师,又是情比祖父的亲人,所以,这一说法并非空穴来风,但绝非萧红"临终有言"。迟子建文末"萧红临终有言,她最想埋葬在鲁迅先生的身旁",如此断言是不严谨的,编者这样起标题有博眼球之嫌。

我特意查了迟文的来历。原题既不是假迟子建之名的《萧红临终有言,她最想埋葬在鲁迅先生的身边》,也不是《萧红是一朵盛开了半世的玫瑰》，而是《落红萧萧为哪般》。该文写于2010年4月8日，迟子建正在香港大学做驻校作家。某晚散步至一小山坡，抬头一望，"圣士提反女子中学"的匾额让她心中一惊——她与心念的萧红不期相逢。这里埋葬着萧红一半的骨灰。几天后的清明节，烟雨蒙蒙的黄昏时分，迟子建启开一瓶红酒，提着它再次前往圣士提反女子中学，祭奠萧红。几天后，写下了这篇心灵交汇之作。

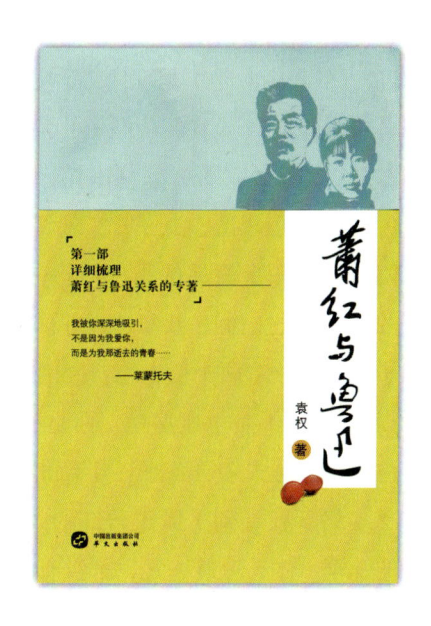

《萧红与鲁迅》
袁权 著
华文出版社 2014年10月第1版

寻访商市街 25 号

哈尔滨市道外商市街 25 号，是萧红短暂的三十年人生旅程最重要的足迹之一，也是中国现代文学史的重要历史遗迹之一。

除了呼兰的萧红故居，哈尔滨市区还有几处与萧红有关的地点：只立有一尊铜像的萧红中学、与萧军相遇的东兴顺旅馆、"只有饥寒，没有青春"（萧红语）的欧罗巴旅馆和商市街 25 号，等等，其中商市街 25 号是萧红文学生涯的发轫地。

收录 41 篇短文的《商市街》是伟大的作品。商市街对于萧红及其文学而言，其意义犹如半个世纪后的商州之于贾平凹、枫杨树之于苏童、高密之于莫言，以及矮凳桥之于林斤澜。就散文写作而言，《商市街》是中国现代文学史的一个里程碑。

今天，25 号犹在，但街的名称早已换成了具有革命气息的"红霞"，这里经营着一家涮肉馆，招牌是"炭寻古巷"。炭——探？古巷？初见时我心头一紧。毗邻一个只能容一辆轿车进出的门洞，门口竖着一个简易的小广告箱，朝向马路的侧面用墨水随意写着"23"。穿过门洞，狭窄的天井横竖趴着几辆小汽车，不大的水泥池子里面安放着两个变电箱，周围杂草丛生。可以看出，当年的商市街 25 号，不是一座房屋，而是一个大杂院。这两个冰冷变电箱的位置，就是"文学洛神"当年和她心爱的人栖息之所。

终于找寻到了属于萧红的"商市街 25 号"。然而，今天这里的一草一木，一砖一瓦，都没有了萧红的痕迹，留下的只是"荒冢一堆草没了"的悲凉。

离开了在欧罗巴旅馆列巴蘸盐吃的日子，二萧的商市街生活并没有大的改善。东兴顺旅馆的萧红落难处已被某些萧红专家误导了，欧罗巴旅馆的"萧红房"显然是赝品，而属于萧红的商市街25号也早已荡然无存。

商市街25号对中国文学的价值，就在于一位曾经困居于此的伟大作家，日后把自己与此地相关的饥寒交迫的生活，写成了一篇篇无论当年还是现在看来都是骇世惊俗的文字，这些文字汇集成了一部伟大的著作，名字就叫《商市街》。

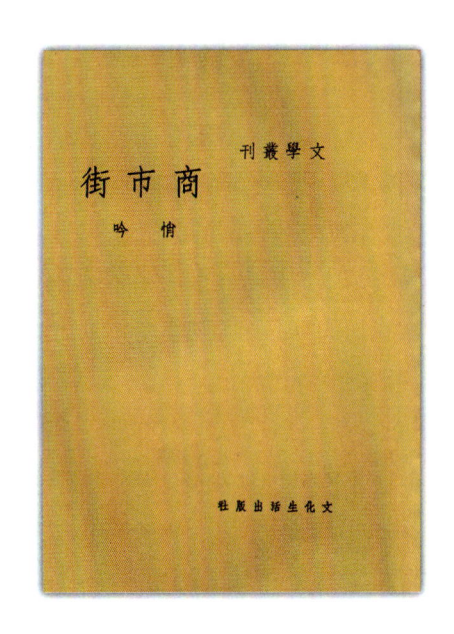

《商市街》
悄吟（萧红）著
文化生活出版社1936年8月第1版

呼吁恢复商市街本名

哈尔滨中央大街两侧分布着长长短短一二十条街，其中一条叫红霞街，街名带有明显的时代政治色彩。这条街原本叫商市街，形成于1903年，顾名思义，这里曾是商户林立的闹市。

商市街至今已有百余年历史，在这条街25号（今红霞街25号）院内一处低矮的半地下室，20世纪30年代曾住过一位当时笔名悄吟的文学青年，在这里孕育了一部伟大的文学作品，而这部作品就叫《商市街》。日后，悄吟成长为名满天下的伟大作家萧红。既像散文，又像小说，也可以称为纪实小说，被国际萧红研究权威专家葛浩文评价是文艺传记中极品的《商市街》，描写的就是她在商市街的真实生活。

萧红在商市街居住一年半后，前往青岛。从此，直到去世，她再未踏上生养她的这片黑土地。商市街，成为"文学洛神"在哈尔滨、在东三省最后的居住地。

哈尔滨是萧红生活和文学创作极其重要的区域，如萧军萧红初次见面的东兴顺旅馆、哈尔滨市立第一医院、"只有饥寒，没有青春"的欧罗巴旅馆，等等，这些具有文学史价值的遗迹基本完整保留了下来。后人为了纪念萧红，把她就读过的学校更名为萧红中学。

更名红霞街是在1958年，那是大炼钢铁，超英赶美的年份。20世纪八九十年代，很多城市街区逐渐改回原有的名称，譬如著名的北京东安市场，是在"东风吹，战鼓擂"的1966年改成了时髦的东风市场，1988年恢复了本名。

　　地名往往承载着历史，是文化内涵的体现，能恢复本名应尽量恢复。虽说1958年和1966年也都是历史，但那荒诞残酷的记忆虽不可以遗忘，但没必要留念。

　　当年萧红居住的半地下室早已荡然无存，但商市街25号犹在，即使旧居没有必要重建，但起码应该把红霞街改回商市街。

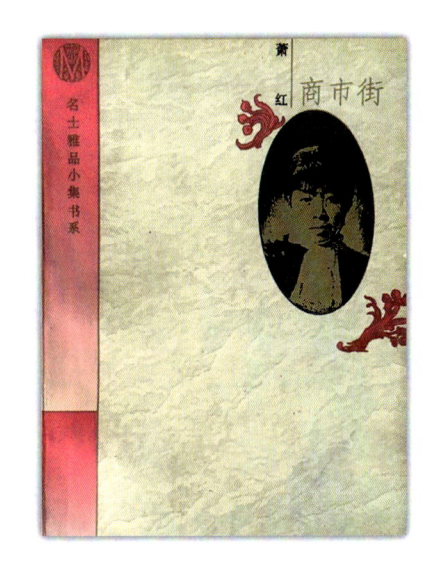

《商市街》
萧红 著
东方出版社 1995年10月第1版

《生死场》书名的由来

当年鲁迅收到萧红日后使她在上海一举成名的书稿时，书稿的名字是《麦场》。后经胡风建议，改名为《生死场》。这也得到了鲁迅的认可："《生死场》的名目很好……"并为之作序。

之所以取名《生死场》，应该是基于原著中这样的文字：

"在乡村，人和动物一起忙着生，忙着死"；

"大片的村庄，生死轮回着和十年前一样"；

……

对《生死场》书名的由来，相关资料就是这样表述的，并没什么争议。

然而，1980年黑龙江人民出版社出版的《生死场》，书中刊有萧军的《〈生死场〉重版前记》，文中写道："这小说的名称也确是费了一番心思在思索、研究……了一番，最后还是由我代她确定下来，——定名为《生死场》。"

到底是萧军起的书名，还是他替萧红做主接受他人的建议，萧军这段话并没有表达清楚，且没有提到胡风。

可见，非但名人传记可信度不高，名人口述甚至日记，同样不足信。

但无论怎样，这部鲁迅评价"这自然还不过是略图，叙事和写景，胜于人物的描写，然而北方人民的对于生的坚强，对于死的挣扎，却往往已经力透纸背；女性作者的细致的观察和越轨的笔致，又增加了不少明丽和新鲜"的伟大作品，却值得一读再读。

《生死场》

萧红 著

黑龙江人民出版社 1980 年 5 月第 1 版

这不是萧红住过的房间

萧红研究者提及东兴顺旅馆时，是否忽视了一个事实：萧红和汪恩甲同居的房间，与萧红单独住或和萧军同住的房间，不是一个房间！换句话说，东兴顺旅馆至少有两个"萧红旧居"。

汪恩甲突然消失后，萧红因无力支付所欠巨额食宿费用，被关进旅馆一间堆放杂物的房间——这才是萧红独自居住的，二萧初次相见就在这里。

今天辟为萧红纪念陈列室的房间，是东兴顺旅馆唯一带有阳台的房间。"别致的铁艺阳台被岁月剥蚀得锈迹斑斑，显出古老的模样。"近年有哈尔滨当地媒体这样描述他们认为的萧红房间。本人所见的零星资料，也都把今天的陈列室当作当年萧红独居或二萧初次相遇的房间。这是错误的。

萧红可能是从这间带有阳台的房间跳楼搭船逃离的，但不能因此认定这个房间就是萧红住过的。

最有说服力的证据是当事人的记述。据萧军回忆："旅馆人员一直领我走到长长甬道尽头一间屋子前面，对我说：她就住在这间屋子里，你自己去敲门吧。"（《人与人间——萧军回忆录》）可见，萧军"不等待邀请就走进了这个一股霉气冲鼻的昏暗的房间"（引文同前），显然不是至今仍保留有"别致的铁艺阳台"的、采光充足的临街房。

真正称得上引发现代文学史事件，可以载入文学史的房间，即那间萧红居住的仓库，究竟是哪一间房，仍待考证。

《人与人间——萧军回忆录》
萧军 著
中国文联出版社 2006 年 6 月第 1 版

萧红的欧罗巴旅馆

逃离东兴顺后，萧红和萧军先是寄居在朋友家，后来搬进了欧罗巴旅馆。

欧罗巴旅馆位于今天哈尔滨市道里区西十道街10号，仍对外营业，只不过把旅馆改称宾馆，一层大部分外租，出入宾馆的大门是改道新建的。原来的主体建筑还在，外观颇具欧洲风格，是哈尔滨保存较多的特色建筑之一。

1932年9月下旬至11月中旬，萧红和萧军在此居住。但究竟哪一个房间是他们当年住过的，旅馆的接待人员坦诚相告：因为没有任何资料证据，所以无法确定，但为纪念萧红，他们把朝向最好的一间房取名为"萧红房"，并做了简单的陈设。

欧罗巴旅馆没有故事，后来萧红在散文里描述这段日子："只有饥寒，没有青春。"

《跋涉》
三郎（萧军）悄吟（萧红）著
哈尔滨五日画报印刷社1933年10月出版

青杏般的诗句

萧红生前没有出版过诗集。《一个叛逆女性的心声——萧红诗简析》出版于1988年5月份，收入当时发现的萧红存世诗作62首。这些诗大部分在十行之内，最短的仅有两行。

萧红不是以诗名世，但近年随着有关萧红的影视片播出，这首《偶然想起》成为萧红最著名的诗篇。有诗家评说："这诗用对比的手法来写，两个'五月'，处境大不一样了。"这一评价并不确切。诗中前后对比的不是五月，而是青杏，后者才是诗眼。这首诗仅短短五行，却极耐人寻味，反复咀嚼回味无穷——"真是有如青杏般地滋味"！

两枚青杏的对比何其惨烈！

附：
偶然想起
萧红

去年的五月，
　正是我在北平吃青杏的时节，
　　今年的五月，
　我生活的痛苦，
真是有如青杏般地滋味！

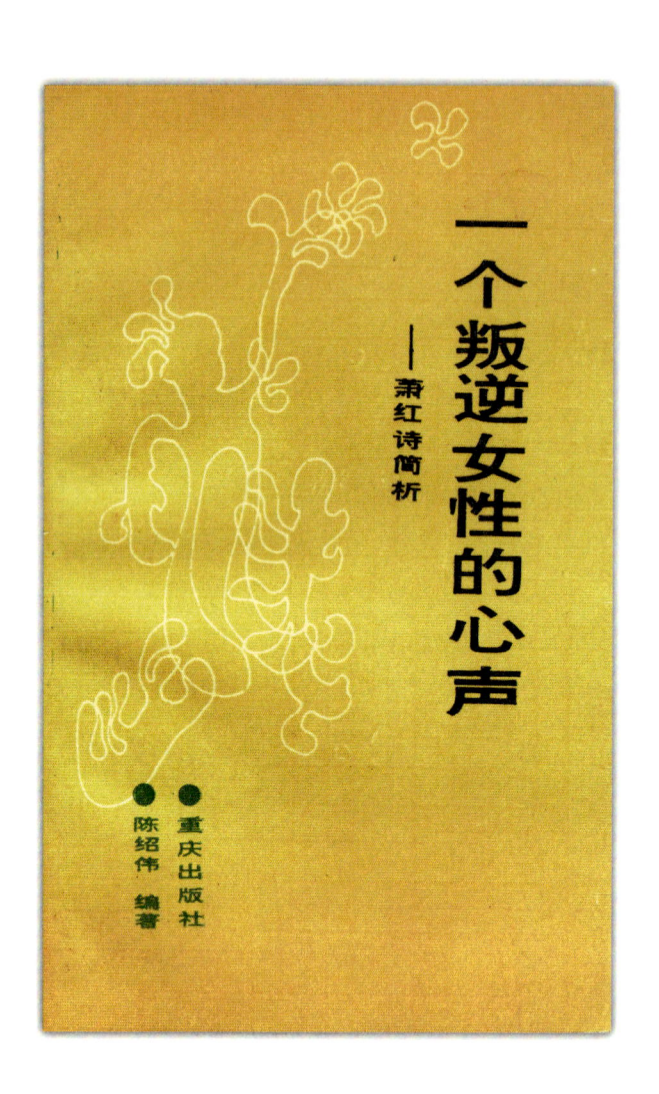

一个叛逆女性的心声
——萧红诗简析

陈绍伟 编著

重庆出版社

《一个叛逆女性的心声——萧红诗简析》
陈绍伟 编著
重庆出版社 1988年5月第1版

天真萧红

与民国其他才女相比,包括张爱玲、林徽因、石评梅、吕碧城,更不要说冰心、丁玲等革命女作家,萧红太过天真。在她心中,爱情和文学都是纯真的,也可说是天真的。

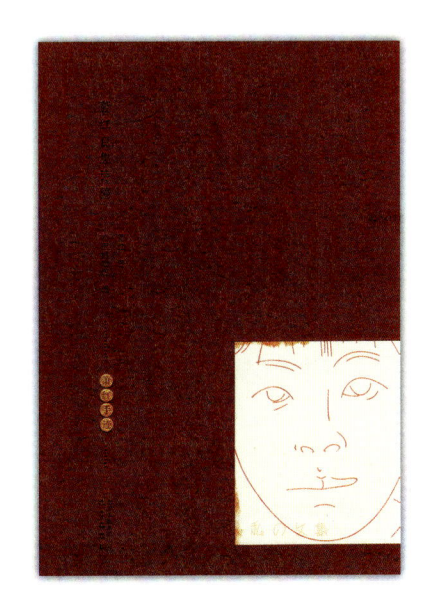

《萧红自集诗稿》
萧红 著　北京鲁迅博物馆 编
北京出版社2020年3月第1版

胡风对萧红的谬议

《生死场》的出版,萧红在上海名声大振,胡风起了很大作用,还给书写了后记。作为文艺理论家的胡风,当时在上海文坛影响巨大。

不过,胡风是有大脾气的。在推介这部萧红成名作的同时,也在后记中指出了作品的"几个弱点",譬如"全篇显得是一些散漫的素描,感不到向着中心的发展""在人物底描写里面,综合的想象的加工非常不够。个别地看来,她底人物都是活的,但每个人物底性格都不凸出,不大普遍""语法句法太特别了,……但多数却只是因为对于修辞的锤炼不够",等等。

然而,这些所谓的弱点,我认为恰恰是萧红文学的独特之处。

事实上,当年对萧红《生死场》等作品基本持肯定态度的文坛人士,包括胡风在内,都把萧红的作品往抗日、反帝方面联系。即便到了20世纪80年代"萧红热"的兴起,仍有权威文学理论家评价《生死场》是表达了"对侵略者和统治者则提出了愤怒的控诉""描绘阶级斗争和民族斗争,写出人民群众的觉醒和力量,揭示革命的胜利前景"。这更是胡诌八扯了。

对于文学成就高于给萧红带来巨大声誉的《生死场》的《呼兰河传》,胡风在萧红逝世四周年纪念会上竟做出了这样的评价:"萧红后来的走向了脱离人民脱离生活的道路,这是毁灭自我创作的道路,我们应该把这当做沉痛的教训。"遣词用句如此上纲上线,语气俨然20年后的大字报。如此评价,令人难以相信竟是出自身为文艺理论家、萧红生前挚友之口。

电影《黄金时代》及纪录片《她认出了风暴》，对萧红的一生做出了超越国内所有萧红传记客观真实的描写，以及最大限度的理解，同时借萧红友人之口，对《呼兰河传》进行了鞭辟入里的分析和极高的、准确的评价："几十年的时光无情地流逝过去，当我们远离了满目疮痍战乱的中国，人们忽然发现萧红的《呼兰河传》像一朵不死的花朵，深藏在历史深处。《呼兰河传》被文学史家誉为现代文学史最杰出的作品。……（萧红）拒绝了眼前大时代的题材，去回忆童年。正是她这种逆向性自主选择，才注定了萧红——千秋万岁名，寂寞身后事。"

用一句"时间开始了"欢呼新中国成立的胡风，五年后戴上了"反革命集团分子"的帽子，被诬入狱。揭露者批评他的文艺思想"是一种实质上属于资产阶级、小资产阶级的个人主义的文艺思想"，这种论断与当年他对写《呼兰河传》前后的萧红的论断可谓异曲同工。

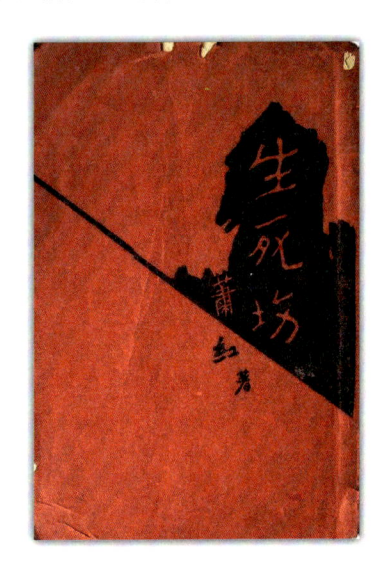

《生死场》
萧红 著
上海容光书局1935年12月初版

越轨的萧红

对萧红的人生及其文学，用一个词可以做出大致的评价：越轨。越轨，不是出轨。

对萧红的情感和婚姻经历，很多人甚至不吝以恶毒的言语加以嘲讽。与萧红有婚姻关联的三个人，无论是婚约在先的汪恩甲，还是事实婚姻的萧军，以及法定婚姻的端木蕻良，这三个男人无一例外有负于萧红。汪恩甲的神秘消失至今仍是未解之谜，萧军一而再再而三永不停歇地背叛，端木蕻良在萧红临终前的诡异，使他后半辈子都因此遭人诟病。无论是见证者的忆述，还是相关史料的记载，至今没有萧红所谓不守妇道的实证。而萧红投奔在北平上学的表哥，以及后来主动求助汪恩甲，目的都是求学读书，追求自由。至于萧红遗嘱中把《呼兰河传》版权赠给骆宾基，应该是出于对骆冒着生命危险照顾、陪伴自己走完生命最后一程的感激和报答。

萧红的思想和行为，从百年前世俗的角度看，都是越轨的。女人不服从父母之命欲解除婚约，自然属于大逆不道；女人求学、读书和写作，离经；女人离婚和改嫁，叛道。这桩桩件件，萧红在20岁前后的韶华都经历过了，构成了其越轨人生的一部分。

萧红的文学成就至今没得到应有的地位。聊以慰藉的是，几年前电影界人士竟然读出了一册薄薄《呼兰河传》在文学中的分量："几十年的时光无情地流逝过去，当我们远离了满目疮痍战乱的中国，人们忽然发现萧红的《呼兰河传》像一朵不死的花朵，深藏在历史深处。《呼兰河传》被文学史家誉为现代文学史最杰出的作品。"

萧红及其作品为何长期湮没，没有得到公允的评价？主要原因是官方有意无意、明里暗里使其边缘化，导致公众长期对其作品的漠视和误读；而人们口中飞沫对萧红情感经历的误解，也是不能排除的缘由。

作为萧红文学之路的引领者和感情最亲的人，大男子主义者萧军对萧红的文学是不太看上眼的。二萧由最初的相濡以沫，到最后的分道扬镳，与两人文学观和人生观的渐行渐远不无关系，甚至可以说，是文学观的巨大分歧导致了人生观的差异。

作为文艺理论家的胡风，对萧红作品由最初的推崇，转向了超出文艺评论本身，俨然多年以后革命大批判的评论。胡风在萧红逝世四周年纪念会上，竟然给尸骨未寒的挚友扣上了"脱离人民""脱离生活""毁灭自我"的大帽子。

一些革命文学家，在否定萧红部分作品价值的同时，却又将《生死场》冠以"抗战文学""反帝文学"的头衔，而这样高大上的名头，倘若萧红地下有知，断然不会接受这样的"赏赐"。

其实，萧红作品的价值，鲁迅在《生死场》序言中已经做了评价，即"女性作者的细致的观察和越轨的笔致"。可惜鲁迅先生过早地离世，没能看到他提携的"文学洛神"更越轨的作品——《呼兰河传》。

关于萧红，一直存在这样一个荒唐的现象：贬损萧红人格、轻视萧红作品的人，他们并不了解萧红，甚至根本没有读过萧红的传记，更没有读过萧红的作品。

《呼兰河传》
萧红 著
黑龙江人民出版社 1979 年 12 月第 1 版

丁、萧无可比性

一直有人拿丁玲与萧红做比较，最先这样做的是鲁迅先生。鲁迅预言萧红"是当今中国最有前途的女作家，很可能成为丁玲的后继者，而且她接替丁玲的时间，要比丁玲接替冰心的时间早得多"。

事实上，仅就才华也应当仅就才华而言，丁、萧二人根本没有可比性。坊间有三四个不同版本的"民国四大才女"之说，但无论哪个版本，萧红都在其中，而没有丁玲的份儿。

那么，为什么有人要拿丁、萧做比较呢？一是鲁迅开了二人比较之先河；二是尽管丁比萧年长七岁，但二人仍属同龄人；三是二人成名作都先后轰动上海文坛；还有一种可能的原因，在1938年春天，丁玲率领的西北战地服务团辗转于临汾、西安期间，二人相识并有过一段时间的亲近相处。

丁玲早于萧红成名，1928年凭借一部《莎菲女士的日记》成为知名文化人士。后来丁玲遭国民党政府逮捕，和被营救后北上延安，都成为当年轰动一时的社会事件。投入组织怀抱后，丁玲发表于1942年3月9日的《三八节有感》，仍彰显出其独立思考的品质和文学才华。可惜，这篇短文成为丁玲作为一名知识分子最后的良知之作。至于新中国成立后给丁玲带来巨大荣誉、获得斯大林文学奖的长篇小说《太阳照在桑干河上》，与真实的历史相去甚远。"后辈"萧红呢？大浪淘沙，越来越多的读者认识到，曾经被埋藏的《呼兰河传》《马伯乐》《商市街》《生死场》等杰出作品，才是经得起岁月考验的文学历史中"不死的花朵"。

萧红长期背负了滥情甚至更难听的污名，这不过是意识形态之下乌合之众无知配合的结果。对于、萧军萧红分手的具体情形，包括端木蕻良在内，三个当事人说法不一，旁人很难判断真假。但丁玲绝不是简单的旁观者，因为还存在一种说法：萧军告诉萧红"我跟丁玲结婚"。

本文从作品和生活方面，又对丁、萧二人进行了比较，但愿这是最后一次拿萧红与丁玲相提并论，因为二者根本不是一个重量级的，真的没有可比性。

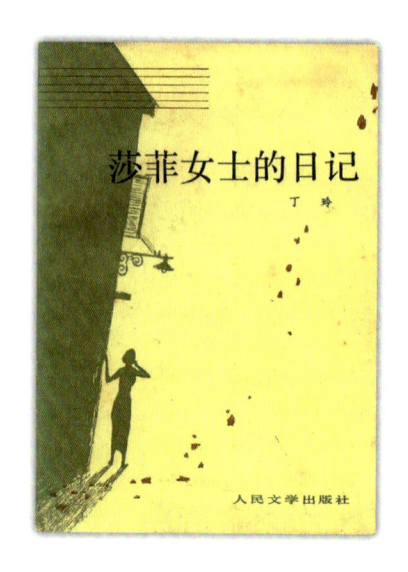

《莎菲女士的日记》
丁玲 著
人民文学出版社 1987 年 12 月北京第 1 版

萧红哪部作品最伟大

《小城三月》，徜徉《呼兰河》畔，踯躅《商市街》25号，《回忆鲁迅先生》笔下的国民小人物，脑海中挥之不去的竟是那个把"真他妈的中国人"挂在嘴边的《马伯乐》，芸芸众生无人能逃避时代和自己的《生死场》……

萧红几乎每一部作品，其风格、作法和题材都与同时代作家不同，鲁迅在《生死场》序中的一句"越轨的笔致"，是对萧红及其作品最精准的评价，可惜他未能在有生之年看到萧红笔致更越轨的《呼兰河传》。

一部以萧红作品为主线的四集电视片《读萧红》，几位国内外萧红研究者，对萧红主要作品进行了极具自己主观色彩的分析和评价。

"大家公推的就是《呼兰河传》，我们一般是把它称作她创作的巅峰。《马伯乐》是很重要的作品，包括《回忆鲁迅先生》，还有《小城三月》，这都是可以传世的作品。"

——袁权（《从呼兰河到浅水湾》作者）

"《呼兰河传》这本长篇小说，我觉得是萧红作品中最成功的。"

"萧红的《回忆鲁迅先生》在所有回忆鲁迅先生的文章里，那确实是一枝独秀。"

——肖凤（中国传媒大学教授，问世较早的《萧红传》作者）

"个人我喜欢她晚期的小说,《小城三月》《后花园》《北中国》这些东西。"

——季红真(内地影响较大的《萧红传》作者)

"我最喜欢她的《商市街》。"

——[日]平石淑子(日本女子大学教授,《萧红传》作者)

"那还是《呼兰河传》。"

——顾斌(德国汉学家、翻译家、作家)

"《小城三月》非常的精致。"

"《呼兰河传》在我看是她的巅峰之作。这个小说的经典性得到了世人的公认。如果说《生死场》还有一些争议的话,《呼兰河传》基本上就是大家一致认定,认为它是二十世纪最伟大的长篇小说之一。"

"我认为在讽刺小说这个意义上,《马伯乐》是和《围城》几乎是可以相提并论的。"

——叶君(黑龙江大学文学院教授、《从异乡到异乡:萧红传》作者)

"她《呼兰河传》是一个最好的作品,写实写得最好的作品。"

——卢玮銮(香港中文大学荣誉院士)

"《回忆鲁迅先生》在我读过的回忆鲁迅的文章当中,我认为是最好的。"

——周令飞(鲁迅长孙)

"她的人物素描在民国的作家当中应该是第一人。"
——孙郁（中国人民大学文学院院长、著名鲁迅研究专家、现当代文学研究专家）

"《生死场》是个好作品，很经读的。"
"《呼兰河传》应当是集大成的吧，它汇集了萧红的所有的强项。"
——赵园（中国社会科学院研究员）

"《生死场》在我看来是萧红最有代表性，也是中国现代文学当中最有代表性的作品。整个现代文学史上，它是一部非常奇特的小说，它打碎了一切关于小说的清规戒律……"
——陈思和（复旦大学中文系教授）

"《生死场》我觉得是非常好的一个小说。"
"《呼兰河传》是没有办法归类的小说……就是一个杰作。"
"《商市街》也是不归类的，……就是一个非常非常好的作品。"
——葛浩文（美国汉学家、翻译家，学者，最著名的萧红研究专家，《萧红评传》作者，《马伯乐》续作者）

"《生死场》这个作品非常富有创造性……在她之前估计中国没有这样的小说。"
"《呼兰河传》这个作品并不像茅盾说的那样，只是一个田园牧歌式的东西，这是一个多声部的作品，它里面有多个侧面，多个层次，不同的审美范畴。中国文学走了100年了，至今没有一个作品能像萧红的《呼兰河传》那样复调的，而又非常富有萧红风格的，非常自然的、诗意的这样一个作品。"

"《马伯乐》我说它是《阿Q正传》的抗战版。"

——林贤治(学者、诗人、编辑家,《漂泊者萧红》作者)

上述引文,基本保持了电视片中受访者评述的原貌,"断句"不断义。至于片中那位称萧红为婶婶的研究者,认为萧红作品是在地下党的领导下,尊重了文学的创作规律才取得的,这是信口雌黄。

萧红作品中究竟哪一部更伟大?

电影《黄金时代》及纪录片《她认出了风暴》中创作者借萧红友人之口,表达了他们对萧红作品价值的认知:"几十年的时光无情地流逝过去,当我们远离了满目疮痍战乱的中国,人们忽然发现萧红的《呼兰河传》像一朵不死的花朵,深藏在历史深处。《呼兰河传》被文学史家誉为现代文学史最杰出的作品。"

《呼兰河传》
萧红 著
寰星书店民国三十六年六月初版

《呼兰河传》书名的翻译不符合作者本意

葛浩文是美国著名汉学家、文学翻译家，是国际上最知名的萧红研究专家。萧红离世40年后，能够被外国读者和学者关注，以及在20世纪80年代国内首次出现"萧红热"，葛浩文厥功至伟。他不遗余力地推介萧红，其中就包括把他自己最欣赏的《呼兰河传》翻译成英文，使萧红逐步走向了国际文坛。

然而，葛浩文把《呼兰河传》书名译成 Tales of Hulan River，本人认为不妥。因为按照此译文字面意思，是为一条叫"呼兰"的河作传，或者是以呼兰河为背景，而实际上原作者写的并不是一条河，而是一座小城，一座叫"呼兰河"的小城的市井风情。

在小说第一章第一节，萧红交代："呼兰河就是这样的小城，这小城并不怎样繁华……"第六节写道："呼兰河城里，除了东二道街，西二道街，十字街之外，再就都是些个小胡同了。"尾声开头一句："呼兰河这小城里边，以前住着我的祖父，现在埋着我的祖父。"可见，"呼兰河"是一座小城的名字，作者为之作传的是呼兰河城，而非呼兰河；尽管无论小说中的呼兰河城，还是今天现实中的呼兰镇，确实有一条叫"呼兰"的河。

既然"呼兰河"是小城的名字，音译即可，即译作 Tales of Hulanhe Town。

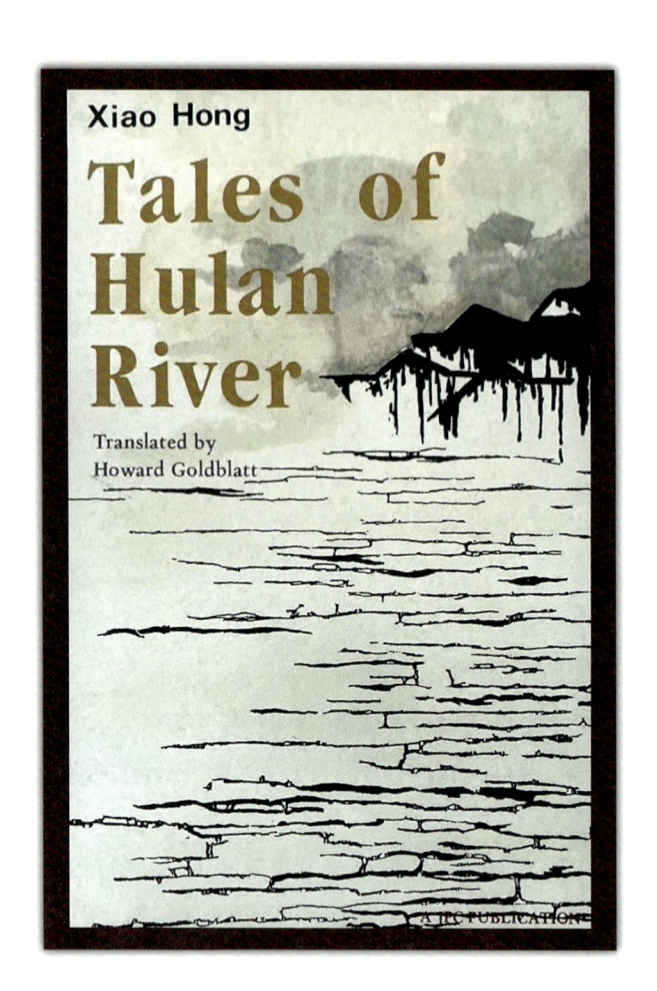

Tales of Hulan River

萧红 著　葛浩文 译

香港三联出版公司 1988 年版

重庆抗战文艺史不应缺失
萧红浓墨重彩的一笔

查阅《重庆通史》(周勇主编 重庆出版社 2014 年 4 月第 2 版)发现,在记述抗战时期文学艺术的章节,竟然没有关于萧红及其作品的只言片语。

抗战时期,一大批作家和艺术家来到重庆,如茅盾、巴金、老舍、曹禺、梁实秋、郭沫若、冰心、田汉、张恨水等人,他们在山城生活和创作。

1938 年 9 月,萧红由武汉溯江而上抵达重庆,1940 年 1 月,和端木蕻良一起离渝抵港。在重庆一年零四个月的时间里,萧红创作了大量作品,《回忆鲁迅先生》、《马伯乐》和《萧红散文》就是这一时期由重庆妇女生活社和重庆大时代书局出版的。虽然当年这几部单行本问世,没有像《生死场》和《商市街》那样轰动上海文坛,但是,半个多世纪后,回望回忆鲁迅的千万文字,迄今没有一篇能够超越萧红的《回忆鲁迅先生》。

尤其是作于重庆,以饱含忧思的情感、细腻的笔触,描述抗战时期山城民众生活的《长安寺》,是萧红无数散文名篇中的经典。

《重庆通史》之所以没有记述萧红及其作品,主要原因应该是编著者自己的主观认知片面甚至错误。

《通史》提到了端木蕻良,但没有列举其作品。端木在重庆时期的创作确实乏善可陈,但其 1939 年作于重庆,后经贺绿汀谱曲,大众至今广为熟知的歌曲《嘉陵江上》，不应该遗漏于重庆抗战文艺史，这也是作为文学家的端木在音乐领域浓墨重彩的一笔。

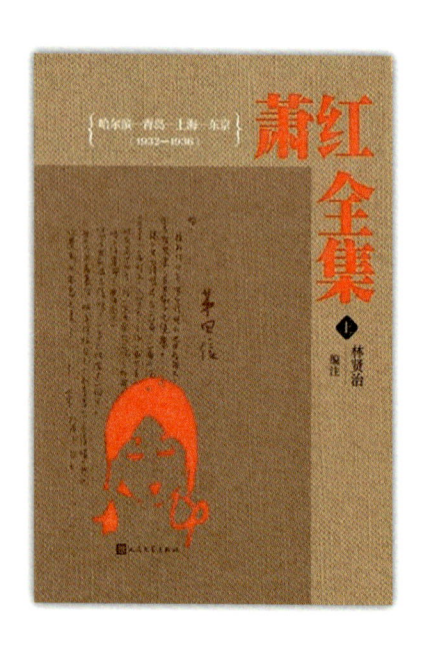

《萧红全集：全三册》
萧红 著 林贤治 编注
人民文学出版社 2020 年 2 月北京第 1 版

特务的道具

读小说《红岩》是几十年前，记得有这个情节，当时却没注意到其中的细节。

读梁由之《何人绘得萧红影》一文，文中提到了这一细节，不由连忙翻出《红岩》查看，果然。

甫志高在重庆沙坪坝正街开了家"沙坪书店"，是组织的备用联络站。一个"衣衫破旧，举止有些寒伧"的青年时常来书店。有一次，青年买了本《萧红小传》，并感叹地说："萧红是中国有数的女作家，是鲁迅先生一手培养的，可惜生不逢辰，年纪轻轻的就被万恶的社会夺去了生命。"甫志高听陈松林介绍后，有意发展这个叫郑克昌的青年。

郑克昌其实是伪装成进步学生的军统特务。

郑克昌看书、买书、谈书这些情节，是小说作者设计的，可为何单单选中《萧红小传》这本小册子呢？

当然只是小说情节的需要而已，并没有什么特别的含义，但也挺有意思。可见，特务也爱读萧红，欣赏萧红。

《萧红小传》
骆宾基 著
上海建文书店 1947 年 9 月第 1 版

更是以讹传讹

"我要为端木'平反'！"端木蕻良1996年去世后，其妻钟耀群女士认为长期以来写端木和萧红关系的文章存在不实之词，甚至是造谣污蔑，悼念端木的文章中也有以讹传讹的情形。于是，她用了不到一个月的时间，根据与端木生活30多年中"端木对我所讲的事实"，凭借记忆写出了一本不足8万字的《端木与萧红》。

虽然不能以作家的写作水准要求该书作者即钟耀群女士，但书中错别字和病句实在太多，难以卒读；如果把责任推给编辑，倒也说得过去，但对于书中某些与萧红和端木有关历史事件的不当描述，是无法推给别人的，即便推，也只能推给端木。

端木跟萧红结识前是见过萧红的，那是1936年的某天，地点是上海的法国公园内。躺在草坪上的端木听到不远处笑语阵阵，按照钟耀群书中的叙述，这一情景中的两男一女是萧红、萧军和叶紫，但据当事人的回忆，包括婚后端木求证于萧红，那天端木远远望去的其实是三男一女，除了二萧，另二人是黄源和时任《作家》杂志主编孟十还。

端木到上海后没能见到鲁迅，尽管短篇小说《爷爷为什么不吃高粱米饭》是经鲁迅之手推荐发表的。了解那段历史的读者知道，鲁迅之所以数次拒绝端木见面的请求，不是不认可端木的文学才华，而是对其身份怀疑。这在当时关系错综复杂的上海文坛，是完全可以理解的。然而60多年后在端木夫人笔下，却遮遮掩掩，好像根本不存在鲁迅不见端木这件事，给不知情读者以双方均有失之交臂的错觉。

萧红的一半骨灰在圣士提反女子中学，连亲手埋葬她的端木后来都无法辨认当年的具体地址，但钟耀群却敢一眼断定；对已成定论的微不足道小事件，钟耀群又有了新的描述；对无伤大雅的事件，钟耀群顾左右而言他，极力维护亡夫高大上的形象。

作为妻子的作者，本欲为端木"平反"、正名，结果却事与愿违，用当下一个时髦词就叫"低级红"。

《端木与萧红》
钟耀群 著
中国文联出版公司1998年1月第1版

不受人待见的端木蕻良

端木蕻良当然是著名作家,并非徒有虚名。他在20世纪30年代的中国文化中心上海曾经名声大噪,创作完成"直立起来的"《科尔沁旗草原》时才21岁;这个年龄这般成就,在今天几乎不可能。然而,同样不可思议,也是古今中外文学界罕见的是,这样一个名作家,从成名之初就不怎么招人待见,这一状况伴随端木一生,甚至延续到离世后。

这一结果当然与他和萧红的关系有关,但不是唯一原因。端木蕻良以《鹭鸶湖的忧郁》等一系列风格特异的短篇小说闻名,在沪上文坛产生影响。可是,茅盾、郑振铎、鲁迅等人只是公事公办地推介端木的作品,与其并无私交,有人甚至托词不见其面。而基于或老乡,或同行,或朋友萧红的丈夫考虑,这些人对待端木好比今天的微信朋友圈,勉强加了好友,但端木无论发什么,从来没人点赞,也没人评论,更谈不上私聊了。

数十年来有关端木不受人待见的传闻非常多,本人就亲历过。20多年前,我参加一个六七个人的私人聚会,其中一位复姓端木,我随口问了句:"您跟端木蕻良……"不料这位部级领导明显不悦,淡淡地说了一句:"我跟他没关系。"在场的他的下属马上打圆场:"我是学中文的,说不上为啥,现当代那么多作家中,我唯一不喜欢的就是端木蕻良。"尽管后来我跟那位部级领导多有往来,但再没有提起借用他家姓氏当笔名的人。

萧红和端木蕻良结婚，昔日的挚友一个个开始有意疏远萧红，她几乎到了众叛亲离的地步。原因只有一个：他们无一例外地厌恶端木。

众多研究萧红的作品，凡涉及真伪、疑点的历史事件，哪怕端木是当事者，但对于他的陈述，多数人存疑，甚至明确表态"不可信"。端木逝世后，他的遗孀和侄子先后出版了回忆萧红的专著，"这个解释很牵强"——类似这样的评价已经算很客气的了。

至于近年有文章揭秘说，端木遗孀在端木、骆宾基离世十多年后，违背端木的意愿，心有愧疚地公开端木守了半个多世纪的"端木丢下萧红独自突围"的真相，替夫君以正视听，这多少有些牵强，并不足信。

《科尔沁旗草原》
端木蕻良 著
人民文学出版社 1997年6月北京第1版

鲁迅的饭局

胡风错过了那场非同寻常的饭局

如果你好吃，还想吃出点文化的味道来，且有考证嗜好，那么，不妨读读《鲁迅的饭局》一书，寻觅鲁迅的足迹，边吃边考证。

但是，该书的毛病显而易见。如果你翻翻回忆鲁迅的书籍和文章，查查百度，不难发现，该书很多词句、段落和情节似曾相识。因此，该书撷取的个别史料，便存在以讹传讹，以及由于作者主观臆想而与史实不符之处。

仅举一例。

书中《沪上美食风景——鲁迅光顾过的上海餐馆》一文，写到1934年12月19日梁园豫菜馆的饭局，引述鲁迅日记中记载："晚在梁园邀客饭，谷非夫妇未至，到者萧军夫妇、耳耶夫妇、阿紫、仲方及广平、海婴。"在同一段落，作者紧接着写道，"席间，鲁迅给二萧介绍了在座的茅盾、聂绀弩、胡风、叶紫等左翼作家"。这一叙述明显是错误的。鲁迅日记中提到的谷非即胡风，也就是说，胡风当晚并没有参加鲁迅给他儿子晓谷办满月，顺便给初到上海的二萧介绍同道的饭局。

这场文学史上非同寻常的饭局，时间、地点、人物本已毫无争议，但作者竟不知谷非即胡风，又凭自己的想象，把胡风拽到了饭局里。

其实，胡风错过这场饭局，是因为梅志的妹妹没有及时把鲁迅的信交给胡风，仅此而已。

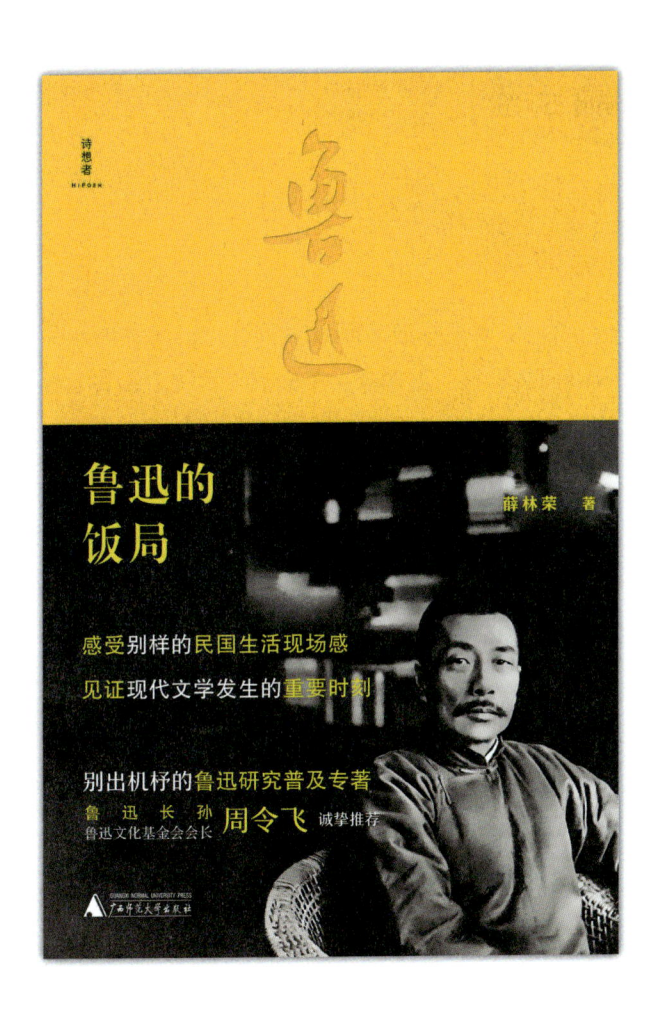

《鲁迅的饭局》
薛林荣 著
广西师范大学出版社 2021 年 3 月第 1 版

孺子牛

自从 70 多年前毛泽东对鲁迅一口气做出九个"最"的评价并冠以"文学家、思想家、革命家"名头后,鲁迅便成了圣人;鲁迅除了发怒和骂人,仿佛不再具备普通人的情感。

"横眉冷对千夫指,俯首甘为孺子牛",这是鲁迅最著名的诗句,几十年来惯常的解读是,作者面对国民党反动派的恫吓毫不妥协,甘愿像老黄牛一样为无产阶级劳苦大众奉献自己。

先生的原意真的如此高大上吗?"孺子牛"是把自己比作为劳苦大众服务的牛?

本人并不认为这两句诗有多么深刻的含义,也没能解读出"对人民的强烈的爱和对敌人的强烈的憎,表现了作者在敌人面前毫不妥协,为人民大众鞠躬尽瘁的崇高品德"来。尤其是诗中的"孺子牛",难道不可以按字面的意思理解吗?孺子就是小孩子——当时仅三岁的海婴。

另外,把"孺子牛"解读成"劳苦大众的牛","千夫指"解读成"敌人的指责",也不符合七言律诗的对仗要求。

老师教育我们要从整首诗的语境下解读,那这首诗的语境是什么呢?我认为题目就是语境。此刻眼前仿佛出现了鲁迅先生匍匐在地,小海婴骑在他脖子上的情形……

附：

自嘲

鲁迅（作于1932年）

运交华盖欲何求，未敢翻身已碰头。
破帽遮颜过闹市，漏船载酒泛中流。
横眉冷对千夫指，俯首甘为孺子牛。
躲进小楼成一统，管他冬夏与春秋。

《鲁迅诗歌简论》
刘扬烈 刘健芬 著
重庆出版社1983年6月第1版

无人负担鲁迅的丧葬费

鲁迅逝世后,许广平和周海婴生活异常困苦,相当长的时期经济拮据。令人难以置信的是,连鲁迅丧葬费都支付艰难。

许广平原本打算购置一具中等价位的棺木,经济上尚能承受,但宋庆龄、孔德沚(茅盾夫人)、王蕴如(周建人夫人)等亲友提出买昂贵的西洋式棺木,许广平勉为其难地同意了。

然而,包括这具棺材的花费在内,鲁迅的丧葬费用究竟是谁负担的,竟然也成为莫衷一是之"谜"。

周海婴回忆此事,按照他自己的话,不得不像侦破案件一样,抽丝剥茧,寻找证据,同时如履薄冰,唯恐伤害父亲生前亲朋好友的感情。

很多回忆文章说,那具西式棺木是宋庆龄出资赠予的,但周海婴在万分小心地表达对宋的感激之情同时,"从母亲挑选棺木时和婶婶王蕴如商量的判断,这棺木是自费购买的"。而对于"除了棺木,连葬礼费用、殡仪馆等等的开支,据说也有文章说是出于'救国会'的全力资助",周海婴同样做出了善意的推断,即"也许'救国会'确实有这个愿望,或者有过决定,但是经费拮据,最终难以兑现"。

周海婴深知父亲丧葬是大事,甚至可以说是重大历史事件,不能无凭无据地推断,但梅志作为重要见证人,明确告知周海婴:"说过救国会出钱,可是后来分文未出。"能够说出这般肯定的话,一是胡风是鲁迅丧事的主要参与者，更重要的恐怕还是与梅志先生的为人正直有关。而其他本应知情的人，如黄源、胡愈之等人，证言模棱两可，譬如胡称"可能由中共付钱的，因（为）宋（庆龄）也没有很多钱"，这或许是出于保密或维护某人和某组织面子的考虑吧。

许广平最后结算鲁迅丧葬的开支，周海婴用了"令人惊骇"一词，因为一大笔"另付"的巨额开支不清楚花费在哪里。周海婴引用他人证言，否定了鲁迅丧葬费用得到他人或团体支援之说，最后仍表示："总之，关于父亲丧事中的这件大事，是个值得研究的谜。我不是个忘恩负义的人，只是如实说出心中的疑窦。"许广平在给友人的信中悲哀地发问："周先生病死（包括）丧费三千余元，为什么一个人也不来负责？"

日后，许广平携周海婴北上投奔组织，误解和屈辱几乎一路与这对孤儿寡母相伴，甚至终生。

所以关于鲁迅的丧葬费用，尽管周海婴说得小心翼翼，生怕得罪亲友和组织，但事实就是：无人负担。

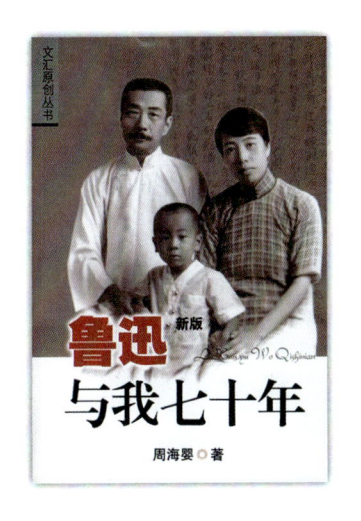

《鲁迅与我七十年》（新版）
周海婴 著
文汇出版社 2006 年 7 月第 1 版

考证，不可"以理服人"

2003年，"罗（稷南）毛（泽东）对话"由周海婴在其回忆录《鲁迅与我七十年》中公开披露后，掀起巨澜，引发了对"对话"真伪的论辩。包括知名学者谢泳、毛泽东研究专家陈晋等人在内，纷纷质疑事件的真实性。质疑并非没有必要，但考证一件事的真假有无，不能靠讲道理，不能依据逻辑推断，只能靠证据。无数的历史事件表明，史实往往就是那么不可理喻。

现场目击证人、亲耳聆听"罗毛对话"的著名演员黄宗英挺身作证，按说事件真伪已有了定论，但仍有人质疑，可现实中，一个人说出什么话和做出什么事，真不能用"常理"来认定，这方面的历史教训是极为深刻的。

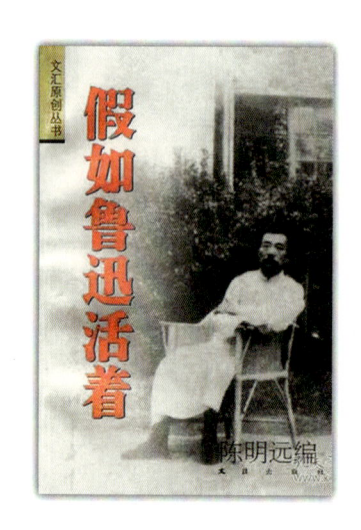

《假如鲁迅活着》
陈明远 编
文汇出版社 2003年8月第1版

《狂人日记》中没有这句话

"（你）似乎怕我，似乎想害我。"高中学过课文《狂人日记》后，同学们互相拿这句话打闹，暗骂对方是狗。其实，引用这句话骂人并不恰当。原著中这句话，说的本是赵贵翁，——"赵贵翁的眼神便怪。"——并非指狗。

《狂人日记》中明确提到"狗"的文字共有四处，分别是：

"不然的话，那赵家的狗，何以看我两眼呢？"
"赵家的狗又叫起来了。"
"前天赵家的狗，看我几眼，可见他也同谋，早已接洽。"
"大门外立着一伙人，赵贵翁和他的狗，也在里面，都探头探脑的挨进来。"

2021年9月下旬，一段评述"狗"的文字，即"村口的狗叫了，其他的狗也跟着一起叫，但它们不知道为什么叫"被频频引用，出现在微信等自媒体上，并且注明出自鲁迅《狂人日记》。

事实上，这段相当有水平、有深意的话，并非出自《狂人日记》，著作权应该是某个有才的网友。当然，如果明知不是鲁迅的话，只不过是借鲁迅的大名调侃，倒也无妨，谁也没必要较真。但是，很多人认为这段话就是出自《狂人日记》。

为避免以讹传讹，确有必要予以澄清。更重要的是，微信、公众号等自媒体存活不易，说不准什么时候就没了。况且，个人的微信朋友圈、公众号，也是需要公信力的，不可以有的没的人云亦云。

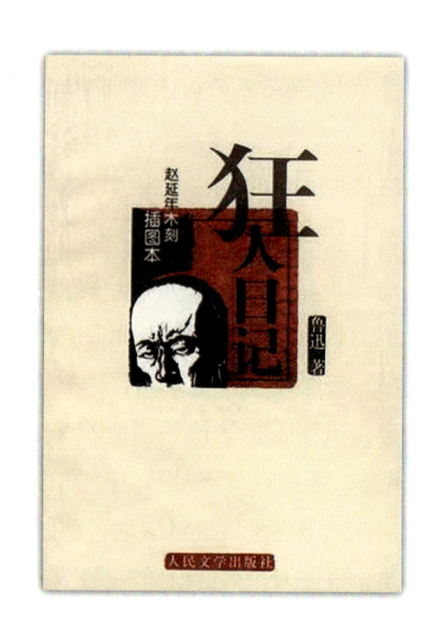

《狂人日记（赵延年插图本）》
鲁迅 著
人民文学出版社 2002 年 9 月北京第 1 版

陈师曾算杀熟吗

陈师曾和鲁迅都曾就读于南京江南陆师学堂附设矿务铁路学堂，二人是同班同学；三年后同去日本东京弘文文学院学习，是室友；再后来，鲁迅应蔡元培之邀，到教育部任职，两年后陈师曾也受聘到教育部，二人共事长达十年。

同学、同寝、同事，二人交往不可谓不深。

然而，交往未必等于交情。

陈周二人有共同的雅兴，多次相互馈赠各自的作品和藏品，但有种令世人非常困惑和遗憾的说法是，生意导致二人没有成为至交，责任单方面归于陈师曾"杀熟"。

据鲁迅研究者考证，陈师曾三次卖拓片和两次介绍他人卖拓片给鲁迅。研究者断言，"周、陈二人的疏远恰是从陈师曾给鲁迅出售了几次拓片之后开始的"，因为"陈师曾拿到拓片就卖给鲁迅，价钱很高，还介绍别人很糟糕的拓片给鲁迅，两人间多了一层商业关系""商业关系迟早伤害感情"。(《鲁迅的饭局》薛林荣著)

鲁迅日记中的确有相关记载。1918年5月13日，"上午师曾交朱氏所卖专拓片来，凡六十枚，云皆王树枏所藏，拓甚恶，无一可取者"。

果真如此，陈的行为确属杀熟。

我也被熟人"杀"过。

本人收藏有一些名人字画，有的是托熟人从书画家手中直接购得。说实在话,当时之所以托熟人,一是能够保证不是赝品,二是也想优惠些,毕竟不是小数目,三是有关照书画家之意。然而事实上,价钱非但没有一点优惠,画作质量亦非上乘,其中某幅作品竟是残品,尽管一手交钱一手交货时我已看出来,但碍于情面,并没有说破。后来,一个比我跟那位中间人更熟的朋友私下抱怨,在市场上买都比从那位书画家家里买的质高价廉。

杀熟,确是人际交往中最不仗义的事。

回头说陈周。陈师曾逝世后,鲁迅对昔日这位跟他有生意往来的陈师曾做出了"才华蓬勃,笔简意饶"的评价。——落在白纸上的黑字是这样的。

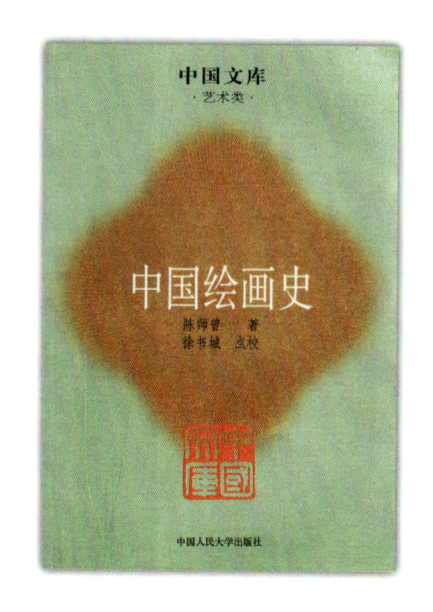

《中国绘画史》
陈师曾 著 徐书城 点校
中国人民大学出版社 2007 年 9 月第 1 版

两株加两株，一共四株

北京有四处鲁迅旧居，其中一处位于阜成门内大街宫门口西二条 19 号。

这个院子花了 800 块钱，鲁迅跟齐寿山借了 400，跟许寿裳借了 400。此前先生所有积蓄都买了八道湾的房产，兄弟失和后，房子留给了周作人。

1924 年 5 月至 1926 年 8 月，鲁迅在这里生活、写作，一同搬此居住的还有母亲鲁瑞和妻子朱安，后者一直住到 1947 年 6 月死去。

院子北侧中间的正房，是鲁迅的起居室兼书房，又向北接出了大约一张半床的面积，这就是著名的"老虎尾巴"，鲁迅在这里写下了散文集《野草》，小说集《彷徨》中的大部分作品，杂文集《华盖集》《华盖集续集》，以及《坟》《朝花夕拾》中的大部分作品。

通往后院夹道的墙角有一株枣树，西墙外还有一株，应该就是中国文学史上的那两株最著名的枣树。

这处鲁迅旧居我先后去过两回，都是在初冬，但时间相隔了三十四年。如今的旧居，与鲁迅博物馆打通了，宽敞得有些气派；但我总觉得不该这样，感觉缺少了原有的清静和落寞。

旧居院子里有两株先生 1925 年亲手种植的树，一株是丁香，另一株也是丁香。

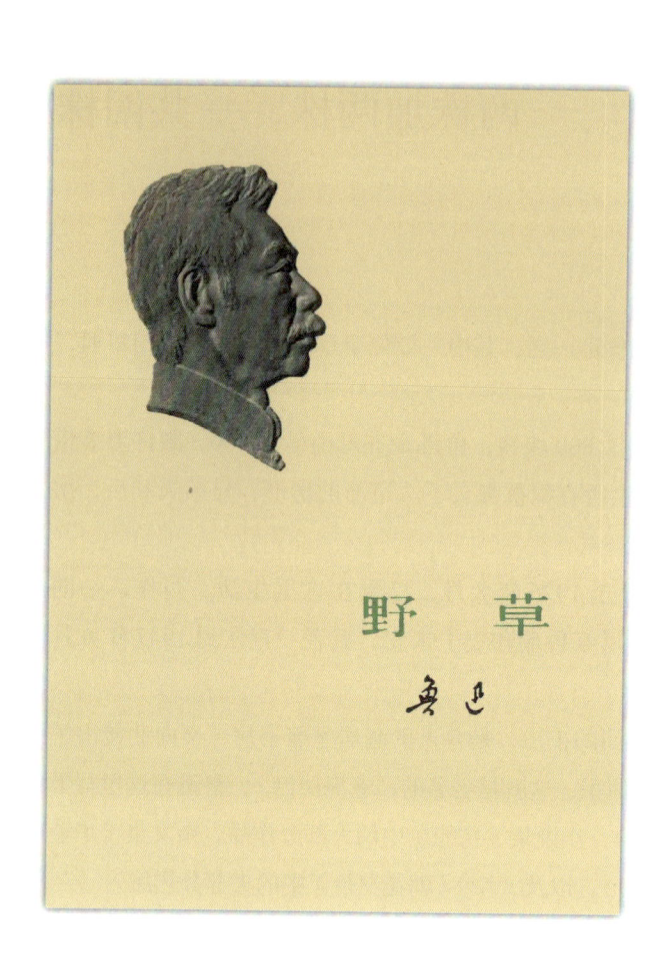

《野草》
鲁迅 著
人民文学出版社 1973 年 4 月第 1 版

祝福

"旧历的年底毕竟最像年底",这是鲁迅小说《祝福》开篇的话。心里揣摩着这一句,便寻到了砖塔胡同。

今冬京城比往年暖和,但这两天气温骤降。胡同东口设了临时疫病防控的岗亭,里面一个裹着棉大衣套棉帽的人正趴在桌子上睡觉。

这条北京最古老的胡同,与其他胡同并没有太大的差别。大多逛胡同的,都不是冲着胡同本身去的,而是探寻曾经在胡同里住过的人和发生过的事。我也不例外。

沿着胡同,南瞧瞧,北望望,一直往西走。快到尽头,胡同忽然向南折了个小弯,迎面是个小区,大门口挂着"砖塔胡同86号院"的门牌,里面是一幢四层红砖居民楼。此处是砖塔胡同的西口,往西出胡同就是太平桥大街了。

与86号相邻,是一片废弃的院落。抬眼望去,明显是施工工地,不过在春节放假期间停工了。院子占地不小,原来或许住着大户人家,也可能是一座大四合院分住几户。残垣断壁间,有的地方用建筑工地常见的那种蓝色石棉瓦遮挡起来,有一个小门已用砖头水泥封死了。

整条胡同,这里是唯一没人居住的,也是唯一没有正式门牌号的。来回走了两趟,才看到一个朝北漆黑铁门两侧的水泥门柱上,涂鸦喷上了"84"冰冷的数字。

这就是砖塔胡同 84 号。这就是鲁迅旧居。

1923 年 8 月 2 日，兄弟失和后，鲁迅搬出八道湾，租居此地，住了九个多月。在这里，鲁迅写出了《祝福》，第一本小说集《呐喊》也是在这期间出版的。

"村镇上不必说，就在天空中也显出将到新年的气象来。灰白色的沉重的晚云中间时时发出闪光，接着一声钝响，是送灶的爆竹；近处燃放的可就更强烈了，震耳的大音还没有息，空气里已经散满了幽微的火药香。"如今，京城和全国其他城市一样，早就禁放烟花爆竹了，大部分农村也不让放了，所以，无论都市乡村，不再有鲁迅百年前描写的这般年味了。——旧历的年底也已不像年底了。

拆除后，听说这里将建起一所学校。到那时候，老师或许会跟学生们讲，你们的脚下曾是中国现代文学史上最伟大的作家鲁迅的旧居，不知学生们听了应该自豪还是悲哀。

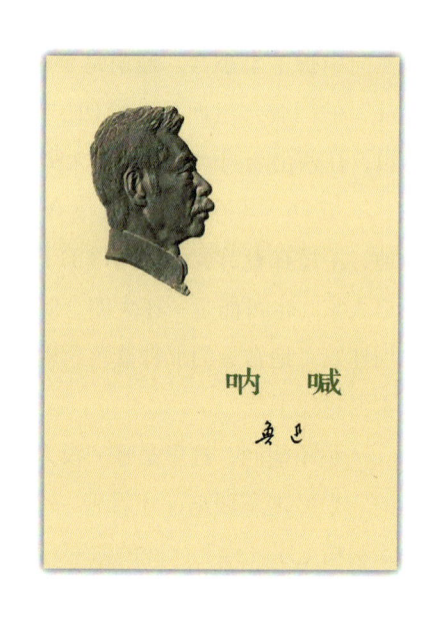

《呐喊》
鲁迅 著
人民文学出版社 1973 年 3 月第 1 版

有关鲁迅的两个问题

50岁以后还要不要读鲁迅,这是个问题。友人徐锦川先生说:译著没必要,日记是供研究者研究的,余下的杂文、散文、小说,要读,当然要读,一定要读。

另一个问题是:再读鲁迅,会不会仍旧愤怒,甚至更加愤怒?

呐喊彷徨野草坟,人到中年读鲁迅。

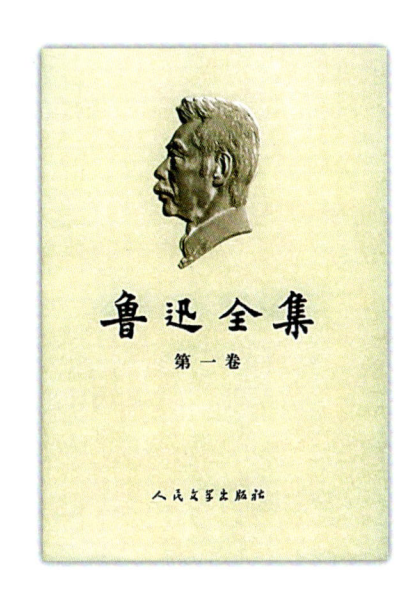

《鲁迅全集》
鲁迅 著
人民文学出版社 2005年11月北京第1版

内山书店已不是书店

稍不留意很容易与内山书店旧址擦肩而过。

没有哪个单位占据历史遗迹和文物保护单位占据得如此理直气壮,俨然一副救世主的面孔。

银行有钱,也出了钱,修葺了原本破旧、被冷落的内山书店,对此读者会心存感念,但是,出了钱就可以如此心安理得吗?那不叫救人之危,那是乘人之危。要知道,内山书店不只是内山完造的书店,更是鲁迅、阿累和萧红萧军的书店,是中国文学史的书店,是读书人的书店!

紧邻内山书店旧址西侧是一家新华书店,无论摆放的图书品质还是经营风格,也就是国内乡镇书店的水准。一个小时之内本人进去过两次,这两次顾客均只有我一人。搭讪地问询隔壁内山书店的状况,店里仅有的一个店员头也不抬地玩着电脑游戏。即使讨好地买了一本本可以在网上五折买的书,但这位店员的态度仍非常恶劣。这类书店的存在,对书籍而言是一种侮辱;而其与关张长达70余年的内山书店毗邻而居,本身既是对内山书店的侮辱,也是自取其辱。

建议把内山书店恢复为可以运营的书店。设计成主题书店,专售鲁迅的作品,凡是国内外出版的鲁迅作品,都可以在这里买到;或者建成全国最为齐全的鲁迅书籍博物馆。这都不失为对鲁迅作为文学家的一种纪念。总比被挂着刺眼的银行招牌,且一周三天闭门,与文化根本不搭界的"大款"霸占着体面些。

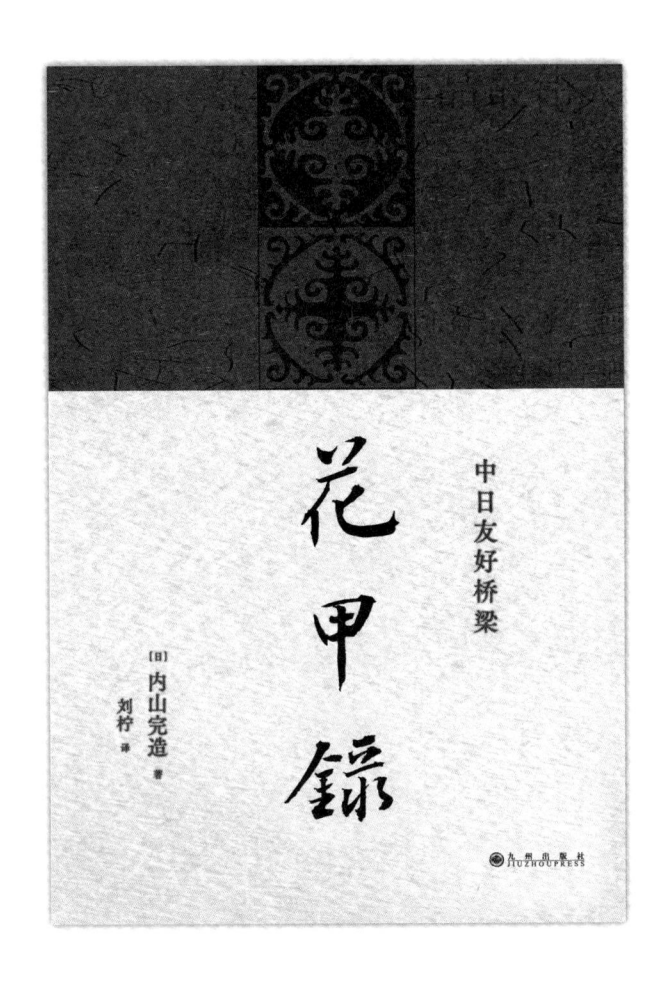

《花甲录》
［日］内山完造 著 刘柠 译
九州出版社 2021 年 1 月第 1 版

抵达内心的歌谣

语言终止之处，音乐开始了

《抵达内心的歌谣》甫一出版，我就买了一本。我和作者李广平先生之前见过面，是在一场名为"正义之美"的聚会上，那天是农历大寒日。三四十人合影留念，我俩相邻。其实，更早时候我被拉入了两个歌词创作微信群，发现他也在群里。

后来，几次好友相邀一聚，我和广平兄四目相对——"原来你也在这里"。再后来，"相聚在一起"。再再后来，聚会前无须打听，十有八九"有你，有我"。

某日相约晚上聚会，下午忽然收到广平兄的微信，说要先到我办公室喝茶。我从书柜里抽出这本《抵达内心的歌谣》，请他签名留念，他签了，很用心。

广平兄是著名音乐制作人、词作家，一首《你在他乡还好吗》传唱了近 30 年，还有《潮湿的心》《相信远方》等代表作。广平兄肚子里有货，手也快，平均每周两篇佳作发表在他的个人微信公众号上，勾起了很多人对往昔岁月的回忆。他说这也是为下一本书做准备。

期待李广平先生佳作不断，也期待新书早日出版。

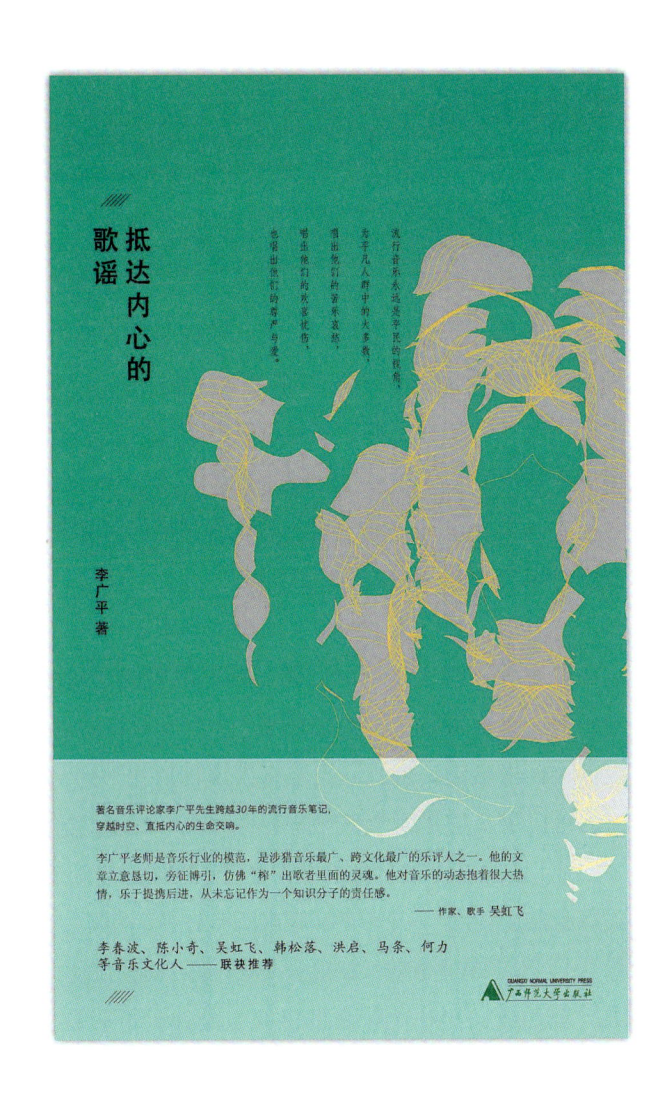

《抵达内心的歌谣》

李广平 著

广西师范大学出版社 2018 年 9 月第 1 版

小情小调

某微信音乐群征集歌词,由几位著名词作家做总评,结果,入选的十几首歌词基本不入总评人的法眼。总评人归结原因有两点:一是主旋律弘扬得不够;二是没有写出大时代的背景。一句话,都属于小情小调。

对这几位歌词界响当当、佩戴将军衔的总评人的最终评判,群友们道辛苦表谢意的居多,认同的也有,但没有一个人提出不同的看法。不过,我仍从个人朋友圈里听到了不同的声音,指出"写词现在都存在不愿说真话的问题,言不由衷成了通病""小情小调都写不好,怎么可能写出大情怀来"。本人对这些观点很是认同。我没参加此次活动,也就不担心有人说我是吃不到葡萄说葡萄酸,于是,可以讲几句某词作家所提倡的真话、人话。

先说说主旋律的问题。旋律是音乐术语,主旋律是指多声部演唱或演奏的音乐中,一个声部所唱或所奏的主要曲调。一部音乐作品或乐章,不可能只有主旋律;如果只有或只唱、奏主旋律,那叫——单调。

现如今,似乎干什么都讲究主旋律。电影有"主旋律电影",文学有"主旋律文学",甚至新闻也有"主旋律新闻"。没想到歌曲竟然也有"主旋律歌曲",音乐也有"主旋律音乐"!那么以此类推,是否还存在"主旋律旋律"?

所谓"主旋律作品",其实是一个生造出来的概念,在文法上根本讲不通。突出主旋律勉强讲得通,但怎么突出及创作和弘扬主旋律作品？无论作词家或作曲家，如果还认为自己是音乐人，但张口闭口主旋律，难道不怕贻笑大方？

再说所谓大时代。总评人强调讴歌大时代，我只想请教一句：究竟什么是大时代？请给出一个明确的定义，并请举例哪一时期、哪一年是大时代？

歌曲也罢，音乐也罢，不过是一种艺术表现形式，这都是往大说了。人类在产生语言前，利用声音的高低等来表达自己的情感，这应该是音乐或歌曲的起源。民谚有"女愁哭，男愁唱"之说，这里的唱，所表达的就是小情小调，因为那是个人最真实情感的流露。事实上，能经得起岁月的考验，经久传唱的，往往是那些小情小调的歌曲。君不见"文革"时期一大批歌曲红极一时，人人颂唱，如今早已销声匿迹。

毋庸讳言，歌词的写作是讲究技法的。总评人之一王晓岭先生著有《歌词门：怎样写歌词》，虽说只是短短万把字、不足百页的小册子，但可以说它是歌词写作者的必读书目之一。作为歌曲创作的门外汉，本人曾反复研读这本书。然而，对比书中所欣赏、推荐的词作和如今王晓岭先生寥寥数语的"大时代背景"之说，竟感觉不像《歌词门》作者之言。

王晓岭先生，你可知道，每年的"三月三"，群里有多少词曲作者推崇、回味你那首30多年前的《三月三》啊。你一定想象不到，也是30年前，一名异地借读生离校之际，几乎全校所有的住校生，聚在车站月台上，任凭泪水恣意流淌，哽咽着用一首歌为其送行的情景！那首歌就是你作词的《等到明年这一天》。还有"来也匆匆／去也匆匆／就这样风雨兼程"，被全国无数宾馆饭店的卫生间"篡改"为"来也匆匆去也冲冲"，你大可不必为此恼怒，应该大度地莞尔一笑。反正换了我，会很自豪的。

133

王晓岭几十年创作了数以千计的词作，但流行、流传下来的究竟有多少首？如果我说《三月三》不是弘扬主旋律，不是讴歌大时代的作品，而是"小情小调"，想必王晓岭本人也不会否认。事实上，就是这样的"小情小调"，传唱了30余年。这首歌，连同《风雨兼程》《等到明年这一天》，"80后""90后""00后"听过之后的评价也是：好听。这一评价，是对曲的认同，更是对词的认同。因为对歌曲而言，打动人心的是歌词，词是歌曲的灵魂。

内地歌曲创作，"陈词"和"滥调"乃两大弊病，尤其词作，充斥着假大空和通篇自欺欺人的说教，抒发着廉价虚伪的所谓大情怀，极度缺乏批判现实和人文关怀的精神。如此说来，现实状况下，如果还有小情小调的作品，已属奇货可居。

谄媚时代的作品，终将被时代摒弃。历史已经且还将证明，那种"只为君王唱赞歌，不为苍生说人话"的作品，必然被丢进腐朽的垃圾堆。

歌词，言之有物，真实感受，就叫情；谱曲，旋律动听，易于传唱，就叫调。有情有调，就是好作品，这，就叫情调。

《歌词门：怎样写歌词》
王晓岭 著
人民音乐出版社 2007年7月第1版

陈川的舞之乐

站在成都武侯区一条标志单行的马路旁，不一会儿，一位高挽裤腿满面笑容的先生，从路旁小区走了出来，热情地拉住了我的手。先生并不认识我，而我自然认出了先生——微信朋友圈有头像，网上图片也不少——作曲家陈川。

指挥我们停好车，先生领着我们爬楼梯，这是一幢上了年纪的普通住宅。先生家客厅很宽敞，各种证书、奖状、奖杯、唱片占据了几乎一面墙。

先生无论如何不肯让我们动手，一定要亲自为贸然来访者沏茶。

话题自然是音乐。

2017年5月27日，对陈川来说，是一个值得纪念的日子。这一天，他来到了贵州省荔波县的水族村寨，至此，全国56个民族地区，均留有这位72岁老人艰辛的足迹。之前在朋友圈看到先生走村访寨跋山涉水采风的照片，并不觉得他已年逾古稀。

2016年，由陈川主编的我国第一部传统民歌集大成之作——《中国传统民歌歌典》出版，先生30多年的夙愿终于实现。

说起《康定情歌》，说起先生改编的《康定溜溜城》，先生清澈的目光顿时激情四射。忽然间，"李家那个溜溜的大姐，人才那个溜溜的好哟，张家那个溜溜的大哥，看上那个溜溜的她哟。月亮弯弯……"先生竟然吼唱起来，时而舞动双拳，时而紧闭双目，陶醉在音乐情怀中。那景那情，令与我同往的朋友感到震撼，以至于回宾馆的路上，迫不及待地播放先生赠送的作品CD，一路上感慨万分。

随着年事渐高，陈川先生近年注重对年轻人的培养，"哈拉玛组合""马尔康姑娘组合""天弦组合"等一批载歌载舞的组合，经先生精心打造，活跃在民族音乐舞台上。

"我不随便写歌，写出的每一首歌都必须推向市场，力争让人们传唱。"文化部曾授予陈川"中国民族音乐策划大师"的称号，其作品市场化程度较高。毕竟，对流行歌曲而言，流行才是硬道理。对有些自封著名作词家和著名作曲家而言，说句不怕犯众怒的话，他们的绝大多数作品的结局不过是自娱自乐，如同梦话一般，睡醒后连自己都记不起来了。如果说陈川先生部分作品还有遗憾的话，那就是歌词的描写过于囿于一地一方，从而影响了歌曲跨长江越黄河，未能更广范围地传唱。

作曲，陈川先生是大家，编曲和配器更是独具特色。

陈川先生相当多的作品，让人听的时候有翩翩起舞的冲动，欲罢不能。如此说来，司机是不宜听陈川先生作品的。你想想，开车时必须目视前方，手握方向盘，油离配合，而此时耳畔响起陈川作品，手欲舞，足欲蹈，一旦发生意外，陈川先生是不负这个责任的。不信你听听，试试。

《中国传统民歌歌典》
陈川 主编
四川民族出版社 2016 年 12 月第 1 版

能传世的或许是《我们这一辈》

某晚，与王佑贵（代表作《长大后我就成了你》《春天的故事》）、冯世全（代表作《北京的桥》）、索之华（代表作《套马杆上的梦》《中华书法》）等乐坛知名人士相聚。

谈情说歌是觥筹交错间的话题。王佑贵先生自己一杯茅台守门，忆起往事令在座者动容，其他几位钟爱二锅头的老友都是"令狐冲"（拎壶冲），身为企业家的张建全先生放弃两百万元的生意不做，竟因为自己一首词作得了两万块钱稿费，收获了"轻松""快乐"，歌手孙维良先生现场倾情演唱，冯世全先生随和、幽默，微信成批成批地发表情包。冯先生耳朵背得厉害，我与他邻座，便给他老人家当翻译，时不时"语惊四座"。

王佑贵先生演唱自己作词作曲的《我们这一辈》的内部视频前段时间出现在网上，引起很多人的共鸣。《春天的故事》（蒋开儒、叶旭全/词 王佑贵/曲）诞生了20多年，其知名度和传唱度远远超过《我们这一辈》。然而，再过10年、20年甚至更长时间，我敢肯定，真正打动人心且能够更长久传唱的，一定是《我们这一辈》，而不是《春天的故事》。据王先生本人讲，十多年前蒋大为就跟他要这首歌，但他没有同意，有老板以豪车相交换，也被他拒绝了，他把这首歌留给了培养出很多歌唱家但并非歌唱家的自己。这说明这首歌在其心中的分量，也与众不同。

《春天的故事》是一首宣传歌曲，歌颂的是人物，而《我们这一辈》是"人"的歌曲,写的是"人",是可以传世的。至于歌曲最后一句"人生无悔",到底有悔无悔,另说。

《王佑贵教你写词作曲》
王佑贵 著
人民教育出版社 2015 年 5 月第 1 版

篡改

席慕蓉的《出塞曲》是现代诗的名篇，后被谱成歌曲，广为传唱。但是，作为歌曲的歌词，与席慕蓉原诗比较，尾句有所改动。原诗：英雄骑马啊/骑马归故乡，改作：英雄骑马壮/骑马荣归故乡。

把原诗的"啊"改作"壮"，为了押韵，勉强说得过去。但是，把"归故乡"改为"荣归故乡"，虽仅一字，但原诗意境几乎消失殆尽。英雄未必功成名就，衣锦归乡的也未必称得上英雄。添一个"荣"字，添了万分俗气。

从作曲法讲，"荣归"二字占 21 一拍完全没有必要，去掉原诗本来没有的"荣"字，由"归"一个字占 21 完整的一拍即可。本应完美无瑕的一首歌，却因狗尾续貂，有了一点点的遗憾。

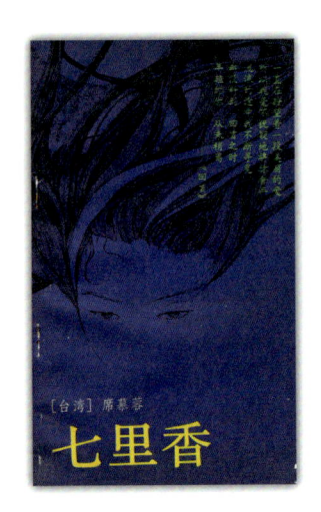

《七里香》
席慕蓉 著
花城出版社 1987 年 2 月第 1 版

经典的瑕疵

歌曲优美,所以流行。然而,经典之作仍可能存在不完美之处,有的是演唱者处理不当造成的,但也存在谱曲的失误。

刘雪庵,是一个被历史湮没的名字,如同他曾遭封杀的《何日君再来》。抗战期间,刘雪庵创作歌曲的同时,创办了音乐评论杂志《战歌》,曾撰写《作曲和配词》一文,就指出当时一部电影主题歌谱曲强弱音处理不当的问题。

当代流行歌曲创作中也有类似的瑕疵。《酒干倘卖无》词、曲、编俱佳,堪称流行音乐经典中的经典。20世纪80年代初期,此歌由歌手程琳在内地唱红。数年后,原版引入内地,听众领略了原唱者苏芮的大气磅礴。但是,"没有天哪有地,没有地哪有家……"这一排比句中"没有"的吐字,巨星苏芮却没有十六七岁的程琳处理得清晰,谱曲把"没"字落在了 $\frac{4}{4}$ 拍的弱拍上。

《星星知我心》更容易让人产生歧义。歌词中"生命的尽头不是青烟"的"不"字,同样也落在了 $\frac{4}{4}$ 拍的弱拍上。原唱蔡幸娟和主演兼歌手的吴静娴,都没有办法清晰地唱出这句歌词。而很多媒体刊登歌词时,也是"是"和"不是"混淆的。那么,生命的尽头到底是不是青烟呢?原作"不是",但就歌词全部含义而言,即使改为"生命的尽头是青烟",尽管悲观,也是对生命意义的另一种追问。

不解的是,上述三首歌,谱曲者强弱拍处理不当,竟都是在"1"这个音上,应该是巧合吧?我是外行,业内高人请赐教。

《何日君再来:刘雪庵传》
李明忠 著
重庆出版社2014年2月第1版

郭峰，音乐大师或三流歌手

长期以来一直替郭峰感到惋惜。

当《让世界充满爱》的旋律响彻全国时，郭峰还不满 24 岁。如今 30 多年过去了，还有谁记得、知道郭峰的名字？追星族如果还能把他称作"歌星"的话，也算是对郭峰的褒奖了。

《让世界充满爱》横空出世，使得郭峰一夜成名，其实这已奠定了他在流行乐坛的地位。之后，《让我再看你一眼》《我多想》也广为传唱。

再后来，郭峰的头发更长了，色彩的变化快赶上梅艳芳了。他开始唱歌了，开始和其他歌手一样，出现在电视屏幕和城乡舞台。

郭峰不该写歌词，因为他的几首流行歌，包括 20 年前的《甘心情愿》《不要说走就走》，靠的是朗朗上口的旋律，而非歌词；他写的歌词太浅显了。他更不该唱歌，不该做歌手。

香港流行音乐第一人顾嘉辉，创作了无数经典音乐作品，可《上海滩》《万水千山总是情》《忘尽心中情》《近代豪侠传》《倚天屠龙记》《京华烟云》《铁血丹心》《世间始终你好》等注定世代传唱的歌曲，哪首是他作的词？在"辉（煇）煌（黄）2000 演唱会"上，是老搭档黄霑硬拽着他，他才腼腆地哼了一句"呀哎哟"。顾嘉辉和黄霑一样，不是歌星的他们，造就了无数巨星。

郭峰自己定位错了，他应该在幕后，专攻作曲，怎么可以唱歌呢。就这样，有望成为一代流行音乐大师的他，自己把自己沦为如今不入流的歌手。

　　看来，一个人认识到自己的缺点难，而认识到自己的长处并坚持发扬下去，也不是件容易的事。

《让世界充满爱》
谭明 选编
四川文艺出版社 1988 年 9 月第 1 版

听听俗歌

李宗盛在"既然青春留不住"演唱会上,调侃自己也写过"巨俗"的作品。接着,他唱了自己定为一俗、二俗、三俗和四俗的歌,分别是:《别怕我伤心》、《听见有人叫你宝贝》、《爱情少尉》和《爱如潮水》。他在台上嬉皮笑脸地唱,台下观众会心地笑。当背板出现《爱情少尉》的字样,台下更是欢声一片。

"你说你喜欢我的词/总是道出你心中不欲人知的事",这是李宗盛《阿宗三件事》中的歌词;张艾嘉的一句"每个人心中都有一首李宗盛",评价之准令人拍案叫绝。如果非要说李宗盛的歌"俗",那是"俗"到你的内心最深处,他是替你唱出了你自己的心事。

我一直不理解,为何内地有一些音乐人,特别是作曲家,一提港台音乐就反感,批评人家的歌曲俗,俗到不是主旋律,俗到没有正能量,俗到听不懂曲看不懂词。后来我明白了,之所以有这样的认知,原因在于文化间的巨大差异。港台音乐人,包括大多歌手,文化程度很高,硕士毕业都属平常,所学的专业也是五花八门,政治、医学、工业、人类学、数学、中文、外文等(好像就是没有专业学音乐的),且传统文化浸淫较深。相反,内地有多少音乐人士——套用钱锺书先生的话——要么不受教育,要么受某一种教育——由于文化知识的匮乏,导致作曲、编曲、配器一直停留在20世纪50至70年代。而所创作的歌词,更是缺乏人文关怀,根本谈不上批判现实,口号式、社论式、歌颂式仍是主流。这不能不说是音乐尤其是流行音乐的悲哀。

想起前年我和一朋友在威海，他知道我爱好写歌词，说可以把他熟悉的当地某位几乎年年都有作品上春晚的著名作曲家介绍给我。我想了想，还是没有接受朋友的好意。一是我实在喜欢不起来那种曲风，二是欣赏"刷刷筷子洗洗碗""咱们老百姓今儿真高兴"之类歌词的作曲家，大概看不起本人写的"哪怕用你一转身离去的背影／成全我今生今世思君不见"这类东西，也读不懂"忧伤的蓝色的山之城的夜"这种文法不通的"敝帚"。

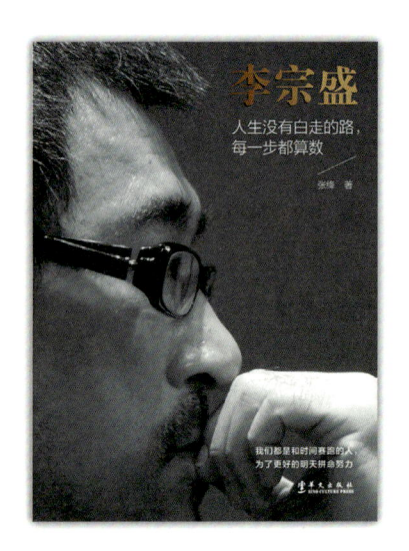

《李宗盛：人生没有白走的路，每一步都算数》
张绛 著
华文出版社 2020 年 7 月第 1 版

毒"鸡汤"

很多人讲述自己的经历会夸大其词，而名人尤其是演艺界名人在这方面不只是夸大的问题，去真存伪是他们的通病。

某音乐人，在某档电视演讲节目中，夸张地讲述他辞职后口袋没有半毛钱，又莫名其妙把自己比作半瓶水，"一年一年慢慢地倒，到了第四年，杯子（瓶子）空了，自己的梦想空了"。既然梦想成空想，那就醒醒吧，不料此人又无厘头地说"但那正是可以倒进芬芳美酒的时刻"，——实在搞不懂这一转折有怎样的逻辑关系和必然性。接着就开始祈祷上帝如何如何，再接着奇迹就发生了，竟然"那一刻我忘记了我自己，当我起身的时候，我在胸口听到很清楚的声音唱着：愿意为你，我愿意为你——"。

此人是歌曲《我愿意》的曲作者。但是，这首歌还有另一个作者：词作家姚谦。曲子的确是他写的，但填词成为一首真正的歌曲，则是后来的事。填词人是谁，什么内容，当时他根本就不知道。像他这样的叙述，跟"同志们，八年抗战正式开始了""现在是1944年，还有一年法西斯就投降"简直异曲同工。

《我愿意》这首歌的诞生过程，乐坛几乎尽人皆知。当年唱片公司把"一个小孩，新人"写的曲子交给著名词人姚谦，姚谦不但根本就不认识这个"小孩""新人"，甚至也不认识当时的王靖雯。后来得知王靖雯在香港已经是那么火，又看到王靖雯早起到公厕倒夜壶的照片，于是有了"我愿意为你忘记我姓名"的感动。

接下来，这位演说家继续夸夸其谈这首歌卖了多少万张，获得了什么冠军和什么第一名之类。火车在自己嘴里跑了六七分钟，从头到尾是我，是我，还是我。好像《我愿意》的流行，跟唱片公司、跟词作者、跟演唱者没有任何关系，唯一有关系的就是上帝，是上帝召唤他写的这首歌。事实上，不是歌曲而是王靖雯的专辑大卖，歌曲获奖，况且荣誉也不该他一人独占。遗憾的是，演说中没有一句对填词人、对演唱者、对公司感谢的话。

这位成功人士的励志演说，通篇用词不当，逻辑混乱，无视他人，抬高自己。作为一名音乐人，混淆视听一词用在他身上再合适不过了。

有这样励志的吗？鼓励年轻人丢掉工作啃老？连白开水都喝不上，又哪儿来的芬芳美酒？靠祈祷上帝获得艺术灵感？最不可取的，是罔顾事实，不懂得感恩。

喷香诱人的"鸡汤"可能是勾兑出来的，励志故事可能是编造出来的。毒性不小，慎用为好。

《相遇而已》
姚谦 著
广西师范大学出版社 2014 年 4 月第 1 版

樱桃树并不难栽

常言道：樱桃好吃树难栽。其实，这一说法是以讹传讹，追根溯源，源于一句歌词。

多年前我和同事去山西农村采访，在一个村部门口逗留时，旁边电线杆子上绑着的大喇叭里传出歌声：樱桃好吃树难栽，不下苦功花不开，幸福不会从天降，社会主义等不来。我俩相视一笑。这首歌叫《幸福不会从天降》，是电影《我们村里的年轻人》的插曲。电影就是这个同事的父亲写的，这首歌的歌词也出自同事父亲之手。

影片拍摄于半个世纪前。当年樱桃品种单一，个小，核大，皮薄，也不怎么好吃，属于不入流的水果。如今，樱桃品种进行了改良，个大，核小，肉厚，且成了水果中的"贵"族。但无论好不好吃，便宜还是昂贵，樱桃树其实并不难栽，对土壤、水分和光照无特别要求，我国南北方均适宜种植。

我问过同事，你父亲为啥写成"樱桃好吃树难栽"，咋不说"葡萄好吃树难栽"？"就那么一说。"同事答。事后我做了功课，了解到山西民歌尤其是左权民歌中，好几首都有"樱桃好吃树难栽"这句歌词。看来，同事的父亲并非这句讹传的始作俑者，但毕竟其他带这句词的民歌没有流传那么广，唯有《幸福不会从天降》这首歌随着电影《我们村里的年轻人》在全国上映而广为传唱；于是，"樱桃好吃树难栽"的说法也就不胫而走，家喻户晓。如此说来，"账"记在同事父亲的名下，也不冤枉老人家。

附：

幸福不会从天降

词：马烽

曲：张棣昌

樱桃好吃树难栽，
不下苦功花不开，
幸福不会从天降，
社会主义等不来。
莫说我们的家乡苦，
夜明宝珠土里埋，
只要汗水勤灌溉，
幸福的花儿遍地开。

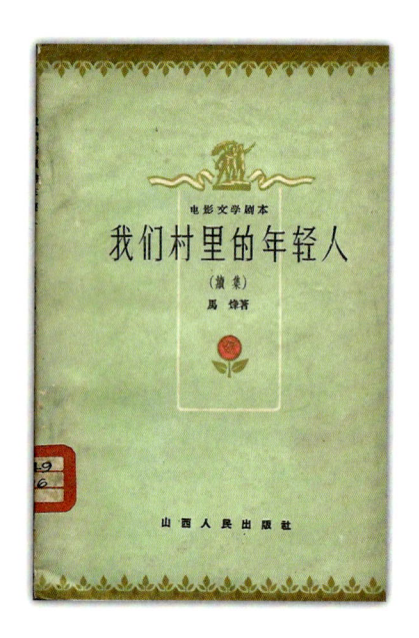

《我们村里的年轻人（续集）》
马烽 著
山西人民出版社1961年5月第1版

像滚石，向鲍勃·迪伦

2016年度诺贝尔文学奖给了鲍勃·迪伦，意料之外，情理之中。

既然是文学奖项，评委们看中的当然是鲍勃·迪伦的歌词，但不可否认，音符起了重要的作用，毕竟，鲍勃·迪伦的身份是职业歌手。龙应台说鲍勃·迪伦是用音乐卧底50年的彻头彻尾的诗人，这一评价独到且精准。

获悉鲍勃·迪伦获奖，分别同几个朋友在微信上私聊了几句，发了发感慨。然而，出人意料的是，大家都在的几个音乐群异常安静，其中一个百余人以歌词交流为主的音乐群，好像既没有诺贝尔文学奖揭晓这件举世瞩目的新闻发生，也没有鲍勃·迪伦这个当代伟大音乐人的存在。可能一些人认为，鲍勃·迪伦这个资本主义国家的歌手写的必然是腐朽没落的东西，不屑一议，也可能根本就不知道世界乐坛还有老迪这么个人。后一种的可能性大。

也有人无比兴奋地给词人们鼓劲，并且拿方文山和林夕说事。其实，黄霑在世时就对林夕每年一千余首的产量好言规劝。至于方文山，卖弄、堆砌华丽辞藻，天上一脚地下一脚不着四六的词风，不由让人想起当年流行的那本《文化苦旅》。

"鲍勃·迪伦像个遥远的乡愁，好似传说中那个激动人心的20世纪60年代，这样的乡愁是骨子里的原真和审美想象，是没有到达过的遗憾和听到后的激动。是的，我们都没有去过，爱、和平、鲜花。音乐不仅是旋律，伟大的歌词能敲开听众的思考之门。"这段话，是一个既没有经历过20世纪60年代，也没有经历过20世纪80年代的年轻人的思索。

体现浓厚的人文情怀，引发社会的强烈反思，推动社会发展进程，这样的词作早在20世纪七八十年代已成为引领海峡彼岸流行音乐的潮流。

不要再一味抱怨现如今没有自由表达的土壤，20世纪80年代我们有过灵光一闪。而今，节日一个接一个，晚会一台接一台，歌曲一首接一首，也不乏总量超过林夕的词作家。但是，乞求结驷的谄媚之作与所谓好作品之间的距离，究竟有多远？

对于自己的歌，鲍勃·迪伦曾做出这样的表白：我的曲目里没有一首歌是给商业电台的。堕落的私酒贩子，淹死亲生孩子的母亲，每加仑汽油只能开五英里的凯迪拉克，洪水，工会大厅的火灾，河底的黑暗和尸体，我歌里的这些题材可不适合电台。

有朋友编了个段子：

二哥："你知道吗？今天刚出的事，有个很有名的吸毒的民谣歌手……"

二嫂："知道，被朝阳群众给举报了，抓了嘛。"

二哥："不是，得了诺贝尔文学奖！"

《像一块滚石》
[美]鲍勃·迪伦 著　徐振锋 吴宏凯 译
江苏人民出版社 2006 年 1 月第 1 版

光天化日的怀旧

　　幸运的是，我们在光天化日的年龄，在光天化日的季节，赶上了光天化日的流行。不幸的是，流行，在中国仅在 20 世纪 90 年代初期灵光一闪，之后就处于"未蹶不振"的状态中。灵魂游离于歌曲之外，抄袭和剽窃却光天化日地流行着。

《民歌 40——再唱一段思想起》
陶晓清 统筹　杨嘉 主编
四川人民出版社 2019 年 12 月第 1 版

读书读书

看《战争和人》

一直为《战争和人》没拍成影视剧惋惜和不解。偶然"百度"，发现在2014年已有同名电视剧出品，于是小小激动地浏览了几集。

不谈原著曾荣获茅盾文学奖，只说十多年前初读这部三卷170万字的长篇小说时，非常欣赏书中对主人公童霜威内心真实准确的描写。童霜威仿佛有我及我身边很多朋友的身影，虽未有多大建树，但在毕竟没有丧失自我的同时，却愈加苦闷和迷茫。恰在这个时期，我读到了《战争和人》，于是对童霜威这一文学人物心有戚戚。

这部文学作品有传统文学之美，有文学语言之美。比较其他"茅奖"作品，个别的不过是加长版的"故事会"而已，尽管当年（或许现在依旧）《故事会》发行量惊人，刊登的故事也不难看，但故事毕竟是故事，跟文学不是一回事。

主人公童霜威是个不大不小的官，身份若搁在现在，那可是吓死当官的官！

《战争和人》这部小说详细的介绍和评价，感兴趣的读者可以看看百度。至于改编的电视剧，却实在不敢恭维。甭管多么优秀的原著，一经不靠谱的编剧尤其是导演之手，什么样的演员、摄影、剪辑、道具、服装、拟音、音乐、主题歌等，统统不靠谱。

十年前曾把这部书推荐给朋友，今天仍想推荐给时下感到有些压抑和彷徨的朋友看。我自己也打算抽空再看一遍。

《战争和人》(共三册)
王火 著
人民文学出版社 1993 年 7 月北京第 1 版

春有百花秋有月

硬座车厢里,对面一位旅客指着我手中的书不解地问:为啥叫《怀念狼》?啥意思?

我说了句:夏天不下雨,冬天不下雪,世界还有啥意思?

他夸张地点头。

这是 20 年前的事了。

有好几年,北京除了昌平、密云等几个郊区县,冬天都没下雪。

这个世界怎么了?

遵循自然法则的狼被人几近赶尽杀绝,人却渐渐有了狼性,狼性十足的人越来越多。

这个世界会好吗?!

《怀念狼》
贾平凹 著
作家出版社 2000 年 6 月北京第 1 版

《白鹿原》曾被做过"手术"

《白鹿原》应该是20世纪90年代以降版本最多的当代文学作品。

《白鹿原》初刊于人民文学出版社主办的《当代》杂志，该刊1992年第6期和1993年第1期分两期刊载了这部作品。1993年6月，人民文学出版社出版了《白鹿原》单行本。

第四届（1989—1994年）茅盾文学奖评选时，评委会拟定《白鹿原》获奖，但条件是必须对书中朱先生关于"翻鏊子"的说法和直露的性描写做删改，否则便不予授奖。彼时的陈忠实，或出于自身经济压力的考虑，或出于荣誉的需求，最终万分遗憾地做出了妥协。初版本的责任编辑多年后撰文提出，被删改的两处性描写，既是情节发展的需要，也是人物塑造的需要，应该保留。而对所谓"翻鏊子"的描述，贯穿于全书，作者以大历史的视角，借朱先生之口，以"翻鏊子"做比，对生活在白鹿原的人们在中国近现代史的遭遇进行了提炼概括。可以说，"翻鏊子"正是《白鹿原》的艺术魅力和思想精髓之一。

截至目前，仅人民文学出版社就有近十个版本，有的是依据初版本，有的依据修订本。

市场上很多号称未删节版其实是删节版。最好的版本仍是人民文学出版社1993年6月的初版本。《白鹿原（手稿版）》是2012年出版的，当然尤为值得珍藏。

深切怀念陈忠实先生。

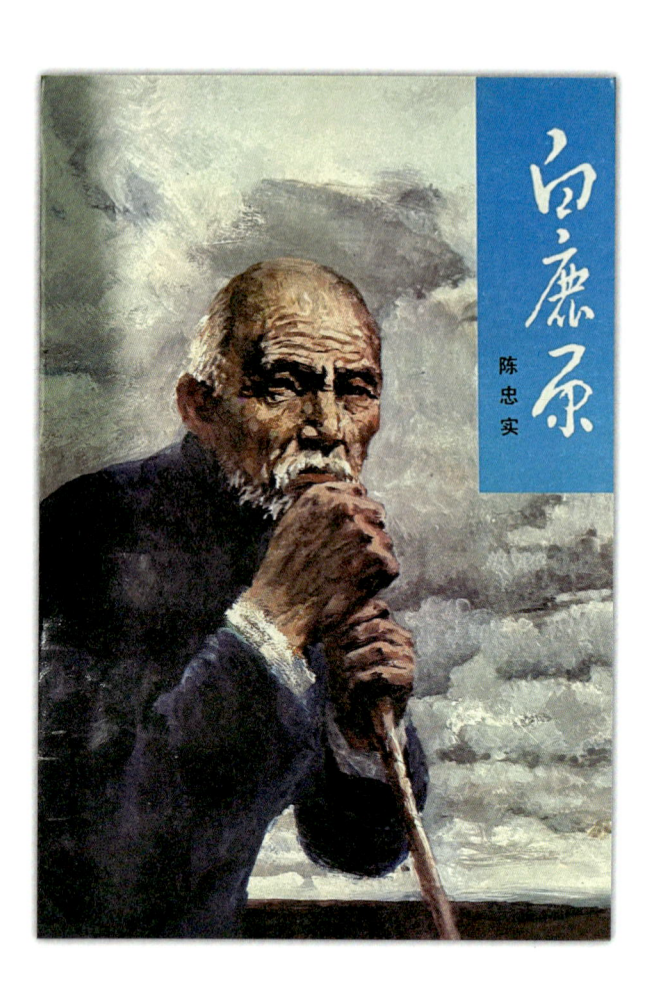

《白鹿原》
陈忠实 著
人民文学出版社 1993 年 6 月北京第 1 版

皮和瓢

看看一排排的大部头著作：《驭灵女盗》《血羽簪》《琅琊榜》《宫花红》……明白啥意思吗？再看看一个个作者：媚媚猫、婆婆诃、海宴、尤四姐、唐七公子、天衣有风、花千辞、果果、之臻、荼荼木、青衫落拓、秋夜雨寒……哪个像人名？

很多书，尤其最应该注重封面设计的文学类书籍，如今根本谈不上装帧设计，更谈不上艺术品位。封面花里胡哨，从电脑上弄来乱七八糟的图片拼接而成，偶尔看得上眼的，用《围城》里方鸿渐的话：不是偷来的，也是借来的，而且还是借的外债。浏览近20年出版的新书，封面经过精心设计，美术编辑专门绘制插图的书籍少之又少。

连老牌出版社都批量生产封面设计低劣、印刷粗糙的书籍，实在悲哀。

皮都烂了，瓢能好吃到哪儿去？

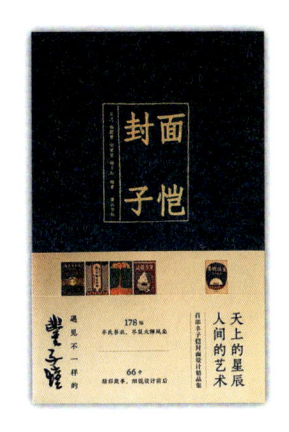

《封面子恺》

吴达 杨朝婴 宋雪君 杨子耘 编著

黄山书社 2020 年 10 月第 1 版

《平凡的世界》是衡量文学鉴赏水平的试金石

路遥一直想写一部"大书",写作《平凡的世界》时仿佛刻意给自己营造出"天将降大任于是人也,必先苦其心志,劳其筋骨,饿其体肤……"的境地。他自己给这部书的定位是"全景式",殊不知,一味追求所谓的全景式,恰恰是这部书的明显瑕疵,路遥并没有驾驭好或根本没有能力驾驭。

如果你了解当年《平凡的世界》的发表过程,或许会以文学的视角冷静客观地评价这部书。

此书获得了第三届茅盾文学奖,但与之前和之后的历届获奖作品相比,这一届获奖作品是最弱的一届,况且评选还有既是运动员又是裁判员备受诟病的不光彩之事。《平凡的世界》属于矬子里拔大个儿。

语言陈旧,技巧粗疏,没能很好地把握素材的取舍,这是显而易见的败笔;文学水准大体与"十七年"相当。

路遥是有野心的,太想制造一部传世绝唱了,他把个人文学写作视为历史和人类赋予他的使命。

写作是快乐的,或许很辛苦,但绝不该像路遥那样万般痛苦。

衡量一个人文学鉴赏水平如何,只需看他对路遥《平凡的世界》的评价就足够了。

最近几年,《平凡的世界》突然蹿红,变得不平凡起来,几乎一夜之间,很多单位纷纷公款批量采购此书,全国各地文艺团体争先恐后地把原著改编为话剧、戏曲、歌剧等多种艺术形式。与此同时，对这部小说的评价已不是对小说的评价。

《平凡的世界》谈不上是史诗般的巨著，也不是路遥作品的最高峰，更不是文学的高峰。但它是一部不错的作品，虽不是精品，也未达到经典文学作品的水准，仍不失为一部优秀小说，没有读过的年轻人可以读一读。

《平凡的世界》
路遥 著
北京十月文艺出版社 2013 年 12 月第 2 版

冯骥才"记述文化五十年"的五部曲

冯骥才的"记述文化五十年"一共五本,第二本《凌汛:朝内大街 166 号》(1977—1979)最先完成和出版。写作和出版顺序有些特别,读者着急看的话,就得先从这第二本开始。

前几天又买了第一本《无路可逃》(1966—1976)和第三本《激流中》(1979—1989)。每本书大约 10 万字,用一两天的睡前时间就能读完。

我先看了《激流中》。作者在序言里说:"我承认,我有八十年代的情结。不仅因为它是中国当代史一个急转弯,也是空前又独特的文学时代。"文学是几千年来中国很多男人的两个梦之一。20 世纪 80 年代是激情的年代,也是文学的年代,凡经历过的人,对当年的著名文学作品和文学事件都有着难以磨灭的记忆。

有人说过,我们怀念过去,并不是因为过去有多么美好,而是因为过去我们年轻。80 年代的我们的确年轻,但那更是让经历过的人们感到美好的年代。

翻阅《激流中》,有一句歌词时常出现在脑海:岁月啊,你带不走那一串串熟悉的姓名。

三本书读完了,还不过瘾,书中对一些重大的文学事件并没有涉及,这不能不说是很大的遗憾。是作者本来没写,还是写了被出版社删掉了,不得而知。

接下来的两本分别是《搁浅》(1989—1994)和《漩涡里》

（1995—2015），不知作者会写到什么程度，书中能有多少干货。

还是很期待的。

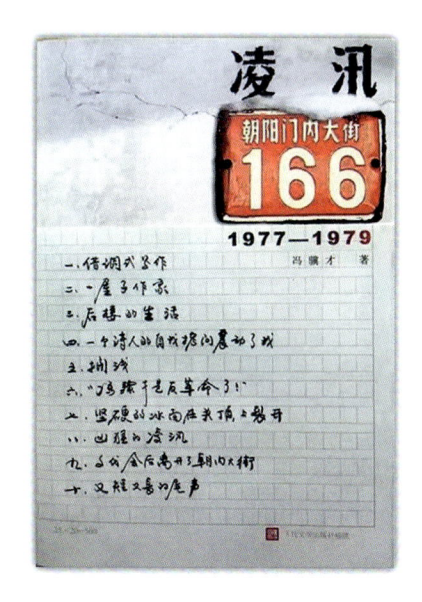

《凌汛：朝内大街166号》（1977—1979）
冯骥才 著
人民文学出版社2014年1月北京第1版

《搁浅》搁浅了吗

冯骥才的"记述文化五十年"计划出五本,其中第五本《漩涡里:1990—2013 我的文化遗产保护史》已于 2018 年年底面市,但第四本《搁浅》(1989—1994)至今仍未见踪影。

这套书里有很多"干货",读起来时而惊心动魄,时而激情燃烧。

作者在新书的序言里也说,"这一系列非虚构、自传体、心灵史式的写作中,《漩涡里》是最后的一本",但令人费解的是,文中提到了其他三本书的名字,唯独没提《搁浅》。莫非是书名没起好,一语成谶——《搁浅》真的不幸搁浅了?

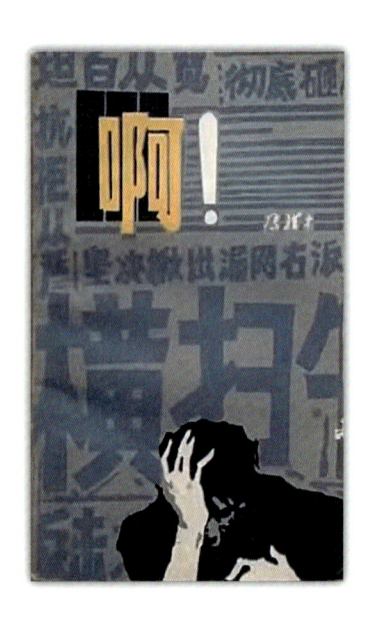

《啊!》
冯骥才 著
百花文艺出版社 1980 年 4 月第 1 版

《搁浅》果然搁浅

"冰河·凌汛·激流·漩涡——冯骥才记述文化五十年"国际学术研讨会于2019年5月在北京召开,"冯骥才记述文化五十年"精装套书由人民文学出版社同步推出。

相关报道称,冯骥才以非虚构的写作形式,记录了自己从年轻时代直至今日半个世纪以来的文化人生,通过个人口述史的方式,记录其所亲历的1966至2013年文学、艺术、文化遗产保护历史,包括《冰河:1966—1976无路可逃》《凌汛:1977—1979朝内大街166号》《激流中:1979—1988我与新时期文学》《漩涡里:1990—2013我的文化遗产保护史》[1]四部。

可是,读者很容易看出,冯骥才先生这套文化人生口述史缺少一个年份,即1989年。几年前出版社在出版预告中,明确在《激流中》和《漩涡里》中间,还有一部书,这部书就是《搁浅》。

已经面世的几部书如今结集成套出版。在研讨会上,出版方称《漩涡里》是这一系列非虚构、自传体、心灵史式写作中的"最后一本"!而那部迟迟没有面世、让读者无比期待的《搁浅》,既没人提,也没人问。

可见,《搁浅》确实搁浅了,而这本搁浅的书,我相信冯骥才先生早已完稿,只是尚未出版而已。

---

[1] 2019年人民文学出版社出版的精装套书书名与前文中提到的单册图书书名略有不同,所有书名均以图书在版编目信息为准,特此说明。——编者注

《冰河：1966—1976 无路可逃》
冯骥才 著
人民文学出版社 2019 年 4 月第 1 次印刷

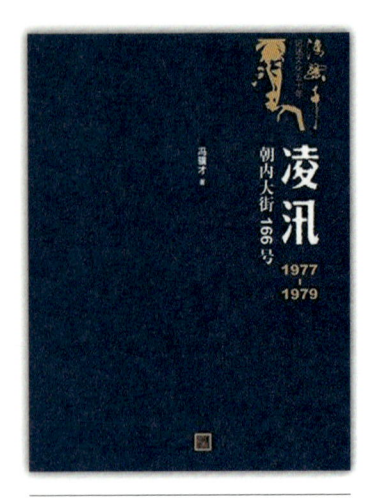

《凌汛：1977—1979 朝内大街 166 号》
冯骥才 著
人民文学出版社 2019 年 4 月第 1 次印刷

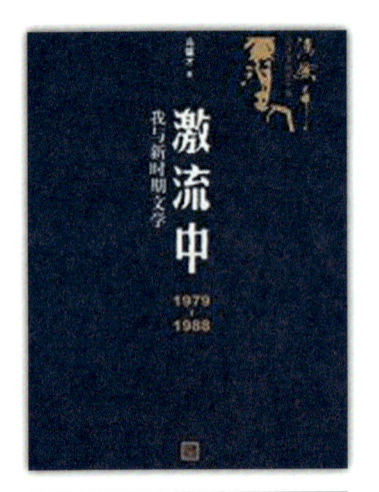

《激流中：1979—1988 我与新时期文学》
冯骥才 著
人民文学出版社 2019 年 4 月第 1 次印刷

《漩涡里：1990—2013 我的文化遗产保护史》
冯骥才 著
人民文学出版社 2019 年 4 月第 1 次印刷

请保持原貌

版本很多，包括人民文学出版社出版的，但最终还是选择购买寂寂无名出版社的版本，因为它保持了原貌。这套"良友文学丛书"新版校订说明中声明："编辑内容等一律保持原貌，未予改窜删削。"

图书再版，尤其是1949年10月之前的，除了可以把繁体字变简体字，竖排改横排，其他的，都别动。对于改动，读者最讨厌的就是出版说明中替读者表态的那句"读者可以理解的原因"。读者是不理解的，也不买账。

《记丁玲续集》
沈从文 著
中国国际广播出版社2013年1月第1版

被简化的作者

又不是多个作家的作品集,为何署名为"袁静等著"?

牛大水、黑老蔡……这些至今还记得的名字,是从当年热播的评书《新儿女英雄传》里听来的,但实在想不起来戏匣子说没说小说原著者是谁,是两个人还是一个人后面跟了个"等"。

《新儿女英雄传》的作者是袁静、孔厥。二人由合作写小说走向合作组建家庭。然而,没过几年,家庭一分为二。据说是因孔厥在访问朝鲜期间犯了生活错误,惊动了两国高层,结果,孔厥先是被双开籍(党籍和会籍),随后入狱,最终不忍屈辱投河自尽。

1978年,一大批文学作品重见天日,但《新儿女英雄传》的作者如同当年汉字简化一样也被"简化"了,于是,有了中国文学史和图书出版史上罕见的"袁静等著"。

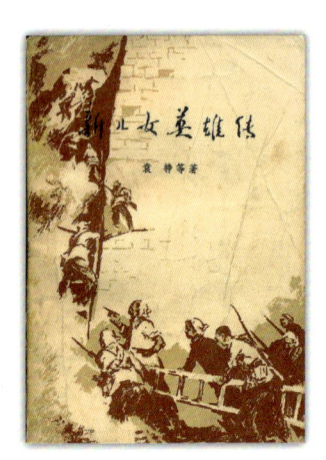

《新儿女英雄传》
袁静 等著
人民文学出版社 1956年11月北京第1版

《新儿女英雄续传》
孔厥 著
人民文学出版社 1980 年 8 月北京第 1 版

《新儿女英雄传》
袁静 孔厥 著
人民文学出版社 1956 年 11 月北京第 1 版
1977 年 12 月北京第 7 次印刷

《红楼梦》里有密码

《红楼梦》书中暗含密码，不是谍报而是文学密码，但破译并不比谍报密码容易。

作者曹雪芹运用"一声两歌""一手二牍"的写作方法，"假语村言""真事隐去"，这已是不争的事实。那么，《红楼梦》里究竟隐藏了什么史实呢？

霍国玲、霍纪平、霍力君姐弟破译了《红楼梦》密码。他们将这一研究成果撰写成《红楼解梦》系列著作，从20世纪80年代末开始陆续出版。

霍氏姐弟的破译，在学术界得到了少数几位红学家的力挺，更多是遭到专家们的全盘否定甚至"围剿"。

然而，反对者却拿不出有力的证据对霍氏观点加以批驳。虽然学术上做不到以理服人，却没有影响这些人对霍氏进行口诛笔伐。当年影响较大的一篇"檄文"是刊登于《北京青年报》的整版报道，题目是《〈红楼梦〉不是密电码》。一些社会知名人士尤其是红学、曹学专家发表对《红楼解梦》的见解，但论断基本属于强词夺理，没有逻辑性可言，其中最可笑的批驳理由，竟是指责主要作者霍国玲是学化学的电子工程师出身，而非从事文学、历史等相关专业的研究人员。

霍氏对《红楼梦》密码的破译大多前所未闻，但若本着学术争鸣的理念，以平和心态，认真对照原著加以研读，其中绝大多数"译文"是相当有说服力的。譬如破译林黛玉原型叫竺香玉，而正是这位香玉皇后，与青梅竹马的曹雪芹，合谋用丹毒毒死了雍正皇帝。换句话，中国最伟大的文学家曹雪芹，是谋害雍正的凶手。——霍氏认为这是曹雪芹自己以密码写在书中的。类似的密码很多，破译后字字骇世惊俗。当然，霍氏个别的破译，譬如"带脂批的八十回本《石头记》即曹著之全璧"，我也不认同。

《红楼梦》本质上是一部伟大的文学作品，但作者"双悬日月照乾坤"，批本中多次暗示读者"反看风月宝鉴"。如此说来，它确实是含有密码的文学作品。

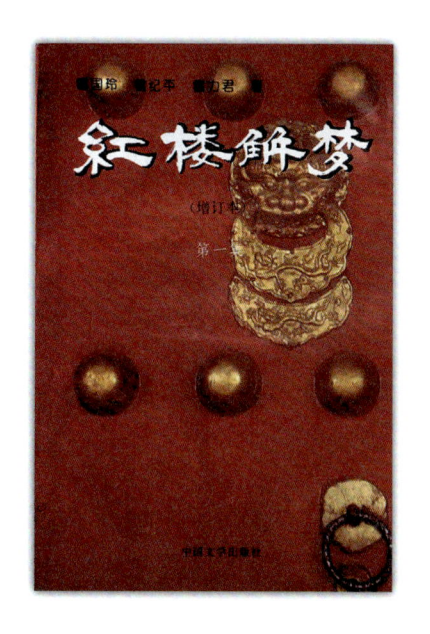

《红楼解梦》（增订本）第一集
霍国玲 霍纪平 霍力君 著
中国文学出版社 1995年3月第1版

这两本小说，以及另一本

《暂坐》和《晚熟的人》是 2020 年度文坛两部重头戏，占了当年度"深圳读书月十大好书"的两席，五分之一啊。

一友人对贾平凹略感失望，认为《暂坐》写得一般。另一友人读完这两本书后，评价"莫言还算是水准一直在线"。

莫言《晚熟的人》收录的 12 个短篇小说都很魔幻。本人读到《贼指花》时，职业病+强迫症犯了，拿起笔画了画。当然，错字是编校责任，但遣词造句一定是作者自己的问题。

贾平凹另一部长篇小说《酱豆》干打雷不下雨，有媒体报道已与《暂坐》同时出版，事实上自 2020 年 6 月份至今，一直处于"预订"状态。据说该书讲述了《废都》的前世今生，是自传体小说，作者自云"虽是小说，但无一事没有出处"。涉及 20 多年前震惊文坛、轰动社会、曾经的"禁书"，这或许是《酱豆》迟迟不能面世的真实原因。无论原因如何，这都是一部非常值得期待的作品。

《暂坐》

贾平凹 著

作家出版社 2020 年 9 月第 1 版

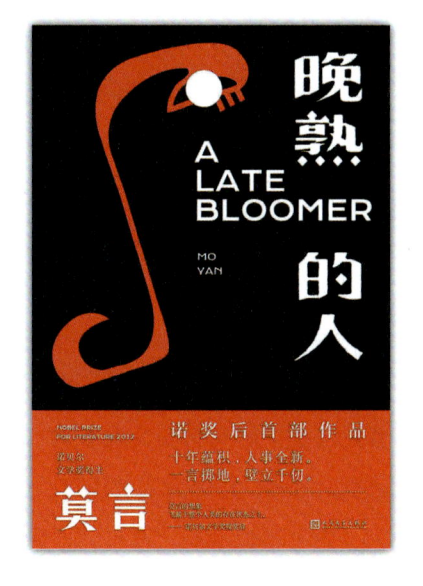

《晚熟的人》

莫言 著

人民文学出版社 2020 年 8 月北京第 1 版

《酱豆》仍未问世

在网店预订及期待整整一年后,读者收到的是退款,不是书。

又过去了一年多,贾平凹的《酱豆》至今没有与读者见面。

很多事可以做,但真不可以说。就《废都》这部书而言,从未得到公开或私下"平反"的礼遇。贾平凹透露,《酱豆》是虚实结合的自传体小说,描写的是主人公贾平凹创作小说《废都》前后的心路历程,以及《废都》出版后的境遇。说是"境遇",更大的可能是"遭遇"。——无论境遇还是遭遇,说是虚实结合,可连主人公的名字都跟作者一模一样,内容能虚到哪儿去呀?最重要的是,描写《废都》出版后的情形,无异于痛说当年《废都》上市后的遭遇。

虽然《酱豆》面世遥遥无期,但一家以收藏展示贾平凹著作的专营书店,于2021年第一天在西安开业了,店名就叫"酱豆书屋"。

我特别想去参观这家书店,因为本人早在30年前就开始收藏贾氏各种版本著作。但说实话,酱豆书屋的前景令人担忧。20年前吧,西安和苏州各有一家书店,在店内辟有专门经营贾氏作品的店中店——"平凹书屋",但最终都因商品滞销而关张。

西安开的"酱豆书屋"与当年两家"平凹书屋"听起来没啥大区别,不知店主是不是贾平凹,但无论是其本人还是他人,除非兼营贾氏的字画和售卖其收藏的古董,或者改造成类似《暂坐》里的茶室,否则,仅靠专卖贾氏自己的图书,无论如何是经营不下去的。

千万别把书屋"酱豆"弄成小说《酱豆》。

《酱豆》

贾平凹 著

作家出版社 2020 年 9 月第 1 版（未问世）

一本稀见的贾平凹早期的书

国内绝无仅有的书店，只卖一位作家的书，这就是西安的酱豆书屋，作家当然就是贾平凹了。

书屋正中间摆放着作家近几年出版的新书，均原价出售。问店员，网上大多售价只是定价一半，会不会影响这里书的销量？店员回答，来这里买书的读者很多，书的销量很好。

书屋设有专门书架，陈列着贾氏各个时期的著作，可谓蔚为壮观。

店员很热情，和我交谈起来。我告诉她，陈列架上的书，除了外文版，其他书籍本人都有收藏。看到了贾氏1977年出版的第一本书《兵娃》，还有早期的《山地笔记》，我问店员《姊妹本纪》怎么没陈列。这本由安徽人民出版社1979年4月出版的贾氏的第二本书，也是他的第一部中篇小说，早已绝版。店员说，贾老师家里应该有，放在他书房吧。

猜想《姊妹本纪》在贾平凹手中也只有一本，所以不便示众。我的书架上有一本，是早年在孔夫子旧书网以相当低的价格淘得的。

《姊妹本纪》

贾平凹 著

安徽人民出版社 1979 年 4 月第 1 版

一本文体奇特的书

无意中读到一篇文章介绍此书。该书作者署名司马讦，初版于民国三十三年。

重庆出版社 1983 年 3 月的新版内容介绍如下：

在抗战时期重庆的报纸副刊上，发表了许多"题材是莫泊桑的，而其文字的风格则是属于马克·吐温的"（赵超构语）文章，受到读者热烈欢迎。这些文章当时曾结集为两本题名《重庆客》《重庆旁观者》的畅销书。本书据此二书精选出 68 篇合编而成。这些作品介于社会速写与微型小说之间，故事曲折，文笔凝练，幽默风趣，含蓄短小（每篇短仅千余字，长亦不过二三千字），是其共通的艺术特色；一卷在手，抗战时期重庆若干社会色相、市井风习、人物命运即跃然眼底，意味深长。

作者司马讦，乃民国时期著名报人程大千，他曾先后在重庆《新民报》和南京《新民报》任职，担任副刊编辑。在编报之余，以笔名"司马讦"撰写了《重庆客》。

作为报人的程大千，其最为人津津乐道的，是他仿照宋词"流光容易把人抛，红了樱桃，绿了芭蕉"，给一条反映抗战时期重庆物价暴涨的消息做的标题——"物价容易把人抛，薄了烧饼，瘦了油条"。能写出如此令人拍案叫绝新闻标题的文化人，写出的小说也绝不会干瘪。

本人从孔夫子旧书网淘到了重庆出版社 1983 年 3 月 1 版 1 印

的版本,品相很好。可能是店家没有储存好,大部分书页粘在了一起,读的时候需要一页页小心地揭开,不过这也平添了一分乐趣,有点读毛边书的意思。

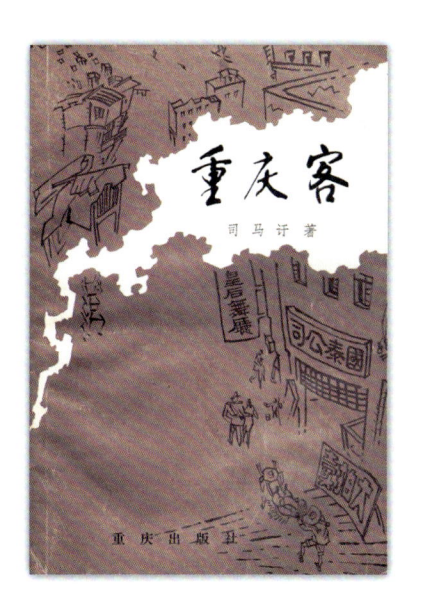

《重庆客》
司马讦 著
重庆出版社 1983 年 3 月第 1 版

学术小说

2015年,生活·读书·新知三联书店推出了一套"中国社会学经典文库",位列"榜首"的是著名人类学家、社会学家和民族学家林耀华先生用英文撰写,1944年出版的《金翼》。虽名为社会学著作,但版权页的图书在版编目(CIP)数据,却注明该书为"长篇小说——中国——当代"。有意思吧?

书才有意思。

这套文库中,紧随《金翼》之后的是《银翅》,学术界定位其是"著名人类学小说《金翼》的学术性续本"。金翼对银翅,也有意思吧。

这两部书的两位作者是师生关系,《银翅》作者庄孔韶是《金翼》作者林耀华的博士生;两部书也有师承,描写的都是闽东的同一县镇,不同之处正如两本书各自的书名副题表明的,《金翼》是20世纪30年代中国一个家族的史记,《银翅》的跨度则较长,描写了20世纪20年代至90年代中国的地方社会与文化变迁。

更有意思的,是同一文库中另一部学术著作《小镇喧嚣:一个乡镇政治运作的演绎与阐释》。

文学作品写得很学术的有,但学术著作写得很文学的比较罕见。当然,学术著作必须严谨,但严谨并不等于枯燥。

对上述提到的三部学术著作,尤其是《金翼》《银翅》,学术界称之为"小说",绝无丝毫调侃、贬损之意,而是视之为标杆行注目礼的。而《小镇喧嚣》写得更是很小说,它跳出了制度的框架,去观察实际的基层政治生态和法制运行样貌。仿如英国法哲学家哈特所言的,以人类学、社会学的方式描述特定社群及其社会规则,但却不预设这些社会规则。这又让我想到了小说家李洱的小说《石榴树上结樱桃》。

《小镇喧嚣:一个乡镇政治运作的演绎与阐释》
吴毅 著
生活书店出版有限公司 2018 年 2 月北京第 1 版

特别任务

特务，特殊任务、特别任务的简称，属中性词；作为人称代词，指从事特殊、特别工作的人员。如今，"特工"作为一种称谓或职业，已能被常人理性地接受和看待。

1949年前有两大著名的特务机构：军统和中统，前者全称国民政府军事委员会调查统计局（后更名为国防部保密局），后者全称中国国民党中央执行委员会调查统计局（后更名为党员通讯局）。二者的关系既复杂又简单，简单地说，前者隶属于政府，后者是党派系统的。

影视等文艺作品，把军统和中统人员混称为国民党特务，这是不对的，一是从民国建立到内战之前，没有"国民党特务"这样的叫法；二是这种党政不分的表述，尽管不会造成专指中统的误导，但不应无视军统等其他特务机构的并存。

内地出版的有关军统和中统的书籍，包括人物传记，与史实出入很大。《军统第一杀手回忆录（四册）》和《蓝衣社碎片》很不错，值得一读。不过这两（五）本书近年已难觅踪影。至于沈氏父女多年来撰写的多部回忆录、传记，虽说沈系职业特工出身，职位较高，自然知晓很多内幕，但究竟能有几分可信度呢？

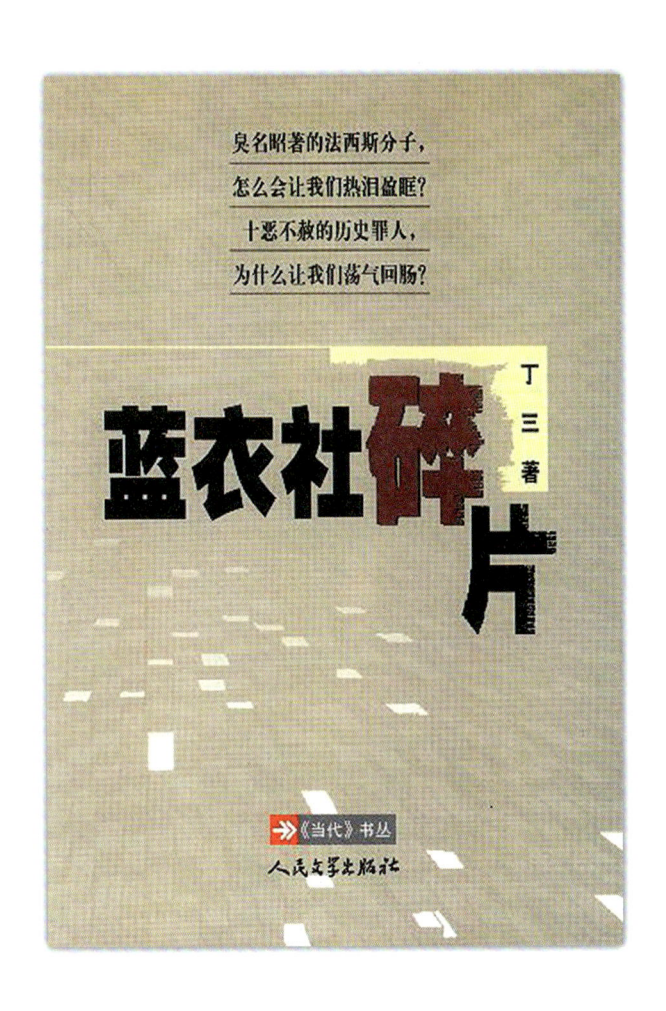

《蓝衣社碎片》
丁三 著
人民文学出版社 2003 年 6 月北京第 1 版

文学应有独特的语言美

贾平凹惊讶于其女贾浅浅诗写得如何美妙，然而，我却对贾浅浅的诗一点也不惊讶，倒惊讶于贾平凹的惊讶。

还有一事，我一直很惊讶，可能贾平凹自己更惊讶，这就是事先高调宣布他的两部新著《暂坐》和《酱豆》将于2020年9月份同时出版，虽然前者推迟了一个月才面世，还荣登了年度好几个十大好书榜，但后者至今不见踪影。

据说贾浅浅已经出版了好几本诗集，这几天"曝光"被冠之以"屎尿体"的诗，应该是其大量诗作中极少的几首，我不相信其他首首都这么恶心。

说贾浅浅的那几首诗是"屎尿体"，似乎也不冤枉她；这或许是遗传基因的影响。她父亲贾平凹那部荣获茅盾文学奖的《秦腔》，多处情节描写了屎尿，也够恶心的。这是我不喜欢《秦腔》这部书的一个原因。还有余华的《兄弟》，读了几页实在读不下去了，同样因为写得太恶心，变了态。

本人至今仍留恋甚至可以说痴迷于贾平凹在20世纪80年代创作的作品，《小月山本》《鸡窝洼的人家》《天狗》《腊月·正月》，写的是大山深处的闭塞、贫穷、落后、愚昧，但文字是非常美的，更不要说《商州初录》《月迹》了。

文学可以表现肮脏，可以揭露丑恶，但是，这与文学所应当具备的特性之美并不矛盾；文学之美主要表现在语言上，即语言之美。

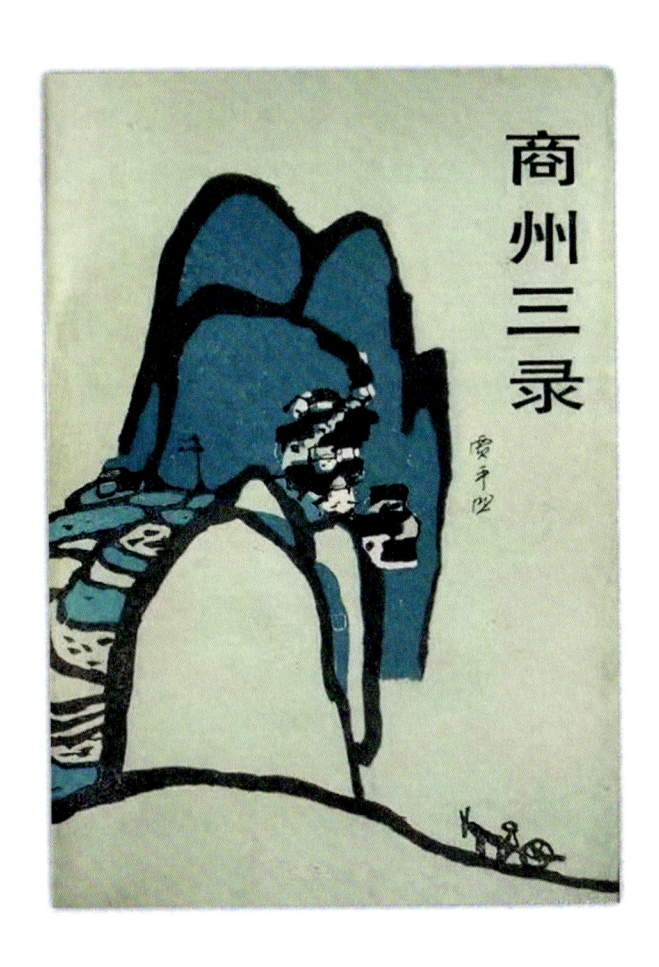

《商州三录》
贾平凹 著
百花文艺出版社 1986 年 12 月第 1 版

有头无尾的"京都三部曲"

凭借电视剧《新星》，原著者柯云路着实火了一把。《新星》不必说了。本人至今记得1986年夏天某趟绿皮火车上，很多大学生、知识分子和机关干部模样的乘客，手捧一册《夜与昼》——《新星》姊妹篇，也是续集"京都三部曲"的第一部——贪婪地阅读着，时不时议论着。

1987年，人民文学出版社又推出了第二部《衰与荣》。

前两部扉页题记：天者，夜昼；地者，衰荣；人者，灭生。以此推断，第三部应该叫《灭与生》。

但是，《灭与生》并没有问世。是作者没写完，还是写完了没能出版？

电视剧《新星》万众瞩目，观众对续集可谓望眼欲穿；无论当年万人空巷的社会效应，还是各地电视台不菲的经济效益，都没有不拍续集的道理。

续集没有拍或拍了没能播出，以及"京都"第三部没有写或写了没能出版，都不正常，必有隐情。

《夜与昼(共两卷)》
柯云路 著
人民文学出版社 1986 年 8 月北京第 1 版

本人读过的翻译水平最差的一本书

好友谭昊曾调侃本人是"出版业资深带货人",也曾因读了本人某篇微文所"带"的某本书后而表示"非常失望"。由此本人得到启示,在"带货"的同时,不妨对一些书吐槽,"若批评不自由,则赞美无意义"。

本人虽不懂日文,但中文的听说读写能力还是相当可以的。然而,阅读这本《明暗之间:鲁迅传》却感到拗口得很。

上乘的译文,在不悖原著的前提下,通顺是最起码的要求。原著者丸尾常喜是日本研究鲁迅的专家,但如此蹩脚的中文翻译实在愧对人家"丸尾鲁迅"的盛誉。

《明暗之间:鲁迅传》
[日] 丸尾常喜 著 陈青庆 译
上海人民出版社 2021 年 8 月第 1 版

迟子建的短篇小说更佳

准备硬着头皮把《伪满洲国》读完。

《伪满洲国》是著名作家迟子建的长篇小说,上下卷共70万字,2000年就已出版。一直没看的原因有二:一是不相信当下有人会真实全面地解构东北那段特殊的历史,即使是用虚构的文学方式;二是觉得迟子建把控不了如此恢宏的题材。

《伪满洲国》开头是这么写的:"吉来一旦不上私塾,就会跟着爷爷上街弹棉花,这是最令王金堂头疼的事了。"我认为小说语言不该这样,如果本人是责编,一定会删掉"旦"、"会",把"令"改作"让":"吉来一不上私塾,就跟着爷爷上街弹棉花,这是最让王金堂头疼的事了。"

迟子建的小说近年读了不少,譬如荣获茅盾文学奖的《额尔古纳河右岸》,2015年"深圳读书月十大好书"的《群山之巅》,2020年颇受好评的《烟火漫卷》,这几部晚于《伪满洲国》的长篇,一部比一部好。本人更欣赏她的短篇小说,譬如《世界上所有的夜晚》《一坛猪油》《采浆果的人》等。

《雪窗帘》

迟子建 著

百花洲文艺出版社 2016 年 5 月第 1 版

愿赌服赢

同事采访某养猪场,发现老板办公室有很多藏书。我从同事拍的照片上看到,这位老板阅读面很宽,既有已逝学者季羡林的回忆录,又有新生代辛夷坞、九夜茴的网络小说;既有颇具口碑的某机构评选的外国优秀作品,也有知名网站推出的年度好书……其中有一本《繁花》。

《繁花》发表于2012年,是具有独特语态、文体的长篇小说。本人跟作者、出版社无任何关联(想必同事采访的"文艺猪倌"也一样),只是出于对该书的欣赏,同时测试一下自己的鉴赏水平和判断力,在此设一赌局:上海文艺出版社出版的金宇澄著《繁花》将荣获第九届(2011—2014年)茅盾文学奖。

本人发出邀约,希望关注文学以及看热闹嫌不热闹非要自己凑热闹的朋友应答。好在本人微信朋友圈也没多少朋友,输也输得起,赢的也是会心一笑耳。

(注:本文写于2015年4月18日,四个月后的8月16日,《繁花》荣获第九届茅盾文学奖。)

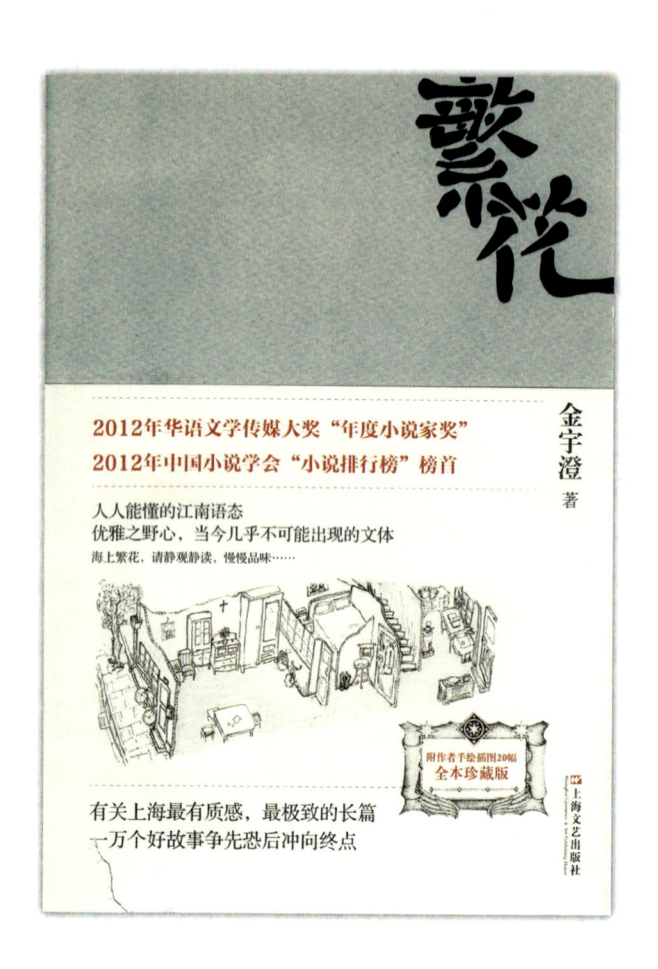

《繁花》
金宇澄 著
上海文艺出版社 2013 年 3 月第 1 版

何谓读书人

何谓读书人？

上学读书的人当然不是读书人。

与书打交道的是读书人吗？书商自不必说。

报社、杂志社、出版社的总编辑、社长是读书人吗？都未必。在图书馆工作的即便是图书馆馆长，也不见得是读书人。

读了好多书，出了好多书，未必就是读书人。

教书的和写书的，也未必是读书人。

古代官员很多是读书人出身，白居易、苏轼、欧阳修、范仲淹……都是官场中人，职务从科级到国级，但有谁说他们不是读书人呢？他们是真正的读书人。

读书人真的很难定义，但读书人必须具备的特性是：书生意气。

脑海中闪现出20世纪两个读书人：一个是瞿秋白，另一个是陈独秀。

《痕迹：又见瞿秋白》
胡仰曦 著
人民文学出版社 2019 年 1 月北京第 1 版

瞧！这些人

有关路遥，别再以讹传讹了

对于路遥当年赴京领茅盾文学奖，一直有一个传闻。路遥四弟王天乐四处凑了 5000 元，从延安专程赶到西安火车站，交到路遥手中，还提醒他哥：你今后千万再不要获诺贝尔文学奖了，人民币怎么都好说，去那里是要外汇的，我可搞不到！路遥回了一句后来广为流传的"路遥语录"：日他妈的文学！

凭借小说《人生》，特别是同名电影的上映，路遥早已名满全国，何况他还是享受副厅级待遇的陕西省作协副主席。去北京领取中国文坛最高奖，是私事也是公差，火车票都买不起，或者说单位连路费都不给他报销，可能吗？凭路遥平日为人处世的霸气，谁敢？

在路遥最后的日子朝夕服侍了他整整三个月的朋友航宇，在《路遥的时间：见证路遥最后的日子》一书中解开了读者的疑惑，澄清了路遥借钱领奖等诸多真相。

路遥的日子过得向来艰辛，特别是全心创作《平凡的世界》的六年间。但是，借钱赴京领奖一事纯属子虚乌有。"借"钱的事有，但那是王天乐打着路遥的幌子，一分钱也没到路遥手里。

这就是路遥与这个他曾最亲的弟弟反目，并声称断绝兄弟关系的原因。

至于车站送别，告诫路遥不要获诺贝尔文学奖，以及那句"日他妈的文学"，完全是借路遥光当上省报记者的王天乐杜撰的。

补充几句题外话。路遥生性敏感，多疑，脾气大，架子大，极度自负，请别人帮忙好像是对人家的恩赐，一旦不遂己愿，立马翻脸。

《平凡的世界》的成就并不是路遥自我评价的那么高，从文学角度看，它没有超越《人生》。文学是很多人的梦，也许是梦魇，对路遥而言尤为如此。

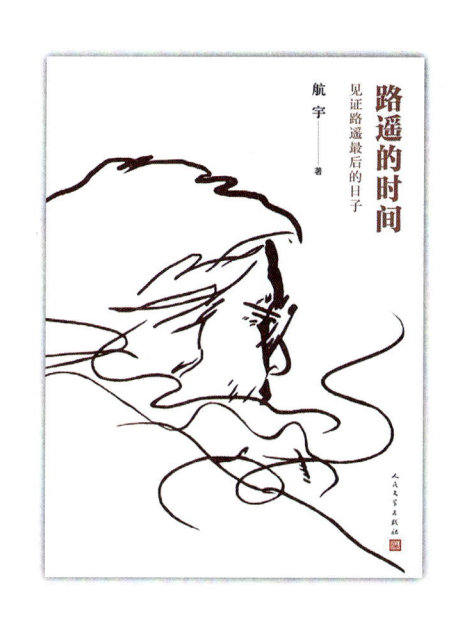

《路遥的时间：见证路遥最后的日子》
航宇 著
人民文学出版社 2019 年 7 月北京第 1 版

你懂个锤子

《白鹿原》作为当代伟大的文学作品,在被电影糟改一遍后,又被电视剧糟改了77集。

不过,当年茅盾文学奖评委会曾明确要求删改的"翻鏊子"的描写,电视剧通过剧中人物的独白,把原著的这一艺术魅力和思想精髓基本展现了,值得肯定。此外,演白孝文的演员的演技,像他剧中饰演的人物一样,在最后一集井喷。而本来演技超群的何冰,单拎出一集无可挑剔,但综观全剧,表演单调乏味。至于张嘉译,提都不必提,其扮演的所有影视剧角色,永远是一种表情,连走路姿势都一模一样。

陈忠实先生在2016年离世了,生前他表达过不赞成把他的《白鹿原》改编为其他任何文艺形式。

据说,有一次,一位熟人居高临下地说陈忠实先生,你在《白鹿原》之后咋再不写啦?你要体验生活嘛,要学习讲话精神,要深入群众嘛……什么什么的一大套官话。

陈忠实只回复了一句话:你懂个锤子!

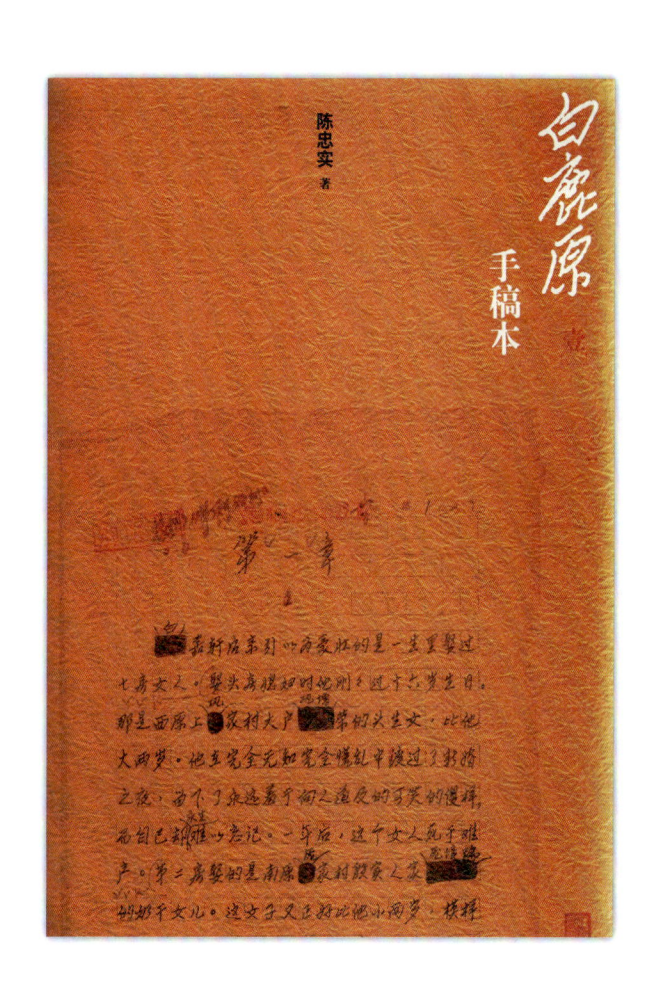

《白鹿原：手稿版》
陈忠实 著
人民文学出版社 2012年9月北京第1版

史铁生没能葬于地坛是地坛的憾事

既然可以特批许世友土葬,既然胡耀邦陵园不在家乡浏阳,而选址在与他结下不解之缘的共青城,那也完全有充分理由在地坛给文学家史铁生留一隅之地。前面两个大人物与职位有关,但史铁生也是大人物,毕竟《我与地坛》是传世名作。

文章千古事,名声岂浪垂。

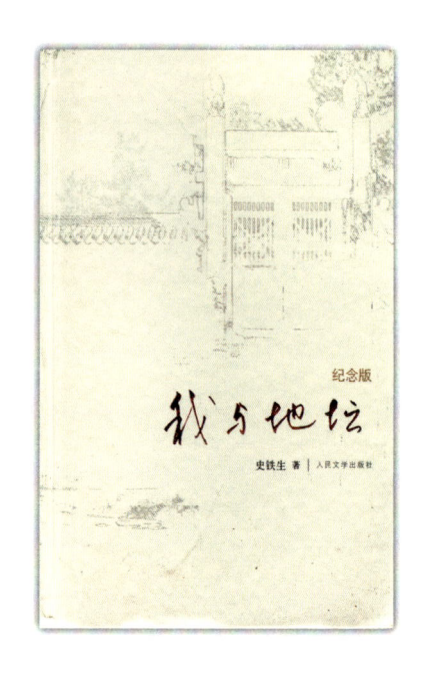

《我与地坛(纪念版)》
史铁生 著
人民文学出版社 2011 年 1 月北京第 1 版

让"死"活下去

史铁生辞世两年,妻子陈希米送给了他一份礼物。书名起得真好。

因为史铁生,地坛成为具有特殊含义的精神圣地。

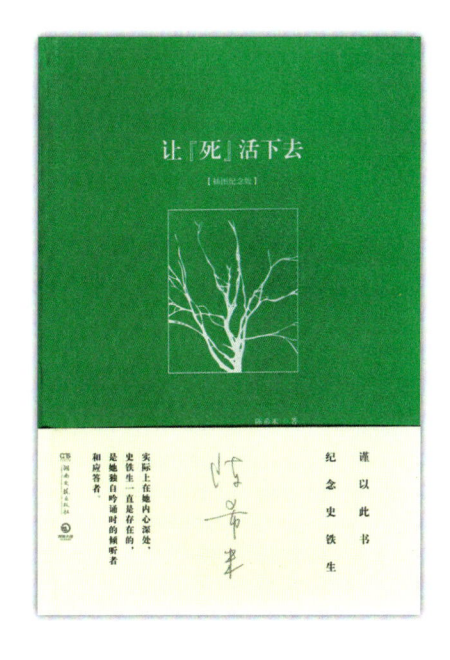

《让"死"活下去》
陈希米 著
湖南文艺出版社 2018年2月第1版

三毛的死因

1991年1月4日,一条新闻震惊了海内外华人世界:三毛自缢身亡。对于三毛的死因,当年我就表示质疑。三毛太有可能自杀,但绝不会以在卫生间用一条丝袜那样"不完美"的方式。读大学的时候,我学过《法医学》,也看过女性犯罪心理、性犯罪心理学之类的书。

三毛极可能不是自杀,而是自缢意外导致窒息性死亡。

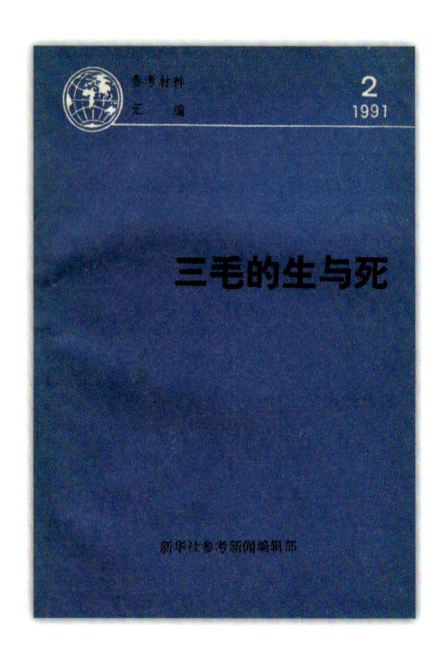

《三毛的生与死》
新华社参考新闻编辑部 编
1991年第2期

当我们谈论林徽因时,我们在谈论什么

  大多数情况下,不会谈论她建筑学上的辉煌成就,也不是她在考古、艺术设计方面的重大贡献,甚至不是她作为新月派诗人的诗歌,而是谈论她的生活,她的"太太客厅"。

  与林徽因同时代还有几位女性,如董竹君、石评梅、陆小曼,但人们津津乐道的仍是她们各自的人生际遇,而不会讨论锦江饭店的经营管理模式,或在文学艺术领域的影响,——尽管确实谈不上影响。虽然有多部专著和电视剧描述了每个人不平凡的生活,但鲜有关于她们作品的论著。

  董、石、陆、林分别出生于1900年、1902年、1903年、1904年,比这几位晚些时候还有萧红(1911年)和张爱玲(1920年),但萧、张二人显然与前四人不同,尽管与四人中的三位交织为"民国四大才女"(萧、张二人的地位是雷打不动的),然而,事实上,人们既关心萧、张二人的人生"流言",同时也关注她们的才华"传奇"。

《莲灯诗梦林徽因》(增订本)
陈学勇 著
人民文学出版社 2012 年 4 月北京第 2 版

学者还是不要写小说为好

《大荒纪事》是著名学者张鸣教授第一部短篇小说集，全书21万字，不算长，但篇数多达71篇，收录这么多篇的短篇小说集实属罕见。

这些小说是纪实性的，如作者在题为《荒野的痕迹》序中所言："一爪一痕，也许张冠李戴，但在我的记忆中，都是有的。"

张鸣教授学问做得颇有声望，但小说写得真不敢恭维。从文学视角评价，这些小说实在粗糙，甚至根本算不上小说。

学者学问做得好，务实是要件，但营造小说世界，则未必求真，更需要运用虚构的手法。一位著名作家曾说：说写小说没有技巧，那是胡说。

张鸣教授写小说，或许是假小说之名，行纪事之实。如果不把它当小说欣赏，而是当作20世纪六七十年代北大荒人苦中作乐的纪事，倒也能使读者挤出几分苦涩的笑。

学者跨界写小说，对学术界是损失，对文学界是伤害；历史上只有一个学者例外：钱锺书。

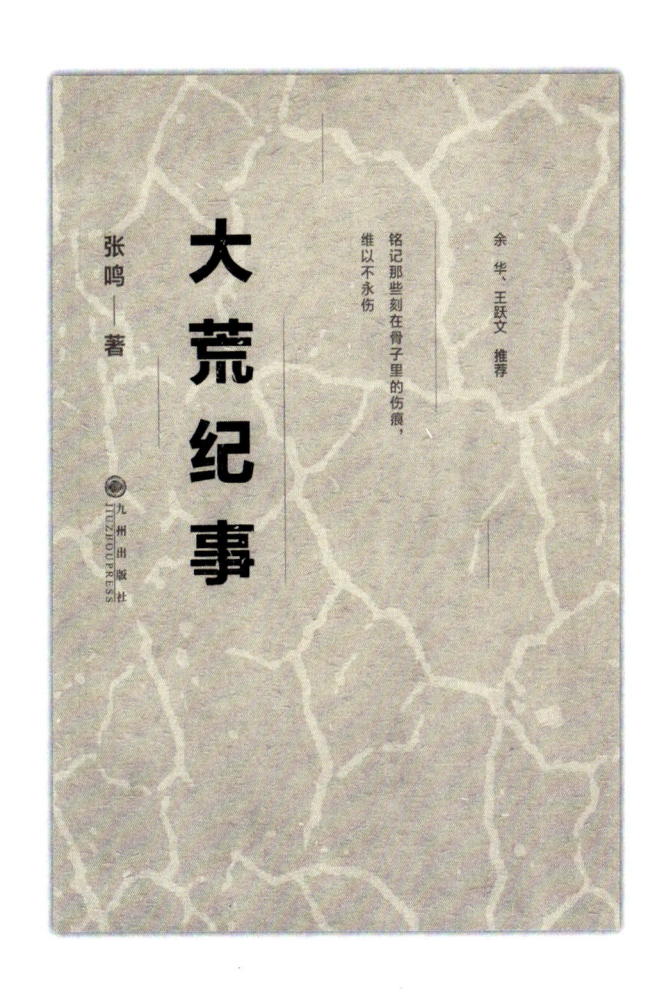

《大荒纪事》

张鸣 著

九州出版社 2019 年 4 月第 1 版

封面设计·学者小说

图书封面设计如今越来越不讲究，基本是电脑制图取代了手工绘制，而所谓电脑制图，实际是拼图，即采用的是网上现成的图片拼凑而成。原本具有艺术欣赏价值的文学类图书，其封面设计大多也同样是图形和图片拼凑而成，手工绘制的封面和插图基本难见踪影。

图书封面设计属于美学范畴，但当前图书封面设计，基本与美学甚至与美术都无关系，实在不敢恭维。

以代表中国文学出版最高水平的人民文学出版社 2021 年出版的长篇小说《受命》为例，封面铺了一层绿漆，打上书名、作者和出版社的名称，这样的封面设计，能叫设计吗？实在不懂这样的设计是出于什么样的思路，以及有什么我等俗人理解不了的玄奥含义。

再说这部小说，作者止庵是周作人、张爱玲的研究者，堪称专家。读罢此书，想给从事文学研究，特别是学术上已卓有成就，甚至独树一帜的学者建议：各位还是专心做好文学研究，对于小说、诗歌等文学创作，大可不必亲力亲为，写出来的顶多就是票友水平。

小说写得好，或许可以改做学问，但学问做得好，改写小说，就不是那么回事了。

由图书封面设计，扯到学者写小说，并没有跑题，因为学者的小说，多半写得就像这图书的封面，寡淡。

《受命》
止庵 著
人民文学出版社 2021 年 4 月北京第 1 版

黄济人的坚持

读大学时，学校经常举办各类讲座，有法律专业讲座，也有其他讲座。某次邀请重庆作家黄济人，讲的主题是"文学与青年"。当年讲的内容全都忘了，但他讲的一件亲身经历，30多年始终没有忘记；我后来也多次把这个故事讲给别人听。

黄济人和几名干部到偏远地区访贫问苦，遇一盲人，留下了油粮等慰问品。回到重庆，黄济人写了一篇随笔，给了《重庆晚报》。编辑提出文中有一句话要删掉，否则不好发表。黄当即表示，要么全文发，要么就一个字也别发。在黄的坚持下，文章最终全文刊登。

黄济人在20世纪80年代以报告文学《将军决战岂止在战场》成名，该书描写了邱行湘、杜聿明、宋希濂、黄维等众多昔日国军将领内战被俘后的改造生活。后来又有报告文学集《我不敢画出自己的眼睛》和长篇小说《重庆谈判》问世。这些作品的真实程度和作者思想的局限性，是显而易见的。

作为曾经的全国人大代表，黄济人在1992年出版了一本日记体小册子——《三峡工程议案是怎样通过的：一个全国人大代表的日记》，记录了围绕三峡工程审议发生的一些鲜为人知的细节。而三峡工程的利弊，也正一天天地被验证着。

《三峡工程议案是怎样通过的：一个全国
人大代表的日记》
黄济人 著
重庆出版社 1992 年 9 月第 1 版

玄虚

翻开《曹禺：戏里戏外》，看到这样一段文字："田本相在《曹禺传》中认为，曹禺于1910年9月24日（农历八月廿一日）出生于天津租界，也就是现在的天津河北区民主路23号曹禺故居所在地。另据刘清祥、董尚华著《中国戏剧大师——曹禺》考证，曹禺其实是生于湖北潜江的万氏塾馆。"

这段话引起了我的兴趣。

曹禺先生是现当代戏剧大师，1996年离世，而《曹禺传》出版于1988年，传主健在；《中国戏剧大师——曹禺》问世时传主虽已离世，但完全可以向女儿万方求证。按说弄清楚传主出生地很容易，怎么还需要"考证"？

说到引起本人的兴趣，是因为由此想到另一位文学大师贾平凹。贾平凹各种版本著作已达两三百本，但"作者简介"中出生地并不一致，大多写的是陕西省丹凤县棣花乡。

事实上，贾平凹的出生地是丹凤县金盆乡。贾平凹父母和上上辈一直居住在棣花乡，因母亲迷信老宅不利生子，临产时借居金盆乡一李姓人家，后生下贾平凹。

于是，不是问题的问题来了：贾平凹为何不加以澄清，任由出版机构以讹传讹呢？

现实生活中更改自己籍贯的不乏其人，但出生地一般不会改，也改不了。

曹、贾二人出生地之"谜",前者不大可能故弄玄虚,但后者未必没有将错就错的主观故意。"棣花"二字听起来比"金盆"浪漫、高雅、诗意。——别不信,很多费解之事背后原因往往极为简单。

其实,很多名人的经历,都被自己或多或少地隐瞒和改动了。更有甚者,譬如刘晓庆说自己在秦城监狱服刑,牟其中说自己两次被判死刑,恐怕这都是为抬高身价的故弄玄虚,自我炫耀的信口雌黄。

太多名人,往往大大方方讲过五关斩六将,而小心翼翼回避走麦城。当然,出生地之"谜"的曹、贾二人,不属此列。

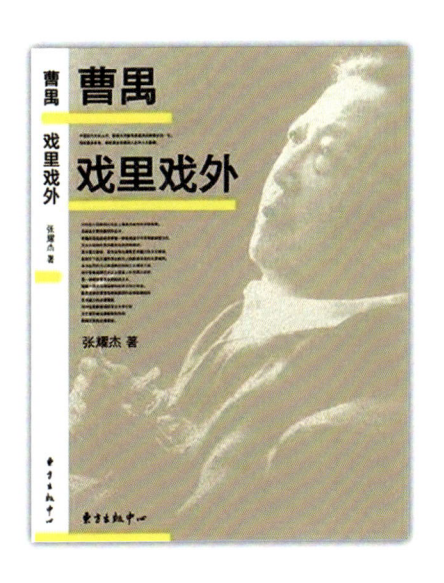

《曹禺:戏里戏外》
张耀杰 著
东方出版中心 2012 年 1 月第 1 版

贾平凹的画

贾平凹是公认的文学大家，但对他的书画作品却褒贬不一。贾平凹的书法在他的"上书房"是明码标价的，画作据他多年前的一篇文章中声明，市场上的都是赝品。不过这种说法太绝对，除非他全部画作都自己留存，从未赠送、出售过一幅，否则难免在市场上流通。

贾平凹画作有极高的艺术价值和收藏价值，所表现的神鬼妖魔和情色题材，在当今美术界实属罕见，如果是二者的完美结合，那就是上品了。

本人非常欣赏贾平凹的画作，可惜迄今未能收藏一幅半幅。我不相信他的画作不出手，要不这样：看哪位朋友出银子，我出脑子，咱选上一批奇异之作。我保你不会亏本，他的画作肯定有被热捧的那一天，很可能和凡·高的作品一样，直到作者去世多年后，世人方认识到其作品的不凡甚至伟大。

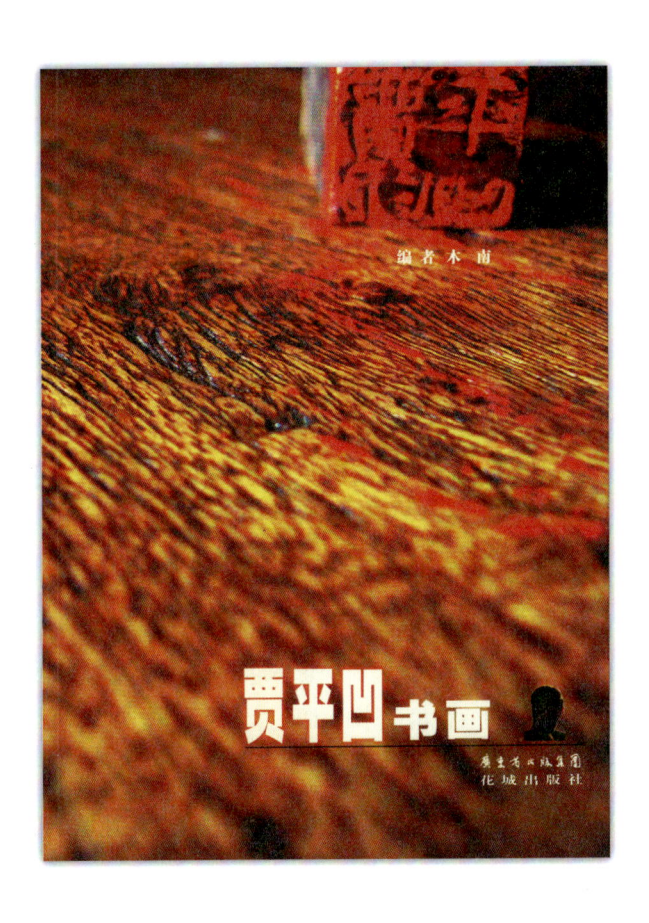

《贾平凹书画》
木南 编
花城出版社 2007 年 4 月第 1 版

这部小说写到了张志新

读王安忆需要耐心。包括王安忆获茅盾文学奖的《长恨歌》，能够把第一章一口气读下来，是需要耐心的；她的小说大都如此。一字一句地读下去，会渐入佳境，这就是王安忆小说的魅力所在。她的小说很精致，精致得如同她常年居住的那座城市——这座城市越来越精致，如同她小说一如既往的精致。她小说中的字句，包括某个段落甚至章节，是可有可无的。正如，穿西装未必一定系领带，但系和不系看上去的确不一样。

虽然王安忆的长篇小说大都属渐入佳境型，但这部《一把刀，千个字》的"佳境"来得太晚。

全书二十万字，由上部六章、下部五章和"后来"三部分组成。私以为，下部是可以独立成书的，不需要添减一个字。

这部小说写到了张志新！！！

单纯地认为这部小说就是以张志新为原型，会狭隘地误读文学作品本身，但不可否认的是，这部小说，准确地说小说的下部，就是以张志新为原型。

当年张志新平反昭雪，全国的报刊、图书、广播、电视、舞台，铺天盖地宣传烈士的英勇事迹，然而，那只是宣传，而真正的艺术作品，迄今只有40多年后作家王安忆的这部小说——注定成为惊世骇俗之作。

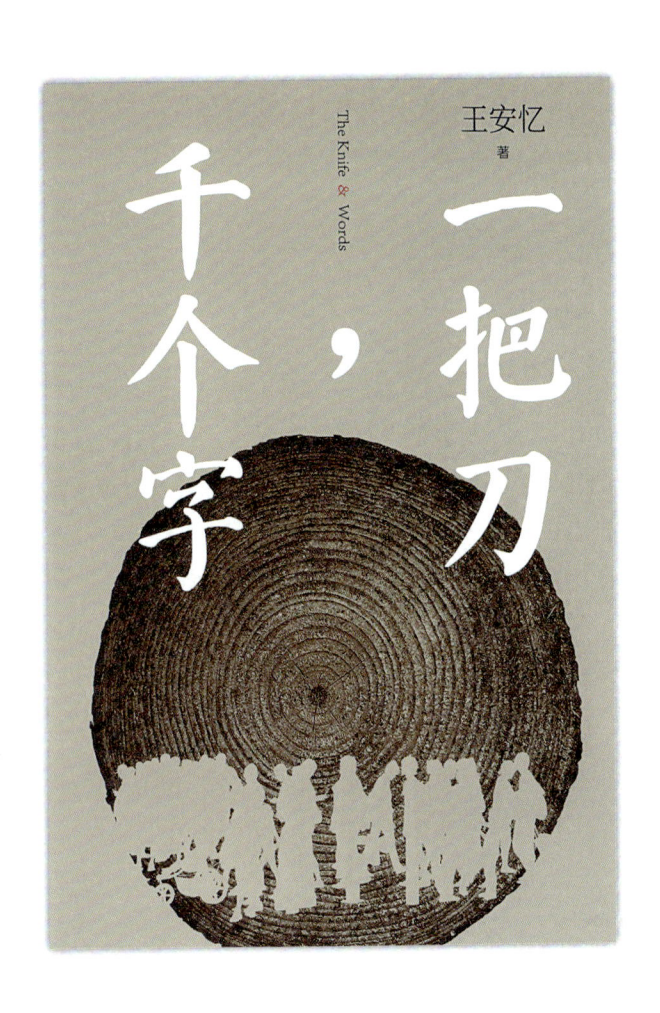

《一把刀,千个字》

王安忆 著

人民文学出版社 2021 年 4 月北京第 1 版

无独有偶，两个非凡的女性

　　1979 年，张志新平反昭雪，被追认为革命烈士，人们可以前往其实并没有她遗骨的墓地去祭奠她。而比她迟一年平反的另一位女性，同样墓里也没有遗骨，只有一缕青丝，却至今没有得到官方的任何荣誉，甚至人们不能自由地前往墓地悼念她。但是，这位女性墓碑上那至今犹在泣血的碑文却广为传诵：自由无价，生命有涯；宁为玉碎，以殉中华。

　　张志新被王安忆写入了长篇小说《一把刀，千个字》中。

　　作家尤凤伟除了那篇被改编为电影《鬼子来了》的中篇小说《生存》，还有一部出版于 2001 年的长篇小说《中国一九五七》也很有名，曾一度脱销。2013 年，在著名编辑家林贤治先生的努力下，该书得以修订再版，书名改为《沧海客》。

　　上面提到的"另一位女性"，便是书中人物原型之一。

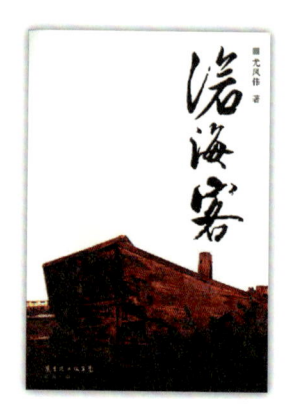

《沧海客》
尤凤伟 著
花城出版社 2013 年 6 月第 1 版

下一个获诺奖的中国作家是阎连科

老舍和沈从文因离世双双与诺贝尔文学奖失之交臂，此传闻已传了几十年。关于老舍的诺奖传闻，近日已被证实纯属讹传，而沈从文曾被提名又险些获奖，也只是马悦然一个人说过，目前仍没有证据佐证。

莫言获诺奖得到了方方面面的认可，可惜他的获奖感言至今仍未被公开。

国家和国人都有"诺贝尔情结"，别不承认，也别装清高，作家和读者都盼着获奖。那么，下一个获得诺贝尔文学奖的中国作家会是谁呢？我预测是阎连科。阎连科是个高产作家，一部接一部地写，尽管他的一部分作品还无法出版，一部分已出版的作品在原稿上删改了不少。还有，他北京的房子多年前就被拆了。这些也许都会为他获诺奖加票，但归根到底还是他的书好看。

《北京，最后的纪念》
阎连科 著
江苏人民出版社 2012 年 3 月 第 1 版

诺奖奖作家，茅奖奖作品

诺贝尔文学奖是授予作家的，并非某一具体作品。

2000年中国友谊出版公司出版李敖《北京法源寺》，腰封上所谓"新千年伊始本书荣获诺贝尔文学奖提名"，完全是商业炒作和蒙骗读者。这家著名出版机构和李敖本人，不可能不知道诺贝尔文学奖从来就不是授予作品的，也不会不知道根本就没有什么提名奖之说。

茅盾文学奖作为中国长篇小说的最高奖项，则是授予作品的，并非授予作者；虽说书是作家写的，但称某作家是茅盾文学奖得主，这一表述并不十分准确。

包括茅盾文学奖在内，鲁迅文学奖、老舍文学奖、曹禺戏剧文学奖等几个比较有影响的奖项，评选对象都是文学作品，而非作家。在中国，评选也只能评作品，人实在不好评，作品的文学性远没有作者的人性复杂。

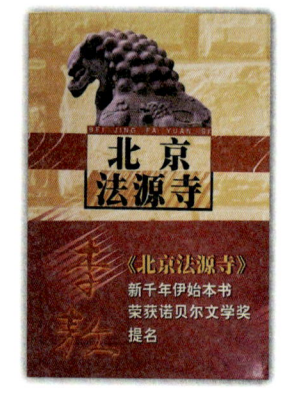

《北京法源寺》
李敖 著
中国友谊出版公司 2000年3月第1版

说书人二月河

二月河先生病逝,我想起了一件与他有关的小事。

正值他如日中天之时,有朋友托本人在某报发篇稿子,记得副标题是"与著名作家二月河先生商榷"。不知怎么,此事让一位退了休的领导知道了,他给时任报社文化部负责人、同为河南籍的著名作家"施压",阻止此文发表,原因是他说二月河是他朋友。那篇稿子我看过,不过是指出二月河书中有与史实不符之处,文章写得有理有据,语言平和,且副标题还有"商榷"二字。于是,我也给那位著名作家"施压",最终稿子得以见报。

"商榷之作"见报后,我又跟作者商榷:《康熙大帝》《雍正皇帝》《乾隆皇帝》是小说,而小说的特性之一就是虚构,你何必较真?作者反驳:小说当然可以虚构,但历史小说的基本情节应符合历史,把桃园三结义的主角写成刘曹孙或刘赵张,都是"利用小说篡改历史"。

据说有一段时间北京开会,很多与会者少有外出应酬,而是躲在宾馆里看电视剧《康熙王朝》或《雍正王朝》,把自己与剧中人物"对号入座",与会代表驻地卖得最好的书就是二月河的"帝王系列"。

必须承认,文艺作品尤其是影视作品对我国公众的巨大影响力。对于雍正之死,民间最广泛的传说是被吕四娘取了项上人头,雍正暴君的形象似乎早已深入人心。然而,电视剧《雍正王朝》

的热播，几乎给胤禛同志平了反，胤禛仿佛包拯、海瑞甚至李世民在世，一代明君根本不是被奸臣暴民所害，分明是积劳成疾累死在工作岗位上的。

　　本人认为，对于二月河及其作品，不宜苛求，不宜苛求到何种程度？即不能把他本人视为作家，也不能把他的作品视为文学作品。古有柳敬亭，今有刘兰芳、袁阔成、单田芳，能说他们是作家吗？对喽，二月河和他们一样，就是不错的说书人，区别在于柳敬亭等人靠嘴，而二月河靠笔；前者有现成的话本，二月河则是自己编写。

　　当年有好几个熟人向本人推荐二月河的"帝王系列"，也有类似驻京办的机关单位批量购买二月河作品，作为高雅的礼品送人。本人就被送过数套，有一套至今仍摆放在书柜最下层，成为书房中少有的几本没有翻阅过的书。

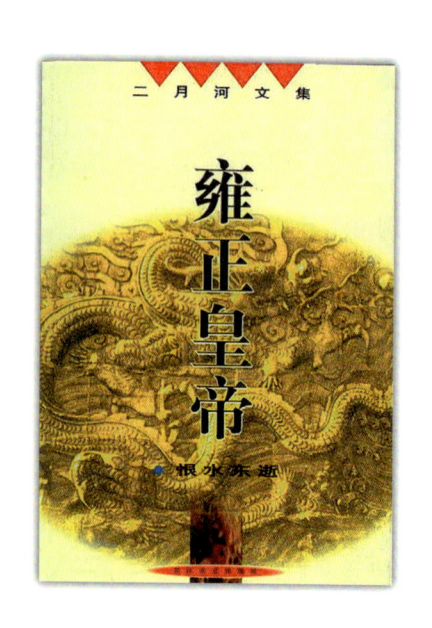

《雍正皇帝》（全三册）
二月河 著
长江文艺出版社 2001 年 2 月第 1 版

李敖

本来不打算评说李敖，毕竟人刚离世；但看到微信朋友圈那么多的溢美之词，特别是某好友的一句"你有他的精神"，这着实令我惶恐不安，同时如鲠在喉。那位朋友的评价当然是好意，将鞭策本人尽量不负其所望，这也促使我评论几句李敖先生。

我读大学时，很多同学追捧李敖，好多男生的书架摆放着《独白下的传统》。说实话，大学期间本人没有看这本校园名著，也没有读过李敖其他作品。原因很简单，对他自诩"中国白话文第一人"，和"50年来和500年内，中国人写白话文的前三名是：李敖、李敖、李敖"的狂妄之言有点反感。

参加工作后，先后看了李敖的《快意恩仇录》和谩骂蒋介石的几本著作。至于2000年出版的《北京法源寺》，看到腰封上印着"诺贝尔文学奖提名作品"，觉得十分可笑，对李敖好不容易积攒起来的些许敬意又被冲淡许多。我不相信那家著名出版社和李敖本人会不知道，诺贝尔文学奖从来就不是奖励给作品的，也不会不知道根本就没有什么提名奖之说。这分明就是营销炒作和对读者的欺骗。这几天有人怀念李敖，又把他尊为"诺贝尔文学奖提名奖得主"，实属贻笑大方。

看了李敖更多的作品，也略知其不同寻常的人生经历，佩服其非凡的胆识，但对其哗众取宠、故弄玄虚的文风和处世风格一直不喜欢。

如今忆起李敖的影像，是他2005年参观故宫博物院面对珍宝时的敬畏之态。尽管陪同人员一再请古稀之年的李敖坐在椅子上欣赏，但李敖一直拒绝，频频摆手："不可以，不可以，绝对不可以。"

李敖是以斗士名世，以文士立世的。至于他的文字成就，是否像他自诩的"中国白话文第一人"，我想任何对文字作品有鉴赏能力的正常人，大概都会看做那不过是其语不惊人死不休的自我标榜和惯常炒作而已。

把李敖对蒋介石的口诛笔伐，视作个人之间的私仇似乎更为恰当，这也是抬高了李敖的身价，想必他本人也乐于接受。

而对于蒋经国晚年的"解严"开启了中国台湾政治民主之路，以及台湾民众对蒋经国的感念，李敖至死都视而不见；往大了说这暴露了李敖思想的局限性，往小了说是他心胸狭隘。更令人难以接受的是，身为威权时代的受难者和反抗者，假如真像传言所说，他常年领取政治黑金，这无疑是他晚年的悲哀，是他人生的巨大污点，必将遭人不耻。

总结李敖的一生，可能只有"斗士"一词最适合他了。不过，也有人认为他连斗士也算不上，斗士应公理天下，而他只是个逗哏的。

《独白下的传统》
李敖 著
人民文学出版社 1989 年 8 月北京第 1 版

《天网》之后的主人公及作者

1993年的文坛，除了人们争相传阅的《废都》和《白鹿原》，还有两本长篇纪实文学反响也比较强烈：《法撼汾西》和《天网》。之所以反响强烈，有两方面的因素：一是太长时期没有出过如此震撼人心的纪实作品了；一是作品主人公刘郁瑞确有其人，两本书写的就是他在山西省汾西县委书记任上的办案记。

《法撼汾西》和《天网》出版时，主人公刘郁瑞已调离汾西，担任临汾地区商业局局长。绝大多数读者对刘郁瑞的了解到此为止。

由县委书记改任地区局长，级别一样，但在官场看来，刘郁瑞的仕途已经到头，不可能再"进步"了。《天网》里纪委书记尹远的原型曾跟我谈起过刘郁瑞，基本评价是：树敌太多，抱怨太多。

退休后的刘郁瑞开始撰写回忆录，并于2001年出版了《一个县委书记的自述》。令人费解的是，这本书没有在出版《法撼汾西》和《天网》的群众出版社出版，而是交给了一家很不起眼的地方出版社。书的装帧设计、编辑、印刷装订都很粗糙。"自述"远远比不上"他述"的影响力。同年，刘郁瑞因病去世，年仅65岁。

《法撼汾西》和《天网》作者张平因为这两本纪实小说，被汾西县和临汾地区241名干部以侵犯名誉权为由，告到了法院。官司断断续续打了十年之久，虽最终判决张平胜诉，但此时的张平已今非昔比，其凭借另一部小说《抉择》，准确地说凭借电影《生死抉择》，更确切地说赶上了反腐倡廉之风，已被推上了中国作协副主席的位置，这样一来，赢了官司便给人以胜之不武的感觉。再后来，张平以民主党派的身份，坐到了山西省副省长的位置。

当了副省长的张平，山西省内大大小小的官员似乎也并没有把他当省领导看待。据说，省领导们开会时，常常是这样的口吻：怎么样，请我们的作家也讲几句？而山西作家群似乎也从未把他当同行看待，尽管他成了茅盾文学奖得主。

书的主人公和作者，前者不被同僚认可，后者不被同行认可。

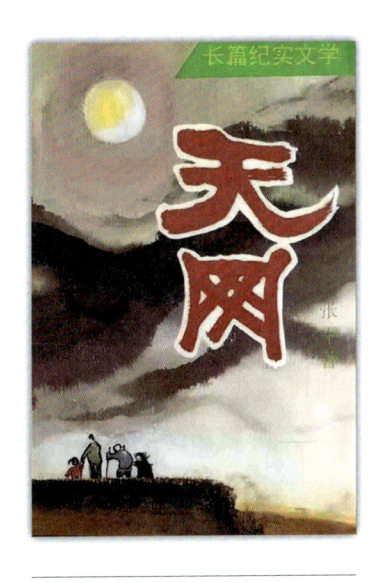

《天网》
张平 著
群众出版社1993年6月第1版

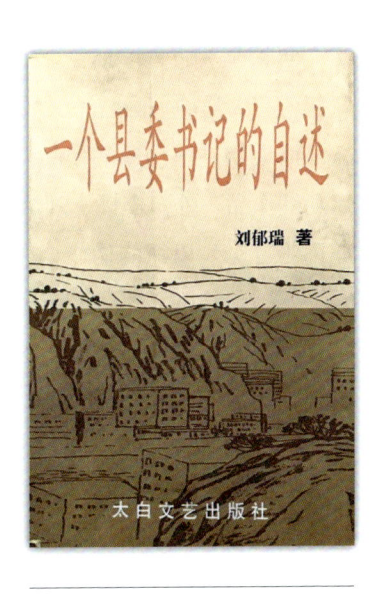

《一个县委书记的自述》
刘郁瑞 著
太白文艺出版社2001年4月第1版

这不是启功个人的事

先说一桩旧闻：去年（2004年）年初，国内一拍卖行拍卖成交了22件著名书画家启功的作品，但事后启功通过媒体向公众声明，所有拍品，包括流拍的3件所谓启功真迹，皆非出自其手，全系赝品。启功称："假冒的我的字画满处都是，但我从来没有为此公开说过半句话。这一次，我太气了……"的确，启功对此事的反应出乎很多人的意料，一反他老人家几十年的常态。

再谈笔者近期之所见。北京城南的潘家园旧货市场，自成立之日起就有大量的书画赝品"展销"，其中尤以伪造启功的书法作品为盛。而近期这里伪造的作品已到了登峰造极的程度，除数量最多的启功"作品"外，李铎、刘炳森、吴冠中等当代书画名家的"真迹"亦不难寻觅。以往的伪作，如一幅书法作品要价也就二三十元，而眼下不但价格涨了十倍、几十倍、上百倍，且制作"工艺"有了新花样。仍以启功"作品"为例，有的用蒙着一层厚厚灰尘的旧镜框装裱，伪作上有折叠、水渍甚至虫蛀等做旧痕迹，摊主亦言之凿凿，称北师大某某楼拆除，书画作品是通过内部关系搞来的；有的伪作竟然附有启功和某人共同手持该书画作品的合影照片为证。

古往今来，但凡有名气的书画家，其作品被仿冒并不足为奇，但如此毫无顾忌地大批量、公开贩卖伪造的当代书画家的作品，是史无前例的。而书画家本人竟然不予追究，这就更令人费解。事实上，这种空前的伪造行为，早在启功在世时就已经开始了，启功本人并非不知。难怪有媒体把启功数十年来的第一次因作品被假冒而发怒当作新闻报道。

由小商小贩的制假售假，到国内知名拍卖公司的公开拍卖赝品，事情发展到这种程度，启功自己有推脱不掉的责任。关于启功宽容的美德，有一则逸闻，一次，启功逛琉璃厂，有人拿一幅正在兜售的"启功作品"请其鉴定真伪，启功看后笑了笑："写得比我好。"谁知转身离开后旋又折回，承认那幅作品是自己亲手所写。人们不解，启功解释说，人家模仿他的字是看得起他，再说人家也是为了混口饭吃。殊不知，启功这样做，一方面是在纵容伪造行径，另一方面本身也是"渎职"。正因为有了类似启功的所谓宽容，才有了日后称得上是国内最著名的经营字画机构所属的拍卖行，公然将赝品充当真迹拍卖。不是吗，在拍卖前虽然启功明确告知和自己有多年交情的荣宝斋，他们准备拍卖的 25 件作品都是假的，但人家还是置若罔闻，我行我素，照样拍卖赚大钱。虽不能说这是启功咎由自取，但说是先生自己酿的苦酒自己喝并不为过。

无论是潘家园地摊上的批量产品，还是琉璃厂经营书画的权威机构展示的经过装裱的赝品，启功之所以不去揭穿，说白了，是启功把这当成了自己的私事。岂不知这确实不是启功个人的事！因为依照我国法律，这种伪造、销售名家字画的行为，已经触犯了刑法有关规定。刑法第 217 条：以营利为目的，制作、出售假冒他人署名的美术作品，违法所得数额较大或者有其他严重情节的，构成侵犯著作权罪，处三年以下有期徒刑，并处或者单处罚金；违法所得数额巨大或者有其他特别严重情节的，处三年以上十年以下有期徒刑，并处罚金。而一旦以假充真获利达到一定数额，法律规定则以诈骗罪论处；获利 50000 元，已属情节特别严重，行骗者当获刑十年以上或无期徒刑。笔者不久前在太原市古玩城见到一幅模仿得十分拙劣的启功书法"真迹",店主开价就是 80000 元!

既然不是启功个人的事,那是谁的事呢?回答是肯定的:这是国家的事,是公众的事。因为这种伪造销售书画作品的行为,已经具有相当的社会危害性,即侵犯了国家利益、公共利益、集体利益以及公民合法权益。那么,哪些部门有管理权呢?对于违法金额较小的,市场监管部门有权作出行政处罚,而对于伪造启功等书画名家作品,非法牟利少则数千元,多则几万元至几十万元的,公安部门应主动打击。也就是说,这已不是启功等人宽宏大量的个人的事了,而是国家公安、司法部门必须追究的刑事案件了。好比一歹徒行凶致他人重伤、死亡,能说受害者或家属不予追究,就可以任其逍遥法外吗?

写就此文,一是请有关部门行动起来,依法惩处多年来靠伪造启功作品发财的寄生虫们,保护喜爱启功书画作品的收藏者的权益,同时也作为对逝去的启功先生的悼念。

《启功书法学国际研讨会论文集》
文物出版社 北京师范大学 编
文物出版社 2003 年 12 月第 1 版

启功书法的真伪

《这不是启功个人的事》这篇小文在《美术报》发表后，引发了一场不小的风波。

十五六年前，有人"找"启功的字，人托人托到了我。我也就帮忙找到了。写的是王之涣《凉州词》，苍劲又飘逸，应是启功先生作于20世纪80年代的精品，字数是28个字。

老朋友带人来了，付了钱，拿走了字。我把钱如数转交给原来的藏家。

一周后，老朋友打来电话，说他朋友找人看了，字是假的，不是启功真迹。而认定为赝品的依据之一，是启功把王之涣原诗中的"黄河"写成了"黄沙"。

我笑了。因为那幅字是不是启功的真迹，启功是在什么情形下写的，以及怎么到了原藏家手中，来龙去脉我十分清楚。

这样吧，我对朋友说，让他们去权威机构鉴定，并盖上章，然后我本人按原价或者再多几万元我收了。我不会退给原藏家的，因为人家的售价远远低于市场价格。同时，我明确了一个重要的前提——启功说不是他本人写的不行。

为什么作者即启功本人说真说假我都不"认账"呢？这就是我开头提到的写那篇文章的缘故，启功先生多次表达过"人家模仿我的字是看得起我""我不能砸人家饭碗"，连摆在马路牙子上的仿品，先生都承认是自己亲笔所书。

又过了一周,朋友来电话致歉,说对方还真去故宫博物院鉴定了,真迹无疑。

再后来,我抱着一摞各种版本的唐诗选本,给那位朋友讲了讲为何会出现"黄河远上白云间"和"黄沙远上白云间"两个版本。启功书写的那幅《凉州词》,恰恰采用的是"沙"而不是"河",其价值已超越书法本身的价值了。

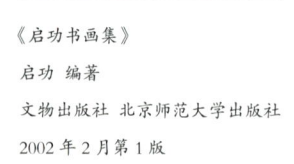

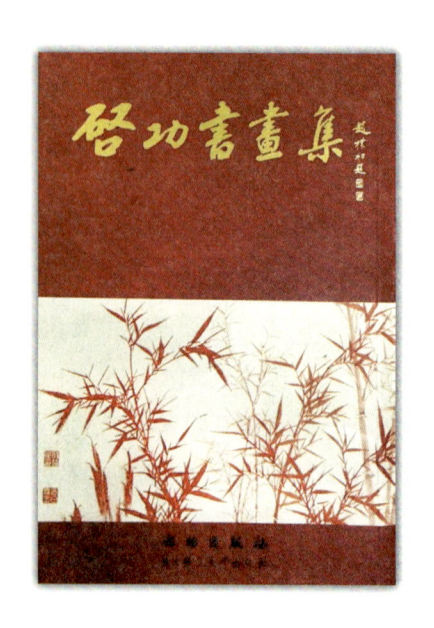

《启功书画集》
启功 编著
文物出版社 北京师范大学出版社
2002年2月第1版

"熟悉的"叶圣陶和不熟悉的叶兆言

某报社一部门负责人找到我：听说您跟叶兆言很熟？我问听谁说的。答：开会时领导说的。

我猜到是哪位领导了，但领导张冠李戴了。我确实跟一位姓叶的作家很熟，但不是他说的叶作家。

接着我开了句玩笑：我跟叶兆言不熟，跟叶圣陶熟。

这话说是玩笑也不完全是玩笑。

我当然既无资格也无缘分结识叶圣陶老，但对他老人家的几篇文章还是读得滚瓜烂熟的。叶老的散文《苏州园林》《记金华的两个岩洞》《景泰蓝的制作》，还有小说节选《多收了三五斗》，都曾收入我中学时代的语文课本。学习这些文章，除了认识新字理解新词，还得划分段落总结大意，归纳中心思想，为应付考试还必须知道《记金华的两个岩洞》和《景泰蓝的制作》选自《小记十篇》。

作为当代知名作家的叶兆言，著作颇丰，然而本人读中学时毕竟没有读过他的文章，虽说20年后读过那本《走进夜晚》，但说实话除了书名真记不起内容了。叶兆言的两本随笔集《陈旧人物》和《陈年往事》视角独特，本人至今还记得只有叶兆言有先天条件亲历其他作家不可能知晓的人物往事。

这便有了对叶家祖孙二人熟与不熟的玩笑话。

没能帮忙联系上叶兆言，本人深感愧疚。好在报社通过其他渠道很快联系上了作家,并推出了一篇反响非常好的报道。后来,报社那位负责人专门送了我一本《通往父亲之路》,有叶兆言的亲笔签名和钤印。

《通往父亲之路》
叶兆言 著
译林出版社 2022 年 1 月第 1 版

高露洁

美国著名记者、作家，"新新闻主义"代表人物盖伊·特立斯，在其经典著作《邻人之妻》中，提到了一个对19世纪下半叶和20世纪美国出版业产生重大影响的人物：考姆斯托克。1873年，考姆斯托克说服国会通过了一项联邦法案，内容包括禁止邮寄一切色情的书籍、手册、图片、纸张、信件等。该法案的通过，与此前一些著名人物支持考姆斯托克有关，其中就包括实业家、慈善家塞缪尔·科尔盖特。

塞缪尔·科尔盖特的父亲叫威廉·科尔盖特，于1806年创立了以自己姓氏为名的肥皂公司。两百年后，这家公司的产品及其品牌在中国妇孺皆知。他们姓科尔盖特，英文是 Colgate，中国通译为"高露洁"。

《邻人之妻》这本非虚构之作的事件背景发生在1957年，出版于1980年。不知当时美国读者看到书中这段文字时，是不是马上想到了家中浴室里的肥皂，反正这几天我早晚刷牙时，会想到高露洁牙膏，会想到书中那段关于 Golgate 父子可有可无的注释，会想到这本书。至于还有没有其他联想，那我不能说。

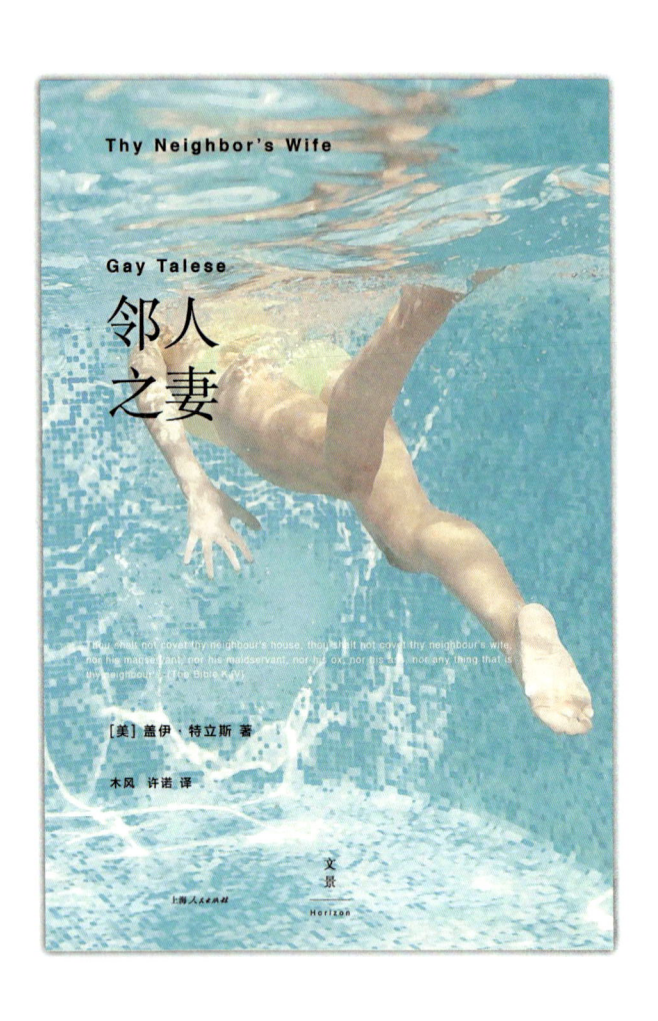

《邻人之妻》
［美］盖伊·特立斯 著　木风 许诺 译
上海人民出版社 2018 年 7 月第 1 版

方尖碑

译林出版社介绍,"方尖碑"是其于 2020 年在整合部门内原有历史类选题的基础上成立,致力于开发优质的引进版非虚构作品的历史品牌。的确,译林社近年引进出版了一系列在读者中颇具口碑的书籍,但称"方尖碑"是其旗下独创的图书品牌,似乎言过其实。

众所周知,方尖碑是古埃及崇拜太阳的纪念碑,也是除金字塔以外,古埃及文明最富特色的象征。方尖碑外形呈尖顶方柱状,顶端形似金字塔尖,塔尖常以金、铜或金银合金包裹。当旭日东升照到碑尖时,它像耀眼的太阳一样闪闪发光。原属古埃及的方尖碑,作为人类文明的象征,千百年来被大量复制仿建到西方国家。

美国著名记者、作家盖伊·特立斯在《邻人之妻》一书中,提到了一个英国犹太人杰克·卡亨。此人在"一战"后一直侨居法国巴黎,写作当时被认为是淫秽作品的英文书,同时创建了自己的出版社。其间,他与亨利·米勒结识成为朋友,后者第一本也是最著名的小说《北回归线》,就是由卡亨的出版社最早出版的。

卡亨除了出版自己那些"不够正派"的小说,还出版了当时一些尚未成名作家的作品,如劳伦斯·都瑞尔的第一部小说《黑书》和乔伊斯的诗歌。卡亨写完《书贩子的回忆录》后,于 1939 年去世,把几张没付款的酒单和出版社留给儿子莫里斯·吉罗迪亚。这个出版社就是以方尖碑命名的,即方尖碑出版社。

追根溯源,作为图书出版品牌,方尖碑在大约 100 年前就已经问世了。

有必要作补充说明，子承父业的吉罗迪亚，眼光跟他老爹一样，做事风格也一样，所出版的图书常招惹书刊检查人员上门。他后来成立了奥林匹亚出版社，最先公开出版了当时同样被认定为淫秽作品、至今享誉世界的文学名著《洛丽塔》。

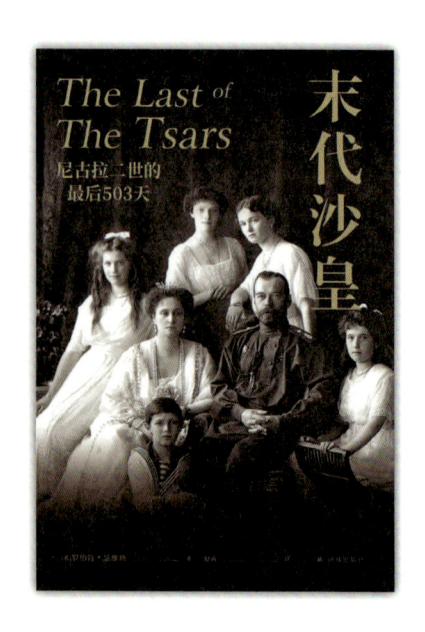

《末代沙皇：尼古拉二世的最后503天》
［英］罗伯特·瑟维斯 著　付满 译
译林出版社2021年11月第1版

文人的脾气

见过

我和朱学东先生第一次见面时，彼此相视一笑，说：见过。

网上买了本学东兄的《老朱煮酒》。读了序言，原打算再看一篇后就先放下，以后每天看一篇。可是，看过第一篇《知识改变的命运》后，就再也放不下了，第二篇、第三篇……竟然把第一编13篇文章一口气全拜读完了。

我和学东兄年龄相若，读着这些文章，看到文中提到的一本本书，记忆被勾回到了30多年前的中学时代，眼睛阵阵泛潮；绝大多数书当年我也囫囵看过，区别是学东兄透过课桌上的窟窿偷偷地看，而我则是大大方方地看，因为在高一尚未分文理科前，我已经决定读文科。为此付出的代价也差不多，他被老师狠狠地教育了一顿，我被化学课老师狠狠地瞪了一眼，因为期中考试全班只有我一人不及格。

《现在谁还翻〈辞源〉》一文提到的北京西四新华书店，当年我也光顾过，如今偶尔路过，却早已没了当年逢书店必进的兴致，因为断定如学东兄所见，冷冷清清。当年学东兄骑单车哼哧哼哧30公里专程去这家书店，起因是他编纂图书找同事借了一套《辞源》，翻阅时不小心把一页扯了不到三分之一页长的裂缝。如果如实告诉书的主人，应该也不会受责怪；即便不告诉，人家也未必发现，但他最后还是花了高出自己一个月工资的价钱买了一套崭新的送还同事。

我读书，从不在书上勾勾画画，但看到学东兄文章中提到的遥远又亲切的书名和作者名字，难以抑制的兴奋，促使我拿起了钢笔，一画再画。尤其是学东兄洞察世事的独特见解，重重地标注下划线。

这本书，我没有像惯常那样签名钤印，打算改天找学东兄小酌，届时请他签上他的大名吧。

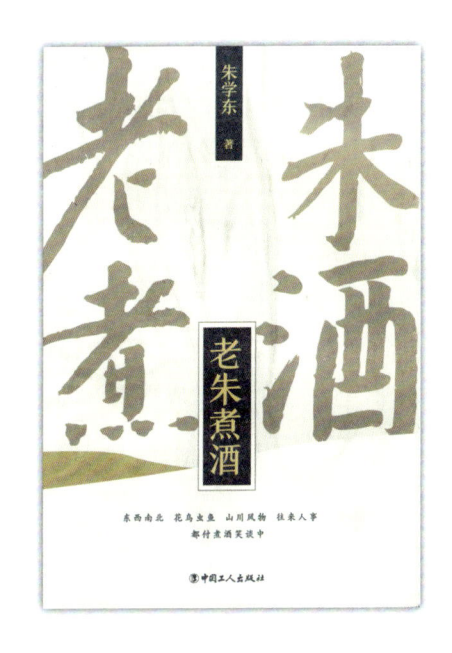

《老朱煮酒》
朱学东 著
中国工人出版社 2019 年 10 月第 1 版

朱学东，醉能述以文者

某日，在广西师大出版社"纯粹"编辑部，我拿起一本展示台上的样书，指着作者名字跟著名音乐制作人、词作家李广平先生说："这个人，一年365天，至少365顿酒，这倒不算啥，最让人佩服的是，甭管喝多少、喝多晚，回家后一是练毛笔字，二是写文章。"一旁正在给自己新译著签名的翻译家刘楠祺先生抬起头来："你说的是朱学东吧。"

学东兄曾经先后担任过两家杂志社的总编辑，这在我看来，他的总编辑与某通讯社、某电视台、某日报的总编辑相比，要牛的多得多。

后来，他放弃了杂志总编辑之职，到某报社某部门某读书周刊做了主编，论级别当然不可与总编辑同日而语，但能借工作之便，潜心读书并把自己认可的好书推荐给天下读书人，这是多大的福报和功德啊！

再后来，他彻底告别了职场，除每月固定受邀做图书专职评委和荐书人外，终于成了职业读书人、职业码字人和职业喝酒人。把读书、写文和喝酒做成职业的同时，也把三者做出了品位。

学东兄做总编辑时写时评，对时评和自己其他文字，他表达过这样一种观点：时评本都应该是速朽的东西，未来可能就"江南旧闻"和"美食"还能活着。我本人也曾常年写时评，对他这一观点非常赞同。

他出版的"江南旧闻录"系列和发表在微信公众号上的流水账，记述的是当代中国特别是普通民众饮食、读书、习俗等日常生活景象；一些欲言又止、吞吞吐吐、语焉不详行文表述的背后，其实是一桩桩重大社会事件的记录，而这种记述本身就是当下民众心态和生活的真实反映；甚或是一代知识分子无可奈何的生活写照和心绪表达。学东兄的这些文字，如同他喜爱的美酒，年头愈久愈醇。

"阅读是我们抵抗恐惧的姿势。"这既是朱学东的日课，也是他的信条。共勉。

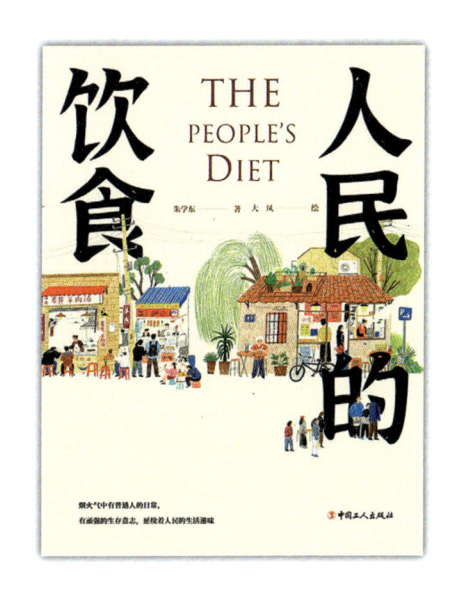

《人民的饮食》
朱学东 著
中国工人出版社 2021 年 6 月第 1 版

那个人就是刘楠祺

第十四届傅雷翻译出版奖日前揭晓，共计三部作品获奖，其中刘楠祺译作《界限之书》荣获"文学类"奖项。

获奖评语如下：

"埃德蒙·雅贝斯的《界限之书》表现出作家对世界、人生、犹太性、自我、话语、写作等基本存在问题的深刻思考，跨文体的文本中充满了种种具有浓厚抽象意味的词语形象。

刘楠祺的译文巧妙地传达了这种哲理散文诗中旋律与节奏的美，富有音乐感。译者几年来持续孜孜不倦地翻译雅贝斯的作品，难能可贵。"

前文提到，我跟朋友说有一个人一年365天至少喝365场酒，酒后却不误练字写文时，一旁正在给自己新书签名的男士抬起头来："你说的是朱学东吧。"

说话的这个人，就是刘楠祺先生。

虽初次见面，但刘楠祺先生根本没有像很多文人、名人那样"端着"，而是主动把新出版的两本译作慷慨相赠，并题写了谦虚的赠言，然后郑重地签名并钤印，其中一本就是上面提到的获奖作品《界限之书》。

后来我把此事讲给朱学东兄，说有个人竟然一下子猜到是你，谁知学东兄在我没给任何提示的情形下，脱口而出："刘楠祺吧。"

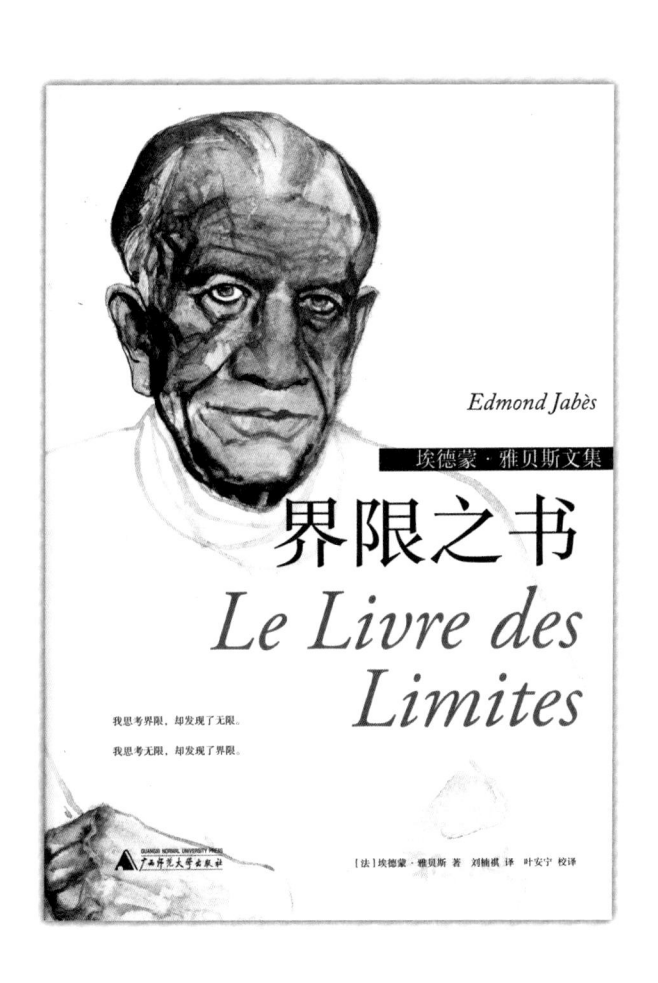

《界限之书》
［法］埃德蒙·雅贝斯 著 刘楠祺 译
广西师范大学出版社 2021 年 10 月第 1 版

李印白：行摄千里追寻惠特曼的《自我之歌》

沃尔特·惠特曼的《草叶集》在美国问世时，同属一个星球的东方大国叫清国，同时期还存在一个太平天国，两"国"正在厮杀。直到整整 100 年后，这部诗集的中译本才羞羞答答出现在刚刚结束内战，百业待兴的苦难土地上，但只是"集选"而已。还要等经历一场场运动之后，才终于出现了较为完整的译本。不过，即使那是思想文化活跃的 20 世纪 80 年代，但提起《草叶集》，难免仍产生《金瓶梅》的联想。

《自我之歌》是《草叶集》中最长的一首，也是惠特曼最重要的诗歌之一。

先后就读于北京大学、纽约摄影学院、费城艺术学院的李印白先生，是著名平面设计师、摄影师，14 岁时第一次与惠特曼相遇，"一下子让青涩懵懂的我产生了一种莫名其妙的兴奋——这种兴奋是如此深刻，以至于它在我的心中一直持续到 40 多年后的今天"（李印白语）。

于是，在 2019 年惠特曼诞辰 200 周年之际，李印白先生走访了惠特曼生前的主要生活区域，拍摄了诗人诞生、生活、去世的几个关键地点，以及北美的自然风光，并亲自翻译了《自我之歌》。一年后，便有了这本行摄千里追寻惠特曼的《自我之歌》。

《自我之歌》
[美]沃尔特·惠特曼 著 李印白 译/摄
国际文化出版公司 2020年11月第1版

"一地鸡毛"是新成语

"一地鸡毛",虽未作为词条收入《现代汉语词典》,但如今大家经常把它当成语使用。其实,是不是成语无所谓,能用其准确表达意思即可。

语言是人类在劳动中创造的。

大多数"80后""90后""00后"可能不知道,创造"一地鸡毛"这个"成语"的人叫刘震云,这个词源自他1991年发表的著名中篇小说《一地鸡毛》。

我第一次听到有人把"一地鸡毛"当成语使用,是《一地鸡毛》小说发表几年后,在单位的一次会上。那年,单位下属三产公司惹了大事儿,单位三天两头收到法院的传票,账号被封了一个又一个,搞得领导焦头烂额。会上,领导怒气冲冲:现在是十面埋伏、八面来风、四面楚歌。然后扭头看了一眼在座的刘震云,说道:一地鸡毛!

搞得大家哭笑不得。

《官场》
刘震云 著
华艺出版社 1992 年 5 月第 1 版

《新星》成了巨星

即便是当年《废都》的火爆程度,跟十年前的《新星》也无法同日而语。电视剧《新星》的播出,让公众领略了什么叫万人空巷;连同原著,堪比"凡有井水处皆能歌永词"。

人们纷纷猜测:古陵县在哪儿?李向南是谁?

多年以后,通过我们共同熟人的介绍,我和"李向南"之间有了往来,他有事需要我助力。在此之前,"李向南"先后工作过的几个地方我都去过,其中包括"古陵"。"李向南"早已从文学人物转型成新闻人物,成为政坛的明星人物。

我跟"李向南"初次见面,是受邀参加他组织的一个论坛,他虽已退休,但社会兼职仍不少。开会时间已到,但还有嘉宾未到,他说了句"老规矩,等时不等人",说开就开。会后直到第二天,他秘书多次打电话给我道歉,原因不过是"李向南"认为开会时把我的座位安排靠后了而已。从秘书结结巴巴的话语中,能明显感到"李向南"威仪犹存。

不久,他又在人民大会堂组织了一场更大规模的研讨会,因为我对会议主题不是很感兴趣,也就没有按时去,到场后在最后一排随便找了个座位。中场休息,"李向南"大踏步从主席台走下,直奔我而来,引得众人纷纷侧目。

几次见面,他断断续续地给我讲了很多往事,几乎每一件都是前所未闻的,一旦发表,绝对是轰动性的独家新闻。与此同时,我也从多种渠道获悉他本人不为人知的更具爆炸性和杀伤性的传闻。

后来，我又专程去外地参加了他和另一位每年"两会"都是热门人物共同组织的宣讲会，只是参加了这次会后，我更加犹豫了。

忘了是哪次见面，我有意把话题引到了柯云路身上，因为《新星》是无法绕开的，没有《新星》，没有柯云路，"李向南"的传奇会逊色很多。何况柯云路近年再度以他为原型写了长篇小说《龙年档案》，尽管没有像当年《新星》那样洛阳纸贵，但改编的同名电视剧也在多地电视台热播。

"柯云路不行。"这位曾经的"李向南"、后来的"罗成"，当时虽不是一副不值一提的表情，但我总觉得那是他这个原型不该有的反应。我不认识柯云路，但我替柯云路感到一阵悲哀。

最终，我的采访没有落笔。再后来，就没有后来了。

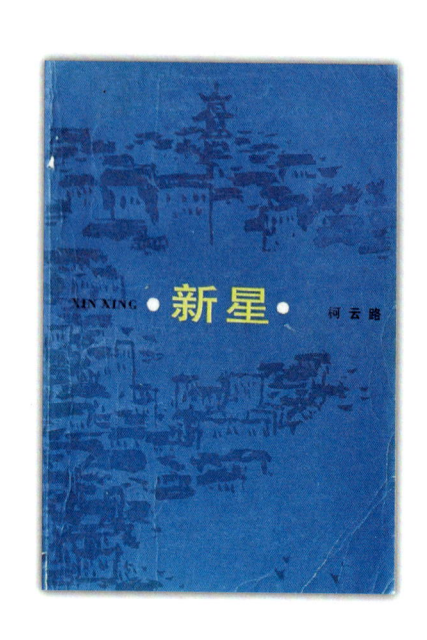

《新星》
柯云路 著
人民文学出版社 1985 年 5 月北京第 1 版

从"李向南"到"罗成"

说是《新星》中的李向南也可以，或《龙年档案》中的罗成，他曾当面给我讲在任省体改委主任期间的尴尬事，记忆犹新，且愤愤不平。他说他办公室正对着厕所，污水时常串门。由地级市市长改任研究机构主任，在只能掌实权、干实事的他本人及同僚眼里，这样的安排显然有被贬的成分。

赋闲十年后，省主要领导换了，于是他被调任"天州"市委书记，这对他而言，无疑是东山再起。这一年是农历龙年，小说《龙年档案》的名字即缘于此，作者还是当年以他为原型写出《新星》的柯云路。

当年小说《新星》问世，洛阳纸贵，17年后《龙年档案》出版，却反响平平，尽管后者的故事情节更加跌宕起伏，曲折激烈。

两部小说被改编成同名电视剧播出后，命运完全不可同日而语。《新星》轰动全国，《龙年档案》制作水准虽明显高于前者，却不再有当年万人空巷的情形。

相比李向南，罗成更接近生活中的原型，《龙年档案》里很多故事，一度成为当地、全省和全国热议的新闻。

从"李向南"到"罗成"，这中间是整整十年的空当期。从《新星》到《龙年档案》，柯云路也没闲着，虽笔耕不辍，却备受诟病，甚至有作家同行提议将其从中国作协除名。那些年，柯云路痴迷于人体特异功能的研究，出版了《大气功师》《发现黄帝内经》

《人类神秘现象破译》《生命特异现象考察》。

回看柯云路,《新星》是新时期文学较为优秀的作品,至于特异功能系列书籍,还是交给未来检验吧。

"罗成"刚退休那几年,心气尚足,总想"弄点事",但在池塘里扑腾,终究翻不起浪花。他和曾经属于他的"天州",多年不再有新闻发生,一切都归于平静、平淡。

"李向南"和"罗成",甚至包括他们的原型,仿佛一个个没落贵族的背影,渐行渐远,正消逝在世人的视线中。

《龙年档案》
柯云路 著
人民文学出版社 2002 年 10 月北京第 1 版

一部影片叫《荫谋》，一名导演叫郭啸

孩子生下了，办准生证却遇到了麻烦。从接生的医生护士到户籍民警，乃至七大姑八大姨，纷纷疑惑孩子爹为啥给孩子取了个他们不理解的名字。

电影审查部门起初也不理解片名为什么叫《荫谋》。

电影杀青后，导演取了包括《荫谋》在内两个片名，征求我的意见，我毫不犹豫地赞同《荫谋》这个名字。他满心欢喜。不料，一周后他无奈地告诉我，审查部门没有通过，说片名太隐晦。我给他打气：坚持住，就用这个名字！去沟通、沟通、再沟通。又一周后，他发了个"龇牙"的头像给我——片名被认可了。

叫《荫谋》，真的没什么阴谋，主要跟故事发生地——荫城有关。荫城，是真实的地名，位于山西长治县境内。

长治出人物。

精卫、后羿、女娲如果不算人，可也是响当当的神。我接触、结识甚至深交过的真人中的名人也不少，他们当中有做官的，有经商的，有码字的；有20世纪80年代万人空巷看的《新星》的原型，也有说不清是神还是人的高人；有做高官全身而退的，有经商半途而废的；有忘恩负义之流，有贪赃枉法之辈。

郭啸是我结识的长治人之一，是长治的新人物。

《荫谋》导演就是郭啸，编剧也是他。他曾担任某国字号报社驻地方记者站长。因为是同行，我们曾一同采访某些新闻事件。后来他失踪了一年多。有一天，我的同事把一部名为《记者站长》的小说原稿发到了我的电子邮箱，两句简短的留言我至今记得，一句是"干点事就要耐得住寂寞"，另一句是"看看你干的好事"。原来，郭啸离开了新闻界，闷在家里写了一年的新闻界。后来，小说由一家知名出版社出版了，再后来，他跟奸诈的出版商打官司，让"玩了一辈子鹰的人被鹰啄了眼"，再再后来，小说下架了。

郭啸再度失踪。又四五年后，他来北京筹拍自己自编自导的第二部影片时，我们见了面，可谓久别重逢。之前我已听说他做电影，第一部自编自导的影片我在网上和央视电影频道都看过。

他把新剧本发给我，谦虚地说请我提意见，我也就不谦虚地勾勾抹抹，添添减减。

电影杀青，到后期制作时，他来京频繁，我俩就在路边小店白红黄小酌，贼一样地抽烟，神一样地聊天。

《荫谋》的台前幕后我了解一些，包括主演的人选、片头的设计等，我也直言不讳地提出了一些建议，用郭啸的话说，能得到我的赞扬不容易。影片没有斥巨资，没有港台巨星参演，但是，这是一部看过后一定能记住几句台词的电影。作为事先看过剧本也看过样片的观众，我认为，影片中的经典台词，丝毫不逊色于那部几句台词已转化为生活用语的《天下无贼》。

《荫谋》还未公映，郭啸已开始琢磨下一部电影了，他给我讲了故事大纲，那更是一部有趣的电影。剧本剧本，一剧之本，郭啸写电影的本事要比拍电影的本事大。盼望今后有艺术和市场眼光的企业家，也能斥资投拍郭啸的电影，社会效益不好说，经济效益一定会有的。我这么说，不知道郭啸咋想，也不知道算不算是赞扬。

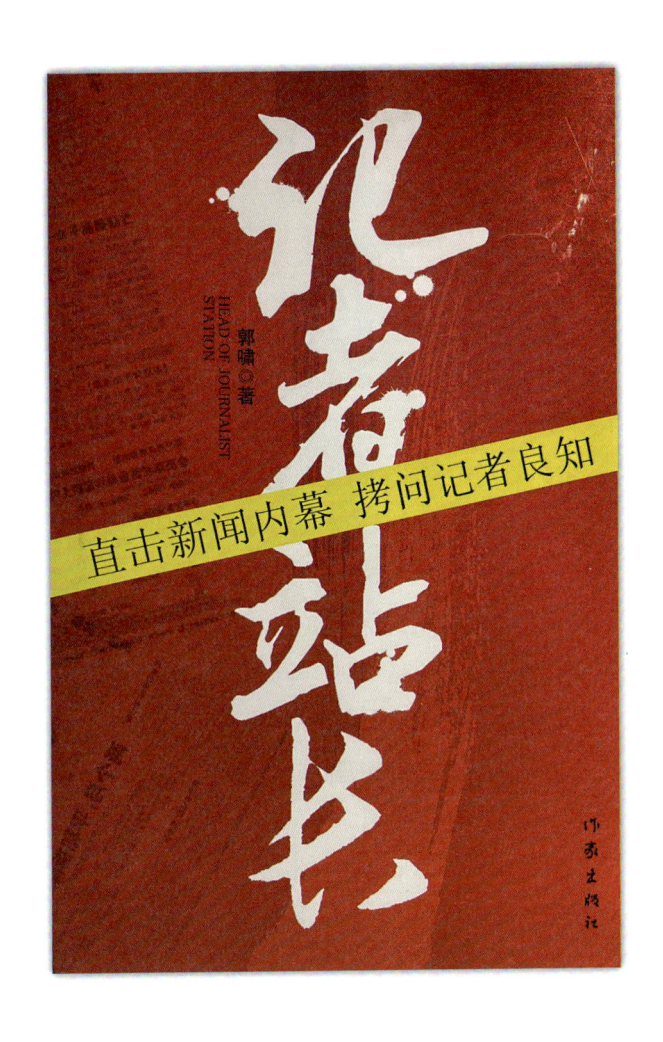

《记者站长》
郭啸 著
作家出版社 2009 年 6 月第 1 版

谁还没有个爹？

赵二湖者，赵树理之子也。赵树理谓谁？中国现代文学大师，赵二湖的亲爹也。由于喜爱赵树理的作品，加之与赵二湖有些交往，笔者曾在一些场合与一干人海阔天空地谈起过赵树理，当然，绝大多数情况下赵二湖也在场。说到赵树理，许多人或称为"赵老"，或称为"你父亲"，似乎有赵二湖在场，大家刻意回避大师的名讳，以示敬意。这当然没有什么不对。赵树理自然是世人所敬仰的人物，理应受到尊敬和爱戴。但笔者不经意间发现，谈论起赵树理，作为儿子的赵二湖，却极少说"我爸爸"、"我爹"或"我父亲"怎么怎么着，绝大多数情况下直呼其名——赵树理。

赵二湖说起"赵树理"三个字是那么随意，那么自然，不由令笔者心中生出些许感慨。

赵树理被誉为描写农村生活的"铁笔""圣手"，一生为农民奔走呼吁，体恤农民的疾苦。古往今来，从"长太息以掩涕兮，哀民生之多艰"的屈原，到"安得广厦千万间，大庇天下寒士俱欢颜"的杜甫；从"粉骨碎身全不惜，要留清白在人间"的于谦，到"衙斋卧听萧萧竹，疑是民间疾苦声"的郑板桥，无数文人墨客曾在官场谋过一官半职，有的甚至拥有显赫的职位，但最终是以诗文流芳百世，以品质名垂青史。笔者要说的是，各位看官，当你谈起这些"名人"时怎么称呼他们？是叫他们屈太爷、杜伯伯，还是叫于大爷、郑叔叔？你什么都不会叫，只会直呼其名。屈原就叫屈原，杜甫就叫杜甫,既不会在他们姓名后面加上"先生"二字,也不会因为他们当中有人做过巡抚和县令而称其为"于省长"或"郑县长"。同这几位相比,赵树理既是享受过省部级待遇的"高干",也是饮誉文坛的"大名人",但最终同样是以《李有才板话》《小二黑结婚》《三里湾》等脍炙人口的作品确定了在中国文坛的地位,以为农民立言、为农民请命而受到后人的赞誉和怀念。

人们没有理由不敬仰赵树理,但敬仰就一定要避其名讳,称呼其曾经拥有而今已属于他人的头衔吗?作为赵树理的儿子,赵二湖对赵树理的敬仰,自然会比旁人多一分无法割舍的亲情在里面,但是就一定要人前人后地一口一个"我爸爸""我父亲"吗?评价赵树理的作品时,就非得要旁人接受"赵树理可是我爹啊"这个事实?他怎么就不能称呼赵树理为"赵树理"?

唯恐别人不知道他是谁谁谁的第多少多少代玄孙,或是谁谁谁的几代旁系血亲或姻亲者,生活中不乏其人。说穿了这些人是想沾沾光,满足一下虚荣心,甚至是为谋一己私利而已。《围城》中那位"迹近乘虚篡窃"中文系主任的汪处厚,不就是故意甩了拖腔说了半句话嘛:"高校长可真会磨人哪!他请舍侄——"顿时马屁声识时务地响起:"汪先生就是汪次长的令伯。"这么一唱一和,汪处厚便达到了迎头痛击觊觎系主任位置的李梅亭的效果:别痴心妄想了,老子跟教育部要人有血缘关系。

话说回来,倘若先人的名声不好,子孙们断不会炫耀自己是其后人的,甚至连认祖归宗的勇气都没有,生怕别人知道自己的家世。清朝乾隆年间不是有人在岳飞坟前咏叹"人自宋后无名桧,我到坟前愧姓秦"吗?我就不信秦桧没留下一男半女,可有谁知道秦桧的第几世孙如今在哪儿发财?

人们尊其后人，实质是尊其本人。其实，对于自己直呼父亲赵树理为"赵树理"的原因，赵二湖曾做过说明，大意是：我也"我爹""我爸""我父亲"地叫过，那多半是在公开发表的文字中，但越叫越别扭，不利于把想说的说清楚。再说这么多人关注赵树理，赵树理岂能只属于我赵二湖？他早已属于全社会所有。在这个意义上，对于我来说，除了与赵树理有血缘关系外，和大家是一样的。

赵二湖这番话让人由衷敬佩。有如此清醒的认识，着实难能可贵。试想，在多数场合，谁知道你赵二湖的爹是谁？你爹是谁我们不知道，也不想知道。但我们却知道赵树理！就说你赵二湖挂着山西省民间工艺美术家协会主席的头衔，还在前一段时间热播的电视剧《赵树理》中成功地扮演了你爹的爹，但眼下你毕竟没有成为家喻户晓的"腕儿"吧；就算长江后浪推前浪，有朝一日你成了名人，你赵二湖的名气还能大得过赵树理？！你说呢，二湖？

想起赵二湖发表在《山西日报》上，至今仍引人津津乐道的文章《人家说他是我爹》。——好一个"人家说"！在这里笔者想套用一下，告诉赵二湖：对"那块本来就没有生命的石头和从未见过的面孔"，人家说是你爹，你不得不认可；但对赵树理是你赵二湖爹这一铁证如山的事实，干脆也让人家去说吧。要知道，赵树理只是你赵二湖的爸爸、父亲、老爹，那没什么了不起。谁还没有个爹？

赵二湖称呼他爹赵树理为"赵树理"，我认为，绝不是不敬，而恰恰是最大的尊敬。

古来圣贤皆寂寞，唯有德者留其名。

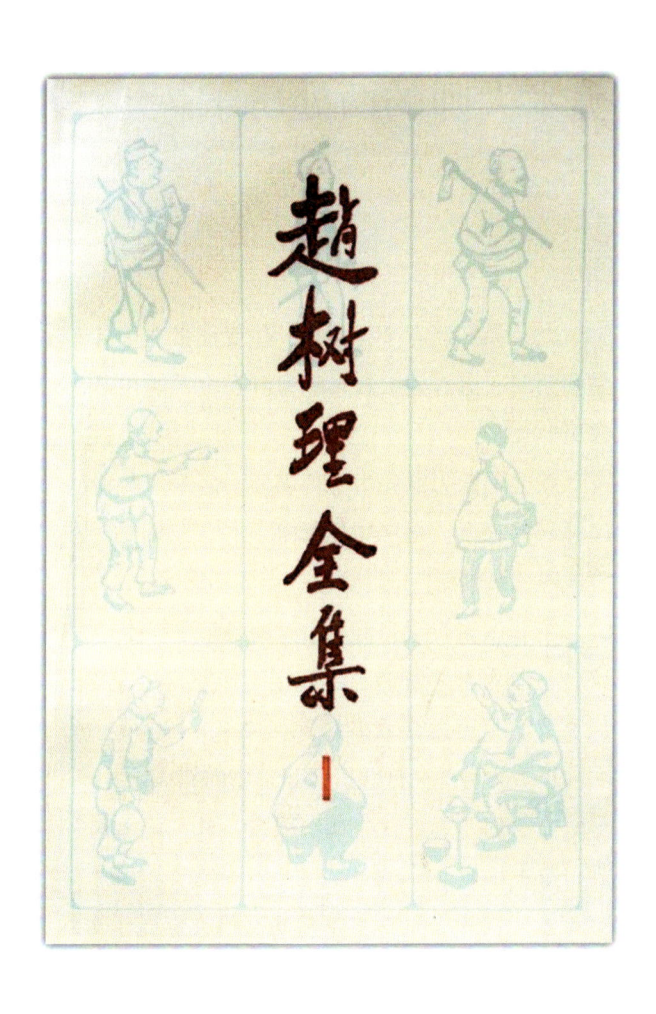

《赵树理全集(1-6)》
赵树理 著
北岳文艺出版社 1986 年 9 月第 1 版

美术大师的两处房子

北京昌平区有个香堂村，住着很多文化名人。我去过两次，都是和朋友一道看望版画大师力群先生，他在那儿有座带院子的小产权房。

我之前跟力群先生不曾谋面，但跟他女婿赵二湖熟得可以给他起绰号的程度。赵二湖他爹笔下有"三仙姑"和"二诸葛"，我便管他叫"二糊涂"，尽管他一点也不糊涂。

第一次去看望力群先生，随身带了一本他写的自述，请他签名留念。老人家拿着书上了二楼工作室，可左等右等，不见他下楼。他家公子只得上楼看看情况。原来，除了题写了惯常的"存阅"，大师正费力地逐一标注、改正书中的错误。

午饭时，力群先生面前摆放一杯"龟龄集"，一天三顿饭三杯酒，数十年如一日。

第二次去香堂村，是陪朋友给力群先生送酒。生产"龟龄集"的酒厂停产半年多，力群先生的指定用酒接不上顿，托朋友找到了北京的代理，人家答应卖给一箱。那位代理到了香堂村，才知道酒是卖给中国"版画五老"之一，又是老乡，说啥不肯收酒钱。力群先生以代表作之一《北京雪景》相赠，又现场写了一幅"龟龄集味道好极了"。

记得是力群先生97岁那年，他不喝酒了，家人由此判断可能要出事。三年后，力群先生以整整100岁高龄辞世。山西省委省政府在老先生去世前两个月，隆重举行了力群一百周年诞辰的纪念活动。

某日，赵二湖打电话给我，说他太原住的房子，也就是国家分给他岳父即力群的房子要被拆除，问我能不能帮他找找关系。我严肃地调侃道：你个坐在书记省长中间的人物让我找关系，以为我是谁呀。那时离力群先生去世还不到一个月。

又过了几年，香堂村也遭到拆除，一代艺术大师晚年在故乡和异乡的房子先后遭拆，好在他在世时都没有赶上。

《我的艺术生涯》
力群 著
北岳文艺出版社 1997年5月第1版

相见

从书架上随手抽出一本《赵树理全集》，前衬页有赵二湖的题签："刘波老弟留念 兄赵二湖 二〇〇四年八月卅一日"。

记得当时我正在山西侯马，赵二湖和我的一位同事从太原启程，我们相约在曲沃会合。见面后，他把一套《赵树理全集》送我。

收到赠书，我随手划拉几个字给他："未识你人，已知你父；未见你书，已读你著；未谋你面，已吃你醋。好一个赵二湖，原来我们一见如故。"

翌日晨起，他递我一张纸条，上面写着："忽悠悠文官商三界乱窜，恍恍忽有一人似曾相见。有道是官场太冷商界太烦还是鬼魂自在。好一声幽叹，情投情，意投意，相见晚。"

此后几年，我们经常厮混，京晋两地往返频繁，更多是在晋南、晋东南一带游荡。有一年，是电视剧《赵树理》在央视一套播出后，《小二黑结婚》故事发生地的村干部邀请赵二湖去村里考察，赵二湖等朋友邀我同行。因我临时有事脱不开身，没能跟与这部小说有"亲密关系"的赵二湖同往，成为此生无法弥补的憾事。

二湖是2021年清明节那天在睡梦中离世的。睹书思情，我又想起了他。

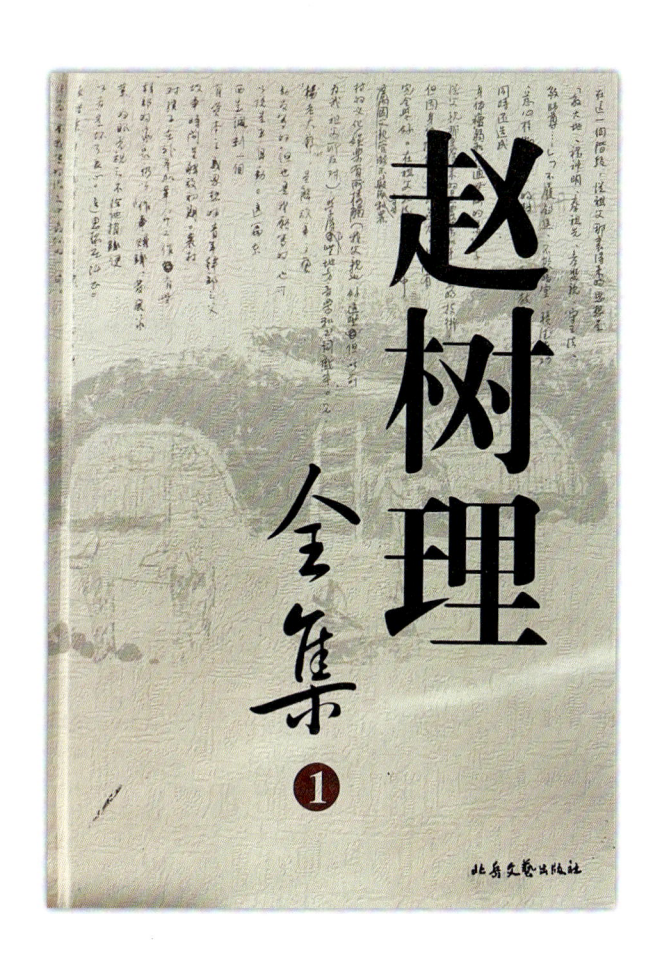

《赵树理全集》
赵树理 著
北岳文艺出版社 2000 年 9 月第 1 版

李代林赐

林贤治先生是著名编辑家、诗人、学者,如果在这三个身份前加个定语,那就是:良知。

林贤治也是萧红研究专家,著有《漂泊者萧红》一书,编有体例独特的《萧红全集》。

有人请我推荐萧红传记和作品集,我大都推荐这两种。前日,著名音乐制作人、词作家李广平先生相邀一聚,竟以书为诱饵:"必须参加,送你一本林贤治老师的书。"

广平办事用心,每本书都题写了不同的赠言,连同林贤治先生的著作,一并"惠赐"给了我们一干朋友。谢谢广平兄,也请代朋友们谢谢林贤治先生。

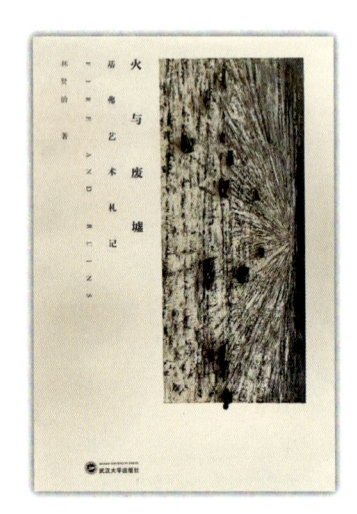

《火与废墟:基弗艺术札记》
林贤治 著
武汉大学出版社 2018 年 1 月第 1 版

不"索惠"

我认识一些学者和作家，除非对方主动惠赠其著，本人非常感谢，但一般情况下不"索惠"。

很多年前我在一家读书类报纸上发表了一篇随笔，调侃一些人把鸡零狗碎的新闻稿攒成书，一本一本地分送给同事。同一版上有位作者也写了篇随笔，抱怨自己"送不起书"，因为当时此人的书还没有像几年后那样抢手，即使不交书号钱，也要包销一部分书，由此对一些熟人不厌其烦地跟他索要书颇为烦恼。如今这位作者已经名震九州、名扬五洲了，估计送得起书了。他的大名叫：易中天。

《闲话中国人》
易中天 著
华龄出版社 1996 年 11 月第 1 版

不是你家了

友人张兄撰文回忆，他 20 年前曾与一同事在后海闲逛，同事指着一处院子说，这是刚解放时国家分配给他家老爷子的住处，但老爷子说啥也不离开山西老家，于是这处院子又分配给了别人。张兄还记得当年院门上贴着出售启事，售价 4.9 亿元。

他说的这个当年标价 4.9 亿元的院子我去过，门牌号是大翔凤胡同 3 号。有几点需澄清：

一、这个院子不是国家分配的，而是当年主人自掏腰包买下的。房主叫马烽，是小说《吕梁英雄传》《刘胡兰传》的作者，还写过《我们村里的年轻人》《泪痕》《黄土坡的婆姨们》《咱们的退伍兵》等电影剧本。这个院子是马烽用《吕梁英雄传》稿费所购。

二、马烽进京后，从 1950 年到 1955 年一直住在此处。马烽的三公子，也就是张兄文中提到的同事马小林就出生在此。

三、下家也是自掏腰包。马烽欲举家迁回山西，大翔凤胡同 3 号院的新主人不是别人，正是大名鼎鼎的丁玲。丁玲花钱买下了这个院子，后捐献给中国作家协会。"文革"后此院落一度成为《小说选刊》杂志社的办公地，如今是《民族文学》杂志社所在地。

某年某日，马小林走进院子，正沉浸在童年往事的回忆中，猛听到一声大喝：谁让你进来的？马小林性格幽默，笑嘻嘻说我原来就住在这儿。原来住这儿，现在不是不住这儿了嘛。出去，出去！

这情形让我想起了一个叫爱新觉罗·溥仪的满族人,某日他也想回家看看,在紫禁城门口被拦下了,无奈买了张门票才被放了进去。

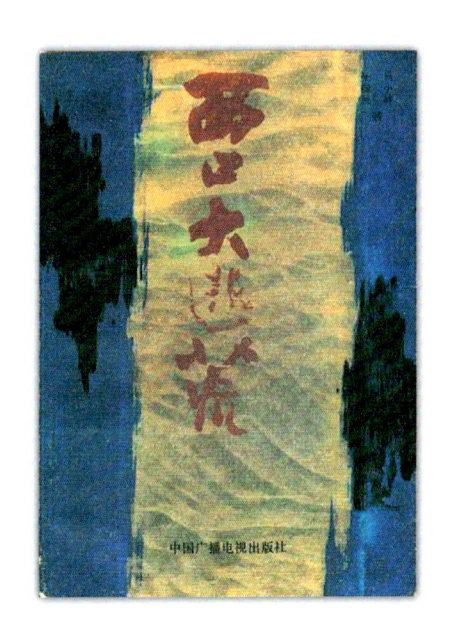

《西口大逃荒》
马小林 张敬民 著
中国广播电视出版社1990年9月第1版

为了让"经典"更加经典

有一年去潘家园淘书，见一位 30 岁左右的女士一个摊位接一个摊位问：有《吕梁英雄传》吗？潘家园的书摊不下百家，见她找寻了大半仍是一脸的失望，我禁不住问了句：干吗要找这本书？她说想找来看看，"我是演员，要拍这部戏"。

《吕梁英雄传》改编拍摄电视剧的事我知道，前不久跟马烽先生的儿子、我的同事马小林一起去了吕梁，还谈到此事，也谈了作为文学家的马烽和作为《吕梁英雄传》作者的马烽，谈了作为小说的《吕梁英雄传》及对时下改编红色经典文学作品的一些看法。

电视剧版《吕梁英雄传》开机在即，演职员怎么可能还没有看过原著？制片人或导演怎么会不要求他们阅读原著？这位女士告诉我，剧组可能有两本，但她还没见到。尽管我对此深感不解，但还是跟她表示，如果给我一个合适的理由，我可以考虑送一本给她。并随口问她认识马小林吗？她回答不认识。没听说过马小林并不奇怪，毕竟儿子的名气的确没有他老子大，但她接下来恍然大悟的一句反问却令我大跌眼镜："——哦，是作者吧？"

我不知道这位女士在剧中扮演哪个角色，但总觉得电视剧即将开机了，尚未读过原著，甚至连这本名著的作者是谁都不知道，实在说不过去。总不至于还没读过剧本吧。虽然现如今在一些影视剧拍片现场，助手念一句演员鹦鹉学舌般说一句台词的现象已相当普遍。

笔者不由得想起另一部名著和根据此名著改编的名剧——《红楼梦》。当年拍《红楼梦》，剧组不但要求演员啃原著，而且还专门请红学家到剧组驻地讲红学。周雷讲"红学概论"，周岭讲《红楼梦》的主要人物"，王朝闻讲"怎样理解《红楼梦》的角色"，周汝昌讲"《红楼梦》原著的优与续书的劣"，李希凡讲《红楼梦》的历史背景"，胡文彬讲"国内外红学研究概论"，朱家谱讲"《红楼梦》中的北方生活习俗"，邓云乡讲"南方生活习俗"，刘耕路讲"《红楼梦》的诗词曲赋"，等等。当时，黛玉、宝钗、凤姐等众多人物的扮演者尚未确定，候选演员们聆听这些红学大家的讲解，课堂上认真做笔记，用被称作"砖头""饭盒"的笨重录音机录音，课下仔细整理。有的演员因故缺课，过后也会跟其他演员借笔记补上。导演不但要求主要演员认真分析原著，还要让已确定的演员写出所扮演的角色的人物自传。

电视剧版《红楼梦》无愧于原著，无可争议地成为改编文学名著的经典影视作品，至今仍无可望其项背者。这与当年演职员认真阅读原著，深刻理解原著者的创作思想是密不可分的。

《吕梁英雄传》虽不能与《红楼梦》相提并论，但当年也是家喻户晓的名著，如今在那位年轻的女士心中也是红色经典呀。当然，用不着仿效20年前拍《红楼梦》建大观园那样，斥巨资专门建一个康家寨；社会上没有"吕学会"，自然也没有"吕学家"可请来上课。然而，研究山药蛋派、研究马烽作品、研究马烽的学者不乏其人。剧组最起码也应征求一下作者家属的意见，请他们谈谈马烽本人对这部作品真实的评价。为什么北影厂决定改编但三年都没有拿出剧本？为什么马烽的女儿曾参与改编的本子马烽本人没有认可？为什么马烽不顾疾病缠身坚持亲自修改？他人改编的剧本与原著的差距到底在哪儿？听他们讲一讲，吃透原著，会对电视剧二度创作有所借鉴的，避免重蹈《林海雪原》等"红色经典"由于被改得面目全非而费力不讨好的覆辙。

  本人有一本《吕梁英雄传》，那是多年前第一次踏上吕梁山，在吕梁英雄故事的发生地兴县特意买做纪念的，绝对是正宗的"吕梁版"。正因如此，实在舍不得送给那位求书心切的女士，但自己还是专程跑了趟书店，买了一本人民文学出版社出版的红色经典版《吕梁英雄传》，送给了她。我想她一定会认真读的，无论她在剧中是主角还是配角，甚或是群众演员，对她塑造剧中的人物都会有所帮助。同时，这也是对《吕梁英雄传》原著者马烽先生的悼念。

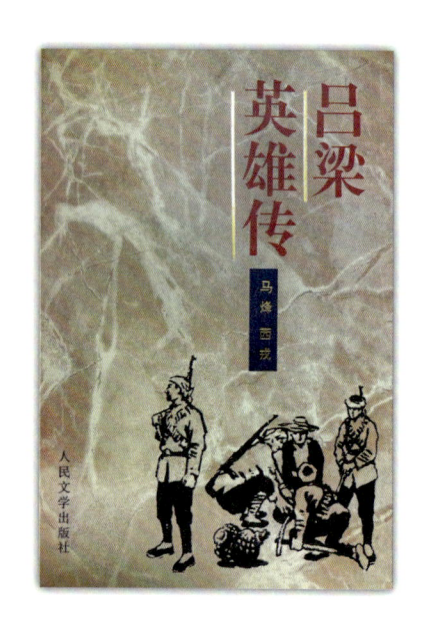

《吕梁英雄传》
马烽 西戎 著
人民文学出版社 1956 年 11 月北京第 2 版
（本版仅限吕梁地区发行）

订正

对译者的介绍需要订正：周大伟教授毕业于西南政法学院，而非西南政法大学。

西南政法学院和西南政法大学，难道不是同一所大学吗？

是同一所大学没错，但周教授1983年毕业证书上盖的章肯定是"西南政法学院"，而更名为"西南政法大学"是1995年的事。尽管星星还是那颗星星，月亮还是那个月亮，但追溯过往，有个彼时彼地的问题。

又譬如烟台市有个牟平区，与周大伟教授同为西政校友的北大某教授就出生在那里。该教授的简历应写1960年出生在山东省牟平县，而不应写成烟台市牟平区；牟平县更名为牟平区是该教授大学毕业12年后的事。

或许有人问：你说这些到底啥意思？

其实，没别的意思，既不是吹毛求疵，也不是当标题党。说人物的历史，说母校的历史，说来说去还是推介周大伟教授翻译的《美国法律史》。

书名是《美国法律史》，这部被誉为划时代的巨著，本身也必将载入美国法律史。

《美国法律史》
[美]劳伦斯·弗里德曼 著 周大伟 译
北京大学出版社 2021 年 3 月第 1 版

这本书让我感到很悲哀

"法律无处不在，保护着我们的日常生活。"

哈利·波特先生为《普通法简史》中文版品鉴会专门录制了一段视频，他这句话深深地触动了我。

作者的名字在中国妇孺皆知，但此哈利·波特不是彼哈利·波特，而是英国擅长刑辩的资深大律师，是《普通法简史》一书原作者。

该书得以引进中国出版，至少四个人厥功至伟：牵线人慕槐、译者武卓韵、审校周大伟、出版人蒋浩。

中译本得到了既出版过中文法学著作，又翻译过英文法学名著的几位中国著名法学家的高度赞许。

译者武卓韵律师说，英国人对法律的崇拜和热爱，是激励他翻译此书的动力之一。

品鉴会上，慕槐先生发表了一番热情洋溢的致辞后，现场朗读了书中一段文字：

"在兰尼米德发生的这场贵族与国王之间的当面对峙，起源于国王的贪得无厌和多疑猜忌，完全是由国王的性格缺陷引发的。从气质上看，约翰并不是一个能担当王位重任的人。他性格狡猾，但缺乏自信。他躲在偏执的棱镜后扭曲地施展权力，并以为别人和自己一样卑劣。他对整个世界缺乏信任，并导致整个世界也不信任他。"

顿时，我感到无法言语的悲哀。同样是法律，我们的感受是什么呢？《普通法简史》一书目前在几大图书网站的社科类图书销售榜位列前茅，本人虽已有幸获赠译者和审校者的亲笔签名本，但仍后悔没多贪占几本。

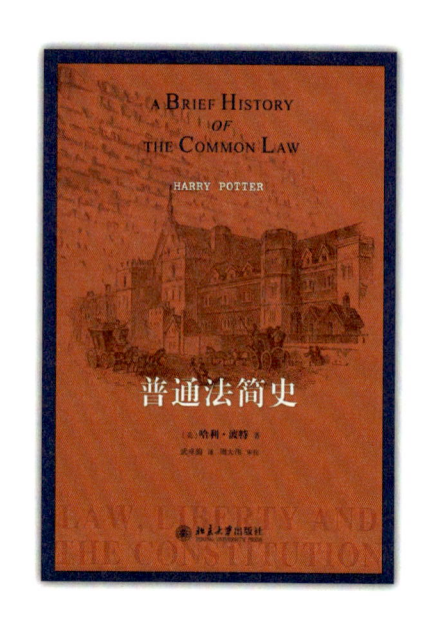

《普通法简史》
［英］哈利·波特 著　武卓韵 译
周大伟 审校
北京大学出版社 2022 年 1 月第 1 版

两本书恰巧都谈到了包产到户

某日,旧雨新知相聚,本人获赠两本佳作。

身为法学和管理学双料学者,毕竞悦女士所著的《中国四十年社会变迁》同样兼具资料和史料"双料"价值。该书不是对40年(1978—2018年)中国社会发展中各领域大事件的简单梳理,而是阐述各重大事件的同时,对这些影响社会进程和民众生活的事件,给出了自己独立的见解。全书语言简洁,观点明晰。譬如,讲到包产到户的遗留问题,作者明确指出:"包产到户是一场未完成的变革……包产到户的制度红利已经发挥到极致,这种模式已经无法回应中国农村的当前问题。"

另一本书是遗著,作者在2018年底因一场意外火灾不幸罹难。2020年1月,在包括当晚馈赠此书在内的友人们的热心支持下,这部对当代中国历史进程起到重大作用的人物的传记终得面世。回顾包产到户,书中记述,1979年3月10日,国家有关部门向传主汇报工作时,传主表态:"包产到户,大家不赞成。但有些大山区,孤门独户,那里有几块地。不能把人家赶下山来,造成浪费,可以包产到户,参加生产队分配,统一在集体经济里。"据此,作者认定,以迄今所见史料,传主是最早为包产到户开口子的重要人物。

赠书者也是文化圈的知名人士,其很多文章在社交媒体上广为传阅。东坡诗曰:六桥横截天汉上,北山始与南屏通。忽惊二十五万丈,老葑席卷苍烟空。

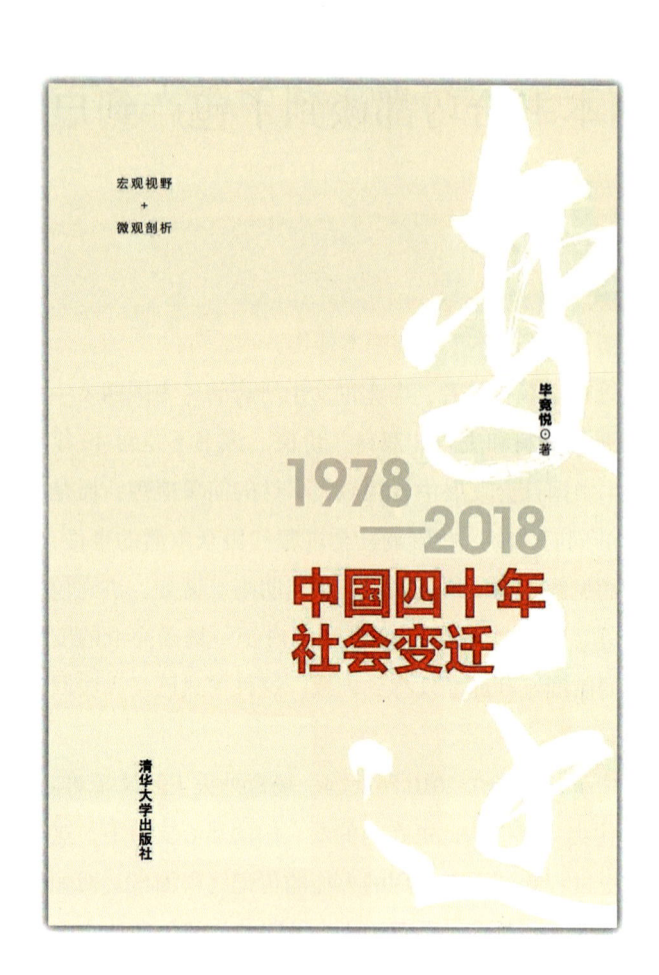

《中国四十年社会变迁》
毕竞悦 著
清华大学出版社 2018 年 4 月第 1 版

一个比一个狠

"六〇"年青一代小聚。

平日里师友们聚会,有人带酒,白、红、啤;有人带茶,绿茶、白茶、乌龙、普洱;还有人带上从外地购得的纪念品。

最近又出现带书的势头。有人带自己的新著,有人带某师友的,请作者签上名,有人带自己认为的好书惠赠。

我带了几本著名词作家李广平先生的《抵达内心的歌谣》,请他签名,因为过几天我出差,打算送给当地爱音乐爱读书的朋友。身为哈佛+耶鲁学生的家长,广平馈赠我一套《世界名校学生家庭教育手记》,整整六本。本人顿感"压力山大"。算他狠。

本人珍藏有北大教授祝守正先生几乎所有已出版的书籍,但尚有几本没有他的签名;前几回见面都忘了带书,这回又忘了。他说:算了,改天去你家,一本一本都签上。这也够狠的。

对木心有研究的剧作家徐锦川先生,送了一本新近出版的木心前半生的传记。我跟他半开玩笑,说:尽管不是您写的,也签个名吧?他回答:算了,以后我让木心给你签吧。这也太狠了。

《文学的鲁滨逊：木心的前半生（1927—1956）》
夏春锦 著
华文出版社 2020 年 10 月第 1 版

文人的脾气

那年，计划和地方记者站同事们一起去晋东南，大家正在宾馆收拾行李准备出发，突然总部来电，命令地方站原地待命，配合总部查办一起案件。

查办对象是本人。

接到电话，地方站同事面面相觑，感到莫名其妙，问我这个名义上的主管领导怎么办。这时，本人手机响了，来电不是总部，而是当地省作协副主席兼一家很有影响的文学刊物主编，告知准备刊发我的一篇文章。

放下电话，我告诉地方站负责人来电是何人以及何事，他说了句：厉害。打来电话的副主席兼主编有"文坛刀客"之称，而地方站负责人的父亲曾是当地文坛最高领导，后又担任全国文坛最高领导，想必对来电者有所了解。

总部派出的调查组第二天就到了，不辞辛苦，深入调查，认真履职。调查反反复复，持续了很长一段时间。结局出乎调查人员的预料，本欲加之罪，奈何实在无辞。这场调查闹剧，是本单位有史以来第一次动用组织手段对员工进行调查，本人因此荣幸地成为"第一人"。

那篇副主席兼主编关注的小文后来没有在他们杂志刊登，因为《美术报》先于他们刊发了，还引起了一场不小的风波。

《文人的脾气——韩石山文学批评选》
韩石山 著
书海出版社 2004 年 4 月第 1 版

刘震云可能离诺贝尔奖越来越远了

中午在咸阳机场转机时，买了刘震云的新书《吃瓜时代的儿女们》，当天就读完了。

作家当然会讲故事，刘震云更是高手，从《手机》《我叫刘跃进》《我不是潘金莲》，到这本《吃瓜时代的儿女们》，书翻开了就放不下，总之，这是一本让人想一口气读完，事实上也是完全可以一口气读完的书。

这本《吃瓜时代的儿女们》，看着，看着，你会一个人傻乐，可能还会一拍脑门或大腿：嗨，这写的不就是那谁谁谁嘛！是的，书中的人物和情节似曾相识，因为都是近年发生过的社会公共事件。把新闻报道改写成了小说，从这方面讲，故事不是刘震云编的，但确实是经他的手写成了书。

我欣赏《单位》《一地鸡毛》《官人》等短篇小说，倒不是因为这几篇小说是我和他当时所在单位的"写实"，而是他的文学语言在当年看来太独特。同事们也是一边看一边笑，他把小说，更确切地说是把小说语言运用到了别的作家不能学也学不来的样子。

写完《故乡天下黄花》后，刘震云曾表示再也不写长篇了，但后来却是长篇一部接一部，短篇几乎不见踪影。长篇沿用的仍是《单位》等短篇的语言，可以说保持了风格，也可以说没有突破。

刘震云近些年的长篇小说越来越像加长版的故事，或者说是《故事会》上的长篇故事。恕我直言，刘震云的书只是讲故事，文学之美荡然无存，或许从未存在过。

　　刘震云本来就很著名，这几年由于他的长篇小说几乎都改编成了电影和电视剧，名气越来越大，拥有了大量的根本没有读过《单位》《官人》，也不晓得"一地鸡毛"出处的粉丝。

　　前些年还嚷嚷刘震云是诺贝尔文学奖的热门人选之一，可我觉得，随着他越来越火，诺贝尔奖却离他越来越远了。

《吃瓜时代的儿女们》
刘震云 著
长江文艺出版社 2017 年 11 月第 1 版

《手机》没有侮辱崔永元

我和刘震云曾是多年的同事,办公室斜对门。记得有一次他为老家的事找我帮忙,当时我谦虚了一句:你找领导就可以了。他则正言:不,咱俩是朋友。当然,这是多年以前了。

因为《单位》《一地鸡毛》,也因为是同事和曾经的同事,刘震云的书我都买来看。《手机》出版后,有同事跟我说,震云连起码作家的底线都没了。说实话,这样的评价当时我并不认可,现在我也不这样认为。但是,对《手机》和后来的《我叫刘跃进》《我不是潘金莲》,这几部花两三个小时就能读完且不想读第二遍的作品,我不是很欣赏。特别是最新的《吃瓜时代的儿女们》,读完后我心想:完了,刘震云离诺贝尔奖越来越远了。

几年前,崔永元跟刘震云和冯小刚较上了劲,高调宣称新账旧账一起算,话说得非常狠。对他们之间的恩怨我不是很了解,从当年崔永元的《不过如此》,能够看出崔永元对刘震云曾经很崇拜,刘震云对崔永元也非常欣赏。后来电影《手机》上映,崔永元对刘震云充满了怨气,猜想他俩掰了。

但是,对崔永元认为小说和影片中的"有一说一"就是影射央视的《实话实说》,"严守一"就是崔永元,"武月"就是谁谁,总之是对崔永元的侮辱,我认为这是典型的对号入座,崔永元真的想多了。当年同事中看过《手机》小说和电影的不少,朋友中看过的更多,但从没有人像崔永元那样认为,只是觉得挺好看而已。

刘震云的小说，特别是《单位》《一地鸡毛》，还有《官人》，很多情节与我们单位发生的事都对得上。譬如小说里二楼的厕所坏了，我们单位二楼的厕所确实坏过。还有分梨，还有同事们过节时把餐券凑到一起买啤酒，等等，就是发生在我们身上的事。还有几个人起哄到芙蓉宾馆撮一顿，当年单位门前马路往南的确有家宾馆，名字就叫芙蓉宾馆。还有一瘸一拐收电费的师傅，单位也真有这么个人。但是，单位同事谁也没认为刘震云小说写的就是我们单位，揭露的是我们单位的丑事，因为大家都清楚那是文学创作，震云是在编故事。

当初崔永元因《手机》跟刘震云冯小刚掰了，我就觉得不可思议，除非他们之间还存在不为人知的怨仇，否则崔永元不至于。十多年过去了，如今又因为《手机2》，崔永元旧事重提，但我还是坚持当年的观点，无论小说还是电影，还有电视连续剧，都不是针对崔永元的，哪怕葛优的发型整得跟崔永元一模一样。

刘震云名声越来越响，但他的小说写得越来越肤浅，我为他不但远离诺贝尔文学奖，而且远离文学而惋惜。而对崔永元，我对他在食品安全等众多社会公共事件上的发声，对他的无畏强权充满敬意。然而就事论事，我认为崔永元不该如此对号入座，正常思维的人谁也不会认为"严守一"就是崔永元，或者崔永元生活中就是"严守一"那样的人。

崔永元放言，"主要打刘震云的女儿，因为打在她身上就疼在她爸心上"。连这种话都说出来了，实在有损小崔的英名。

《手机》
刘震云 著
长江文艺出版社 2003 年 12 月第 1 版

感时忧世

感时忧世

资中筠先生写于 2003 年的一篇旧文，时不时出现在社交媒体。这篇《非典随想》，原题为《"非典"与"五四"精神》，收录在 2011 年 10 月出版的"资中筠自选集"之一《感时忧世》中。

作者在文章结尾寄望于决策者，希望 2003 年的 SARS 疫情真能引起他们举一反三的深思，如此，乃百姓幸甚，民族幸甚。

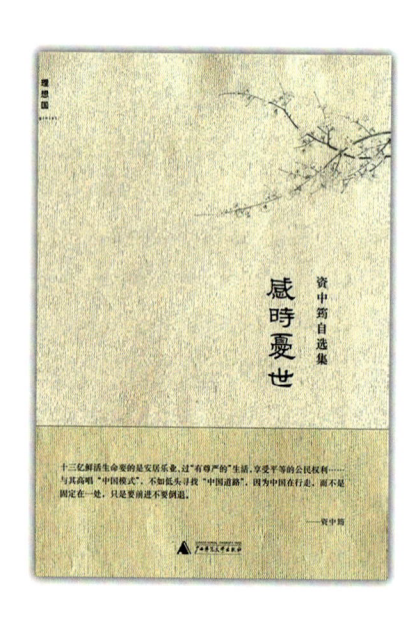

《感时忧世》
资中筠 著
广西师范大学出版社 2011 年 10 月第 1 版

那书那人那市

相当长一段时间，某同事几乎都是下午快下班的时候兴冲冲地走进办公室，手里摆弄着股票机，洋溢着掩饰不住的笑容，也毫不避讳地宣布"一天赚的比几个月工资还多"。

这大约是2007年夏季的事。也就在这个时候，一本叫《牛市一万点：中国财富大趋势》的书适时面世。

作者的名字恐怕"80后"没几个人听说过。但是，仅举两个例子就能说明，作者当年的大名用"如雷贯耳"来形容都显得低调了。一个例子是，此人曾当着邓小平的面，建议恢复高考制度，并明确提出"自愿报考，领导批准，严格考试，择优录取"的原则。邓小平当场拍板，采纳了他"四分之三"的建议——拿掉了"领导批准"一条。另一个例子是，30多年前，曾有一种舆论"安排"此人当未来的总理。

这就是书的作者：温元凯。

从书的序言可以看出，这本书写于上证指数突破5000点之后。作者对股市前景的预测丝毫没有含糊其词，而是言之凿凿："中国股市（上证综指）2010年就会攀上10000点。我们正在经历一轮百年不遇的大牛市，这轮大牛市至少要持续十年！"

书是2007年9月份出版的，一个多月后，股灾暴发了。2007年10月16日的6124点，成为中国股市至今没有逾越的最高峰。

股市走向与作者的预测正相反，股票暴跌。很快，图书批发市场、新华书店和大小书摊,《牛市一万点》一夜之间消失得无影无踪。

我不认为作者不懂经济、不懂市场、不懂股票,更不认为他有意忽悠股民,相反,他是懂经济、懂市场、懂股票的,但他搞不懂的是中国的经济、中国的市场、中国的股票。作者对中国股市的预测,是基于对印度和美国股市的比较研究,焉有不谬之理?

温元凯名气再大,他也是历史的小人物。退一步讲,他写出这本《牛市一万点》,即使忽悠了股民,那不过才忽悠了一个多月,哪里比得上几百年甚至上千年的遥远的历史的先声。

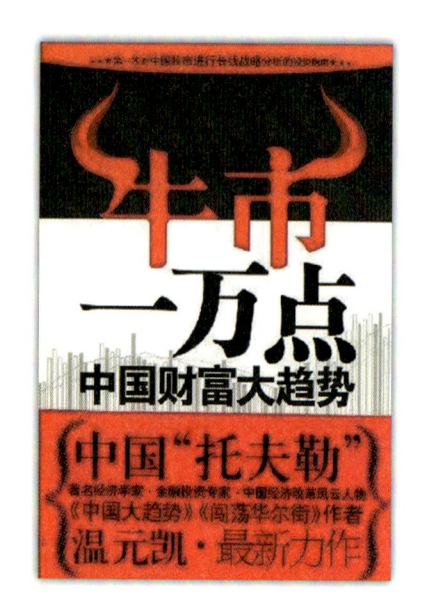

《牛市一万点:中国财富大趋势》
温元凯 著
江苏文艺出版社 2007 年 9 月第 1 版

秦制何止两千年

秦朝是一个短命的王朝，头尾满打满算才15年。但是，它的政治制度却命长得很。从公元前221年算起，加上2000年，是公元1779年，即秦制下集权统治登峰造极的清乾隆四十四年。尽管统治中国268年的爱新觉罗家族于1912年被正式宣告推翻，但秦制仍在延续；1915年袁世凯的83天，1917年张勋的12天，这些都加上何止百年。

某日，旧友新朋相聚，从《秦制两千年》一书策划编辑魏力先生口中得知，该书近日又加印了10000册。某著名前律师问销量能否到达100000册，魏力笑答：那样的话恐怕……

《秦制两千年》是2021年下半年，在包括微信在内的社交媒体上曝光率非常高的社科类图书。

作者谌旭彬认为，是商鞅之道与韩非之术构造出了秦帝国，此后的历代王朝就依着这条路径一直不停地走下去。

以商鞅之道为例，历代王朝统治者正是采用了其壹民、弱民、辱民、贫民、疲民之术，维护了长达2000多年的秦制政权。

今夕何夕，秦制安在？

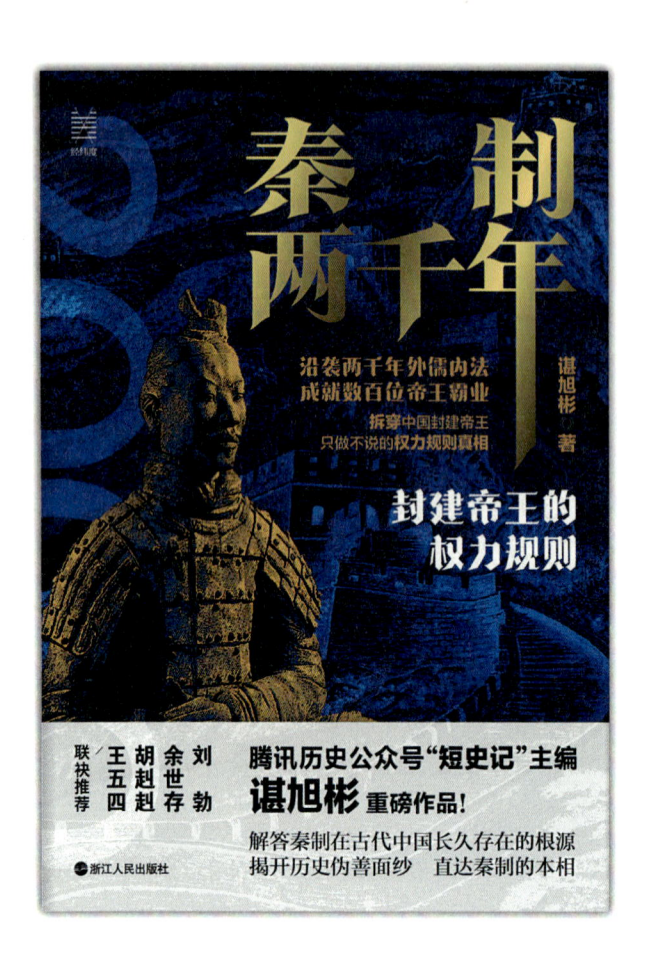

《秦制两千年》

谌旭彬 著

浙江人民出版社 2021 年 7 月第 1 版

只要秦制两千年,人人活在洪武时代

2021年7月,《秦制两千年》热销,几次加印。一年后,又是7月,《活在洪武时代:朱元璋治下小人物的命运》面世,热销程度丝毫不逊于《秦制两千年》。作者还是《秦制两千年》的作者,策划编辑还是《秦制两千年》的策划编辑。

洪武时代是什么时代?"洪武时代:没有人是安全的""民生凋敝的洪武时代""活在洪武时代的人们有多艰难?"……搜索一下,类似的标题充斥手机屏幕。

说什么文景、贞观、永宣之治,哪儿来的开元、康乾之盛世?只要根本制度是秦制,则注定人人都逃不脱活在洪武时代的当下。

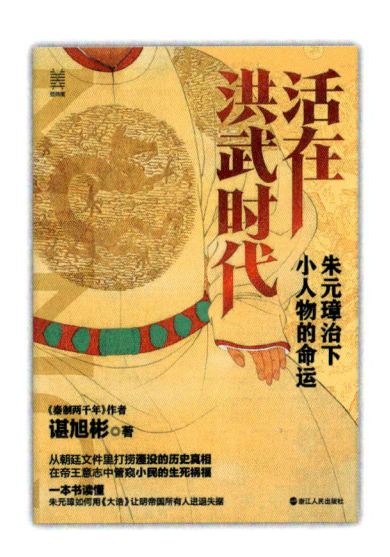

《活在洪武时代:朱元璋治下小人物的命运》
谌旭彬 著
浙江人民出版社2022年7月第1版

一"镇"知国

作家古华在 20 世纪 80 年代后期离开中国,传言是由于婚变,也有人说另有他因,总之是移居海外,对故土已无留恋。

人远离了,有人开始重新评价为古华带来盛誉的小说《芙蓉镇》,认为作品的特定社会意义远远超过文学性的意义,进而否定古华、莫应丰等那个时代一批作家的文学成就,以及"反思文学"这一流派。

《芙蓉镇》问世已逾 40 年,然而,今天重读它,发现其仍具有强烈的现实意义。

芙蓉镇是存在的,依然存在于神州大地。它绝不只是那座当年因电影《芙蓉镇》更名的千年古镇,也不是只深藏于湘西大山深处。吊脚楼主王秋赦"千万不要忘记啊——五六年又来一次啊——阶级斗争,你死我活啊——"凄凉的喊声,像幽灵一样回荡着,徘徊着,也不只是在芙蓉镇的上空。

一叶知秋,一"镇"知国。

《芙蓉镇》
古华 著
人民文学出版社 1981 年 11 月北京第 1 版

陈果被黑

把堆砌华丽辞藻，乍一听头头是道，迈开腿仍四顾茫然的说教文字称作鸡汤文，实属对鸡汤的侮辱，因为鸡汤一般认为营养丰富。这类看似励志实则愚弄人的智商，专门写给别人看的文字叫作迷魂汤文更合适。

复旦大学教师陈果的两段讲课视频曾经频现微友圈，陈果因此招来非议甚至漫骂，有人将其与"毒汤教母"于丹相提并论。

于丹矫揉造作的文品和虚伪的人品已基本成定论，有"实锤"做证，陈果则不然，陈的文字还是很有哲理，能给读者和听众以启迪的。

陈果讲课的那两段10秒小视频，很明显是有人刻意剪辑的，绝大多数批评者据此断章取义，言语充斥着暴力和人身侮辱。

我们每个人说话都难免有口误，大学教授讲课和高级领导讲话也不例外，甚至有错误。我们同样不应苛求陈果讲的每一句话都滴水不漏，每一个观点都百分之百正确，更不应揪住陈果的口误不放，更何况那未必是口误，因为两段视频并非其讲课的全貌。

至于说陈果博士毕业，快40岁连个副教授都没混上，这就有落井下石之嫌了。原来的不趋炎附势，不巴结领导，淡泊名利，如今变成了能力低下的体现。

陈果成为网红不是最近几年的事，她早就出名了，而今突然遭到口诛笔伐，显然是有人恶意黑之。

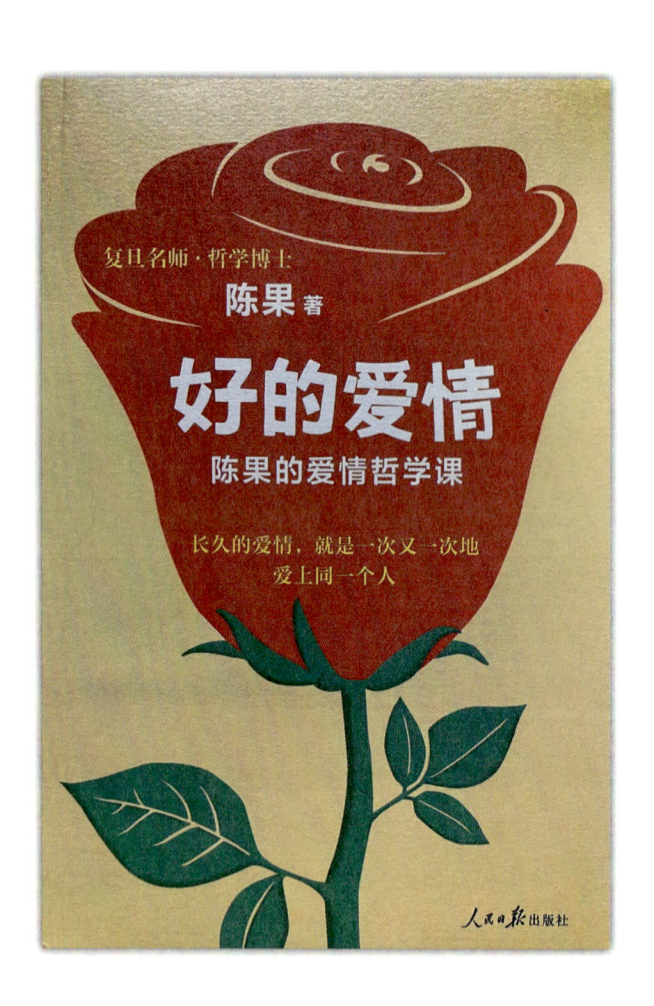

《好的爱情》
陈果 著
人民日报出版社 2018 年 4 月第 1 版

揭开唐山震前真相的一本书

唐山地震十年后的 1986 年，纪实文学《唐山大地震》发表，很多在机关工作的人见面聊上几句后就会问：《唐山大地震》看了吗？这就是一本书在当年引起的反响。

唐山地震 30 年后，又一本有关唐山地震的纪实文学出版，却反响平平。这本书叫《唐山警世录》，书名有个副题：七·二八大地震漏报始末。

书中记载了很多鲜为人知却有据可查的唐山地震预测事例，其中提到"两个 9"：

唐山地震前 9 年，即 1967 年，李四光预言："即使京津不发生地震，是在京津以外的地方发生地震，它的影响是很远的。""应向滦县、迁安（均属唐山地区）做些监测工作，如果这些地区活动的话，那就很难排除大地震的发生。"

唐山地震前 9 小时，即 1976 年 7 月 27 日 18 时，马家沟矿地震台马希融向开滦矿务局地震办和上级作强震临震预报：比海城 7.3 级还要大的地震将随时可能发生！9 个小时后，震惊中外的大地震摧毁了整个唐山！

事实上，在"两个 9"之间，相当多的地质工作者向国家地震局及更高层发出过长期、中期和短期预报，甚至是临震警报！从 1976 年年初开始，对唐山大地震的预测频繁；7 月 6 日起更加密集。

耿国庆，绝望地游荡在北京 1976 年 7 月 27 日午夜街头，因为他十几天的咆哮也无法逾越中国地震预报的权威机构——国家地震局分析预报室。3个小时后，24万人魂断唐山。还有杨友宸、汪成民、侯世钧、吕兴亚……向上级部门汇报，领导说：7级以上的地震你也敢预报？又汇报，领导说：说话要慎重。再汇报，领导说：胡闹，又给我捅娄子。领导说：目前事情很忙，下星期（8月2日后）开会研究……

国家地震局领导不该向唐山死难同胞谢罪吗？如果及时发布了预报，24万人当中绝大多数人一定会幸免于难。

雨是老天爷下的，但江河决堤未必是老天爷的责任，所以才有了著名的"王八蛋工程"这一国家级之骂。同样，大地强烈震动，但房毁人亡未必由大地负责。

《唐山警世录》一书问世两年后，又一场震惊世界的大地震降临到了苦难深重的中华民族身上。

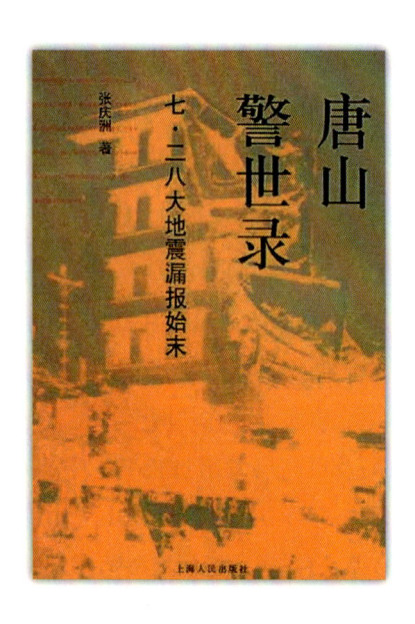

《唐山警世录——七·二八大地震漏报始末》
张庆洲 著
上海人民出版社 2006年1月第1版

作妖

"整个国家的政治与社会生活被一股名为'叫魂'的妖术搅得天昏地暗。在1768年从春天到秋天的那几个月里,这股妖风冲击到了半个中国,百姓为之人心惶惶,官员为之疲于奔命,皇帝为之寝食不宁。"

《叫魂:1768年中国妖术大恐慌》讲述的是大清国的事,是乾隆盛世,绝非当代。

《叫魂:1768年中国妖术大恐慌》
[美] 孔飞力 著 陈兼 刘昶 译
上海三联书店 2012年5月第1版

蝼蚁

某地发生蚁灾，政府派出灭蚁队。但是，政府并不希望蚁灾被消灭，甚至暗中破坏灭蚁的工作。这是为什么？

29岁的伊塔洛·卡尔维诺在半个世纪后被誉为"20世纪文学杰作"的荒诞小说《阿根廷蚂蚁》中有这样的描写：

我听见勃劳尼太太在大声发牢骚，她挥着胳膊说："那家伙是来给蚂蚁喂补药的，哪是什么毒药！"

雷吉瑙多太太为她帮腔，但口气没有这么激烈："如果有一天蚂蚁灭绝了，他们那些职员不就失业了吗？所以，您能指望他们正在干什么呢，太太？！"

小说所描写的蚁灾没被消灭，反被维持。保持可控范围内的蚁灾，让民众保持对政府的依赖。只有掌握公权力的政府，才能组织派出灭蚁队，才有能力保护民众的生命安全。而身处蚁灾的人，也依赖于政府的保护。

小说发表于1952年，这部虚构的荒诞小说，当下看来一点都不荒诞，情节既遥不可及，又近在咫尺。

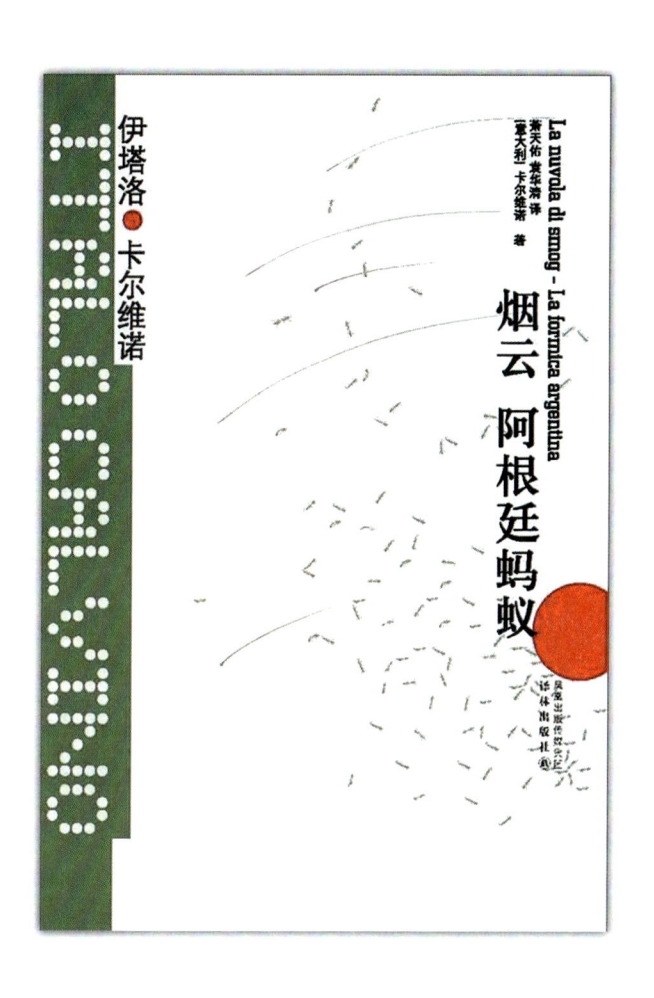

《烟云·阿根廷蚂蚁》
[意大利]伊塔洛·卡尔维诺 著 萧天佑 袁华清 译
译林出版社 2012 年 4 月第 1 版

病痛可医，人瘟难治

从书架上随手抽出《燕山夜话》，恰巧翻到《守岁饮屠苏》一文。据说，屠苏酒中含大黄、白术、桔梗、蜀椒、去目桂心、去皮乌头和去皮脐茇葜七味药草，分析这些药草的药性和功效，邓拓在文章中得出了"我们就很清楚地知道它是防治瘟疫的"的结论，进而认为古人守岁饮屠苏的习惯，"是群众性的防疫运动"。

邓拓言称，屠苏酒能防治瘟疫，但不知茅台、五粮液、义兴恒是否具有同样的疗效。

不管酒是否可以防疫，但病痛终究是可以医治的，只是人瘟着实难治。邓拓诗云："莫谓书生空议论，头颅掷处血斑斑"，这成为中国几千年狷介文人的真实写照。一代书生邓拓，终于成为被拿来祭旗的第一人。

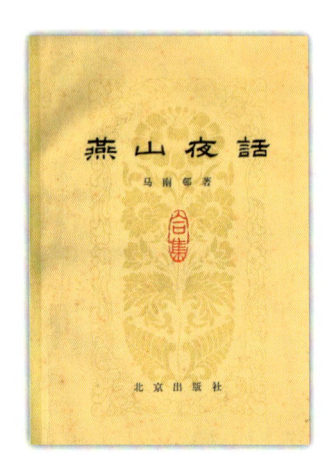

《燕山夜话》（合集）
马南邨 著
北京出版社 1979 年 4 月新 1 版

这些知识难民是最先进生产力

《文化界遛弯儿》真算得上奇书指南,《文化的流亡:纳粹时代欧洲知识难民研究》就是"指南"中提到近百本奇书中的一本。

对于二战后美国的崛起,李工真在书中特别指出:"真正有功的绝非罗斯福政府,而是那些目光远大的知识界领袖、私人性质的基金会以及各类民间的援助组织。正是由于他们的努力,才使美国成为接受犹太难民最多的国家,同时也成为接收犹太知识难民最多的国家。"

丁东在《李工真的启示》一文中写道:这些知识难民中,有1090人是科学家、绝大部分是教授;811名法律工作者,2352名医生,682名记者,645名工程师,465名音乐家,296名造型艺术家,1281名作家,以及来自其他文化领域的职业者。被德奥两国驱逐的12000名文化精英中,至少有63%被美国接收,其中约1400名科学家中,至少77%为美国接收。当时从欧洲流亡到美国的知识精英可谓群星灿烂,他们之中有相对论的创立者爱因斯坦,"计算机之父"冯·诺伊曼,"现代宇航之父"冯·卡门,"原子弹之父"西拉德,"氢弹之父"特勒,物理学家玻尔、费米,数学家库朗,现代建筑家密斯·范·德·罗,音乐家勋伯格、斯特拉文斯基,社会学家拉扎斯菲尔德,政治学家汉娜·阿伦特。美国本来就是一个文化包容性较强且充满自由竞争环境的国度,当时又处于科学、教育和文化的上升期,有了这些世界一流知识精英的加盟,可谓如虎添翼，迅速地登上了全球科学和文化的制高点。

《文化的流亡》只印了区区 4000 册，但能够出版，不易；人民出版社出版，也不易；如今还能买到，更不易。

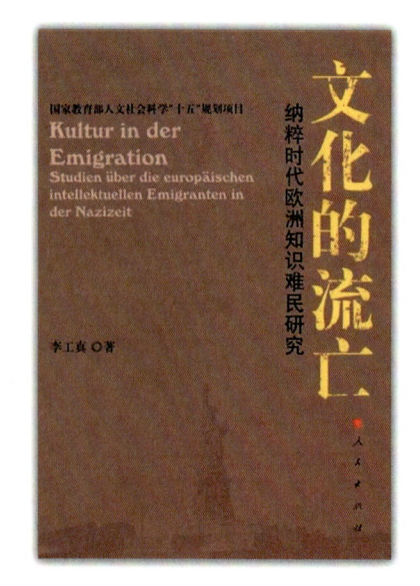

《文化的流亡：纳粹时代欧洲知识难民研究》
李工真 著
人民出版社 2010 年 8 月第 1 版

蒙昧的典籍

冠以"中华古代经典""中华传统名著""中国文化经典"之类书籍相当多，包括这个"子"那个"子"在内的丛书，动辄五六十种，多的达百余种。然而，这类言称"先贤圣哲的智慧光芒照耀着我们的现代生活"的典籍，其中究竟有几种值得千百年来一代又一代中国人研读，又有什么先进伟大思想指导着人类现代生活？

一部《商君书》，实为统治者壹民、弱民、辱民、疲民、贫民之术，阐述如何奴役民众的思想集大成之作，《庄子》包含着圆滑的处世哲学，一些"家训""家语"宣扬更多的是腐朽的官场文化。这些，难道就是中国传统文化吗？

这些典籍，有的从文学角度看尚有研究和欣赏价值，换句话说，只有与文学有关的典籍值得阅读，其他的，大部分体现的是愚昧和落后的思想，更与科学和民主相悖。

无论传统文化还是当代文化，都有先进与落后之分。有人仍鼓吹落后的传统文化，俨然拿愚昧当智慧，视糟粕为精华。

一直认为，《商君书》应该同那部专门讲述如何罗织罪名的《罗织经》一样，是中国历代秘而不宣的书籍，但它竟然堂而皇之被列入了中华经典名著。有名不假，但要区分是臭名还是美名。这部阐述壹民、弱民、辱民、疲民、贫民之术，教唆统治者以此驭民维护其政权的著作，实不宜公开出版。

与剧作家徐锦川先生交流，他却提出，《商君书》应该无论男女老幼，人手一册，都背得滚瓜烂熟。

此建议甚妙。

好比有关部门向公众免费发放警惕电信诈骗、如何识别假冒伪劣产品之类的宣传册，目的不就是让老百姓了解不法分子行骗的种种手段，以便加以防范吗？

如此说来，《罗织经》可列入中华法学经典，《厚黑学》上架建议为励志类或成功学，至于曾风靡一时的奇书《参谋助手论》，不妨和《笑林广记》归为一类。

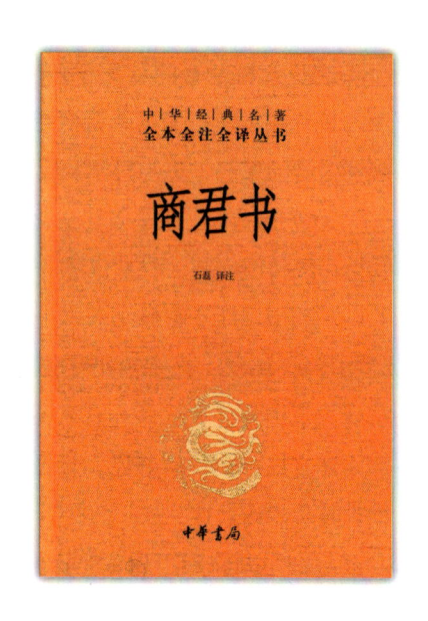

《商君书》
石磊 译注
中华书局2011年10月第1版

农业部曾打算告贫嘴的"张大国"

电视剧《贫嘴张大民的幸福生活》有一集演到，大民的弟弟大国从西北农大毕业，国家给分配了工作。

剧中，大民问：

分哪儿了？

大国答：农业部。

大民问：你分农业部什么地方？

答：秘书处。不太理想。这是人生赌博。走着看吧。

大国就读的西北农大不是作家杜撰的，真有这所学校，当时全称西北农业大学；也有农业部这个部委，而且农业部还真有个秘书处。有一回跟农业部一官员聊到这事儿，他愤愤地说：这不是恶心农业部、恶心秘书处嘛，当时都打算告剧组了。

说的也是，编剧刘恒跟西北农业大学、跟农业部尤其跟农业部秘书处，好像有啥过节似的。

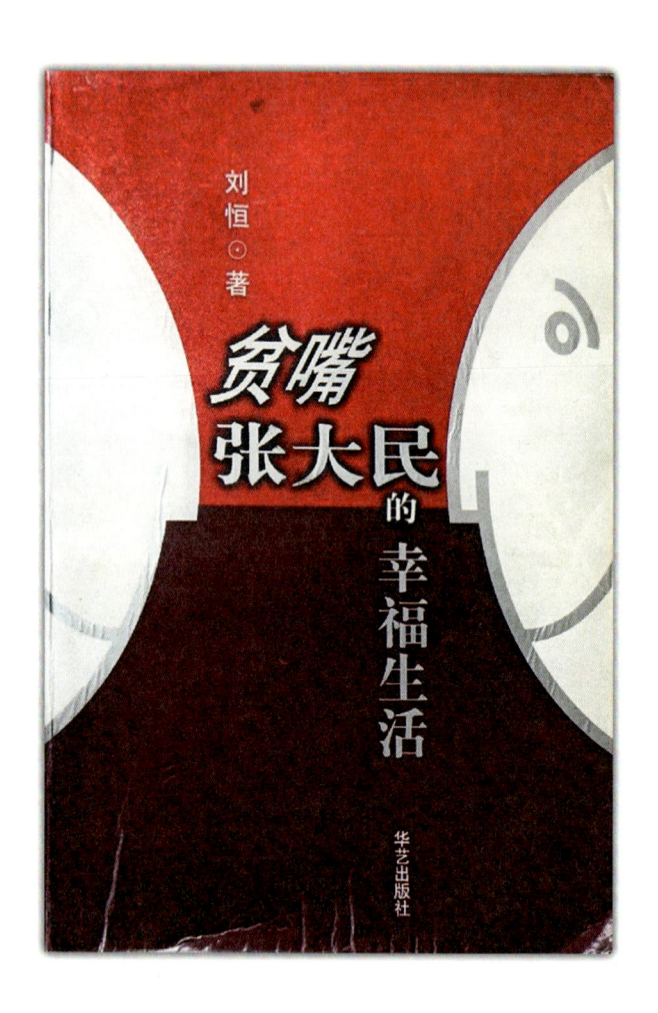

《贫嘴张大民的幸福生活》
刘恒 著
华艺出版社 1999 年 1 月第 1 版

最底层的"矫诏",最大胆的"伪托"

李君旭？名字有点印象。

翻看作者简介，提到其作品《啊，龙！》曾荣获全国报告文学奖，猜想是他。再看曾以"现行反革命"被捕，这确凿无疑是那个绰号叫"蛐蛐儿"的了。

没想到他还出过书，但这可能是他唯一的一本书。

谁能想到，谁能相信，一桩轰动全国，引起世界关注的重大政治事件，竟是一个20岁出头的学徒工干的！

1976年2月的一天，一份"总理遗言"开始以今天难以形容的速度，在全中国进而全世界传播。遗言对当时国内政治局势的分析，对几个位高权重人物的评价，对未来最高层人事安排的建议，对自己后事的交代……尤其是那无懈可击的语气，分明就出自周恩来本人之手。

当时看到或听到这份遗嘱的人，没有人怀疑它的真实性。

但是，这份"总理遗言"很快被证明是"矫诏"，是"伪托"，而它的亲手炮制者，就是我手中这本《遗言：震动世界》书的作者：李君旭。

这本书收入"记者·文化·时代"丛书由生活·读书·新知三联书店出版时，作者李君旭距经历逮捕、关押、释放、平反，已过去了十余年，早已由"反革命"变成了时代英雄。斯时，他已离开了工人、团干部、厂长助理的岗位，也从省报记者、评论部副主任声誉日隆的位上，调任某杂志社主编，开启了春风得意的人生。

然后，一个疑问多年来一直困惑着所有人，包括一些国内外政要。李君旭炮制"总理遗言"，难道真的只是像他自己说的那样，单纯地"想和江青一伙的篡党计划捣乱，通过周总理来为当时身处厄境的邓小平同志说公道话"？

其实，李君旭的密友们，包括受其牵连者，都猜测另有隐情，只是大家心照不宣；而这个原因，他们不想点破，只想等着儿时玩伴"蛐蛐儿"自己说出来。

终于，在事件发生30年后，在"蛐蛐儿"53岁生日那天，这一隐情终于被案件受牵连者之一朋友的妹妹逼问出来了，尽管他先是坚决地摇头，但随即在共同经历生死的朋友们，尤其是某位女性真挚的目光下，默默点了点头。这个答案是：李君旭在失恋后，想做一件惊天动地的事给前女友看看！

改变一个人一生，可能是一个不经意的举动。影响历史进程的，往往是当时不被人留意的小人物。

几年后，记录这一惊天大案始末的书几经周折得以问世，书的腰封几句简短提要足以牵动读者的神经，现抄录于下：

最底层的"矫诏"最大胆的"伪托"

催生中国大变革

这不是荒谬，是国祚的变奏，曾在历史反复上演

这是中国人民史的华章

龙年的传奇，改变时间

一切的一切，现在终于可以说了

《遗言：震动世界》

李君旭 著

生活·读书·新知三联书店 1989 年 5 月第 1 版

人家的法律

谁在餐馆吃饭没倒过胃口？反正我倒过，其中一次还是在人民的大会堂。记得是一只菜青虫从香菇油菜中探出头打招呼。众食客纷纷自我宽心：肯定没打农药。

遇此类情况，中国食客大多让餐馆重新上一份（当年本人连这样的要求也不敢提），或者这道菜免单，其他菜甭管吃没吃的，一个子儿也不能少。

但是，对同类事情，德国布格维德初级法院是如何对待的呢？

该法院1986年4月10日一份裁判如下："……（食客）所产生恶心与大倒胃口的反应，完全可以理解，且属人之常情，因此无法期待他们会继续用餐。……所以，对于尚未吃完的菜肴，食客并无义务支付价金。……道歉相对于食客继续用餐的恶心与大倒胃口而言，是无济于事的。"

迄今为止没听说中国食客有谁因为一道菜与餐馆对簿公堂的。假如真有好事者，因发现菜品中异物而诉之法院，结果会怎样呢？

很可能会以滥用诉权为由遭到训诫，甚或被安上寻衅滋事或敲诈勒索的罪名。不是没有这种可能，因为确实有消费者维权，结果被商家和司法部门联手安排去了免费吃住的地方。

《法律也疯狂》
[奥地利] 鲁道夫·维瑟 编著　林宏宇　赵昌来 译
中国政法大学出版社 2011 年 7 月第 1 版

上海的魅力，弄堂的魅力

建筑是可以阅读的，上海的建筑尤为如此。作为上海最重要、最具风情的建筑——弄堂，须当一部厚重的典籍去研读。庭院深深深几许。弄堂承载着历史的记忆，同时隐藏着无数的密码，吸引着、期待着人们去一一破解。

对上海而言，其魅力在文化，文化的魅力在建筑，建筑的魅力在民居，民居的魅力在历史，历史的魅力在人物，而人物的魅力在：人。

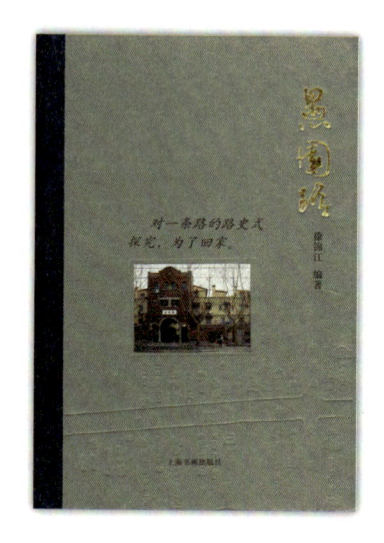

《愚园路》
徐锦江 编著
上海书画出版社 2017 年 8 月第 1 版

深圳是座有文化的城市

有一种说法：深圳是文化的沙漠。之所以这样认为，无外乎深圳建市及发展的历史只有短短40多年。

然而，历史的长短并非文化有无的必要条件，最重要的要看是什么文化，是先进的还是落后的，是科学的还是愚昧的。譬如，每年一届、迄今举办了21年的"深圳读书月"活动，已成为深圳一张响当当的文化名片。2013年10月，联合国教科文组织特别授予深圳"全球全民阅读典范城市"称号，以表彰深圳坚持不懈推动国际化建设和全球文化交流合作，尤其在推广书籍和阅读方面为全球树立了典范。再譬如，开埠不足两百年的上海，与自称文化底蕴两三千年的南京、开封、洛阳、西安等六朝、八朝、九朝、十三朝古都相比，其城市文化非但毫不逊色，相反先进和科学得多。

《深圳十大观念》
王京生 主编
深圳报业集团出版社 2011 年 5 月第 1 版

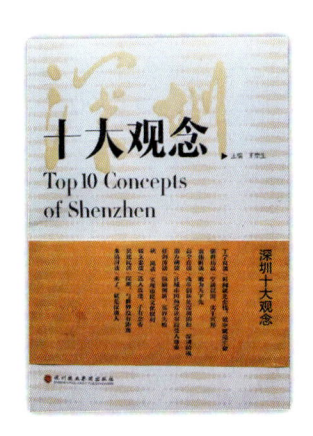

领导的叮咛

20多年前的一天，报社一位副总编辑叫我去他办公室，说要退休了，跟我告个别。他是几年前从另一家报社总编辑任上调到我们报社的，而我当时只是报社下属部门普普通通的编辑。几天后我在一家不起眼的书店发现了这本《讲真话的书》，便买了两本，送给这位副总编辑一本。他摩挲着书的封面，意味深长地说："这本书不好买了。"

他退休后，我多次去家中看望他。有一回他仍像往常一样把我送到公交车站，语重心长地说："中国没有几个人能当上总编辑，我就当上了，可又怎么样呢。你别琢磨当个主任啊什么的，在单位你只有一个学习的榜样……"

这么多年我一直记着这句掏心窝子的话，可不争气的是，他给我设定的榜样实在高不可及，更不争气的是，后来我也坠入了总编辑的行列。

《讲真话的书》
巴金 著
四川文艺出版社1990年9月第1版

我的整个人生和你的连在了一起

这是2006年诺贝尔文学奖得主奥尔罕·帕慕克，在其被媒体称为"博斯普鲁斯海峡的《洛丽塔》"的长篇小说《纯真博物馆》中一个章节的标题。

全书共83节，有一个人类最美好的词语反反复复地出现——"做爱"，从开篇到结尾，出现在每一节里。

除了这一词语，书中还有很多前无古人的论断，譬如："每个对文明和博物馆有所了解的人都会知道，主宰世界的西方文明的背后是博物馆，为这些博物馆提供展品的真正收藏家们在收集他们的第一件藏品时，多数时候根本不会想到他们所做的事情将会有怎样的一个结果。"

对于"爱情"的定义，帕慕克在书中做了这样的描述："一个人尽管有别的机会，但拒绝这些机会只想不断地和同一个人做爱，那么这种让人感觉幸福的情感就叫作'爱情'。"

该书第一节的题目是"我一生中最幸福的时刻"，最后一节的题目是"幸福"。

有朋友把全书最后一页截图给我，我知道是提醒我注意全书最后一句话——"让所有人知道，我的一生过得很幸福。"

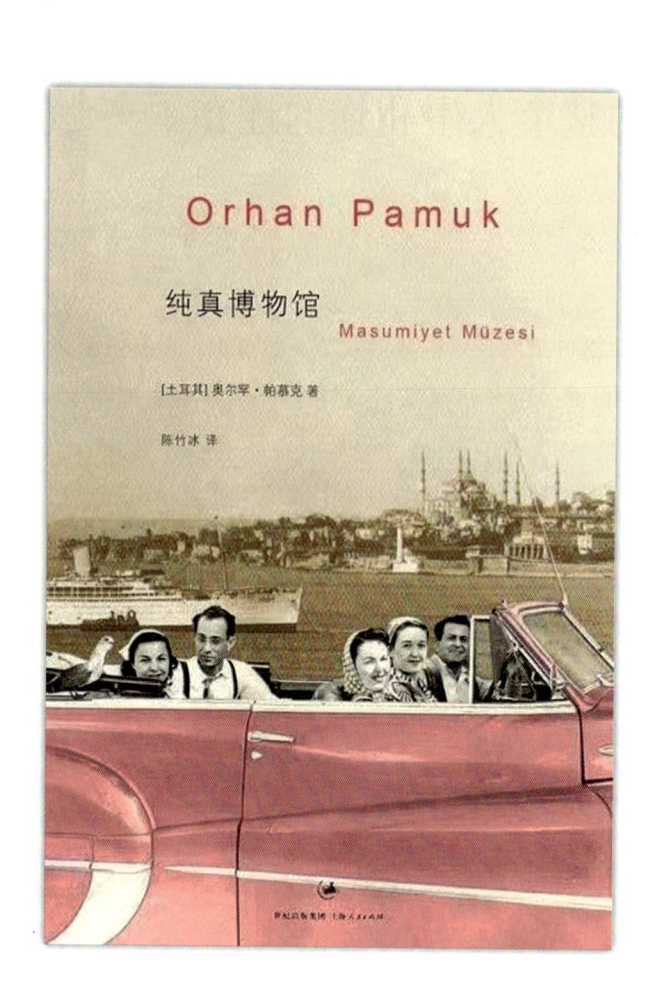

《纯真博物馆》
[土耳其]奥尔罕·帕慕克 著 陈竹冰 译
上海人民出版社 2010 年 1 月第 1 版

揭人隐私的代价

就刑事案件而言，案情本身往往并不复杂，但每一个案件成因却不简单，甚至直到案件执行终结，其背后仍隐藏着不为人知的人性的幽微。

对发生在 2004 年的马加爵案，著名犯罪心理学家李玫瑾内心一直纠结，她始终认为马加爵原本是一个朴实的年轻人，甚至有情有义。多年后，李玫瑾终于透露了马加爵杀人的真正动机。马加爵跟三个同学打牌时，其中一人说出了马加爵耻于人知的隐私，另外二人在场自然也听到了。于是，马加爵起了杀人念头。他明明杀了四个人，但在庭审时多次口误"他们三个人"，因为与另外一个人不是有仇，而是出于灭口。

隐私是不能拿出来说的，否则不仅会给当事者造成伤害，也会给自己惹祸上身，甚至连累他人。

《幽微的人性》
李玫瑾 著
北京联合出版有限公司 2019 年 4 月第 1 版

也是一种爱的箴言

和鲁迅同样有弃医从文经历的英国作家毛姆,"用解剖刀一样冷峻、犀利的目光,剖视人生和社会",这是举世公认对毛姆的评价,也同样适合于鲁迅。然而,对人性的剖析,毛姆比鲁迅更精准和透彻。

"我知道你愚蠢、轻浮,脑袋里空空的,但是我爱你。我知道你的想法都很粗俗、平庸,但是我爱你。我知道你只是个二流货色,但是我爱你。"毛姆小说《面纱》中这段撼动人心的话,可谓是世间男女不对称爱情另类爱的箴言。

《人生的枷锁》
[英] 毛姆 著 黄水乞 译
人民文学出版社 2020 年 4 月北京第 1 版

能用钱解决的都不是问题

一直以为,"科幻小说之父"儒勒·凡尔纳一生所著全部是科幻小说,直到一个字一个字地念了《八十天环游地球》,才知道并非如此。以现在的眼光看来,它就是一部算不上惊险刺激但略显曲折离奇的旅行小说而已。

机智善良的绅士菲利斯·福格守时成癖,在环行地球80天(实则79天)的旅途中,在遇到一个又一个平常人根本无法解决的困难时,用结果证明了一个道理,或者说是规则:能用钱解决的问题就用钱解决,没必要求人,也无人可求。

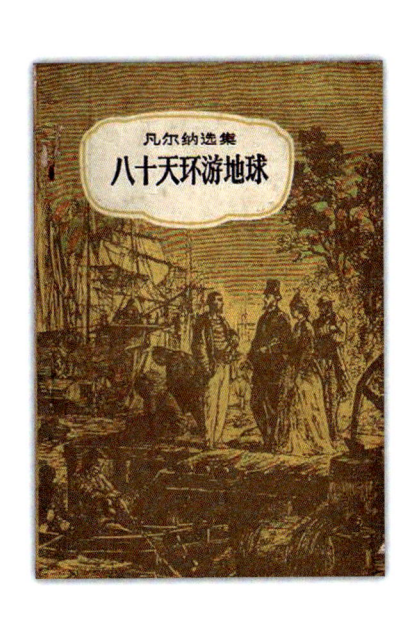

《八十天环游地球》
[法]儒勒·凡尔纳 著 沙地 译
中国青年出版社1958年2月第1版

陈旧人物

阎锡山对待舆论

民国时期，太原有张《大国民日报》，每日抨击晋政，有时几近谩骂。

某日刊登了《袁世凯阎锡山厥罪维均》文，把单位所在地最高长官和国家元首捏在一起骂。袁大总统十分恼火，派手下函告阎将报馆封掉。阎锡山在答复中，先是阐述舆论的重大意义，以及如何正确对待批评报道，批评对的咱就接受，骂大街似的咱警告一下就可以了。接着，阎申明自己绝对尊重领导，称如果报馆只骂大总统一人，老子立马让报馆解散。同时诉苦说，连我阎老西一起骂，便不能一封了之，否则有公报私仇之嫌。最后重申不打压舆论监督的现实意义，并送了一顶大帽子给袁：于公，利于山西发展；于私，体现大总统大人大量。

"袁乃许之。"

此事记载于阎锡山1912年2月12日日记中。

一场龙颜大怒的风波就这么悄无声息地化解了，足见阎锡山的政治智慧和治国方略。

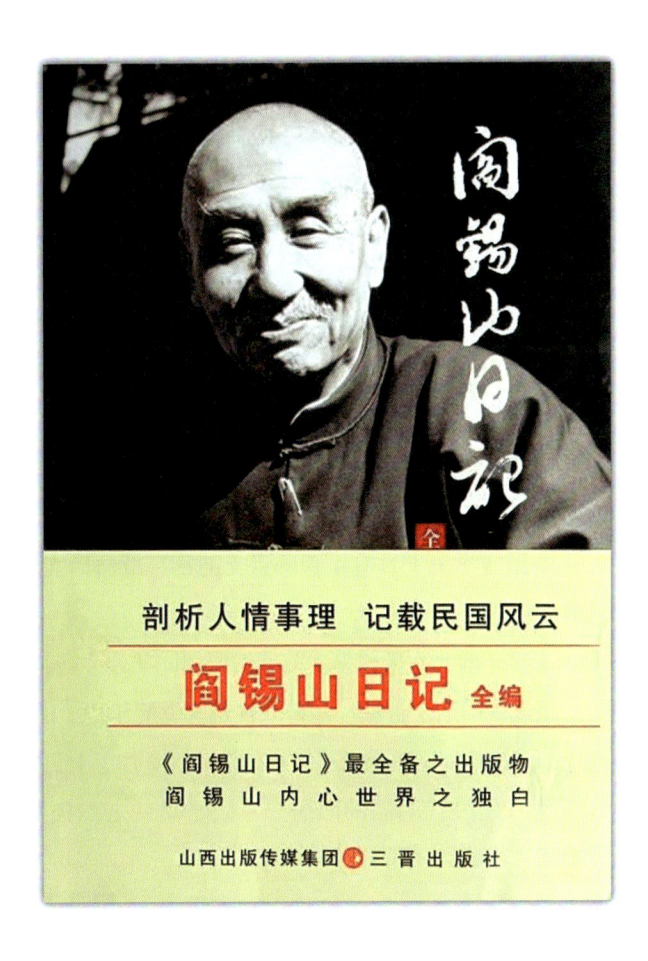

《阎锡山日记全编》
阎锡山 著
三晋出版社 2012年1月第1版

一代鸿儒旧居

据考证,北京的胡适旧居共有五处,缎库胡同 8 号是其中之一。

1920 年,由沪返湘后的毛泽东寄明信片给胡适,称:"将来湖南有多点须借重先生,俟时机到,当详细奉商。暂不多赘。此颂教安。"收信地址即缎库胡同 8 号。日后毛泽东再度来京,专门前往胡适住处当面求教,地点同样是缎库胡同 8 号。

中国文学史上具有里程碑意义的第一部白话文诗集《尝试集》,就诞生在这里。

十多年前,本人曾多次前往缎库胡同某处,当时不知毗邻的 8 号是胡适先生旧居。近期,随着电视剧《觉醒年代》的播出,时不时有人造访缎库胡同。不足百平方米的杂院,竟住了七户人家,杂乱不堪。

这真是一代鸿儒的旧居吗?院子里一老妇摇头叹息:"这是胡适旧居,早改得不成样子了。唉……"

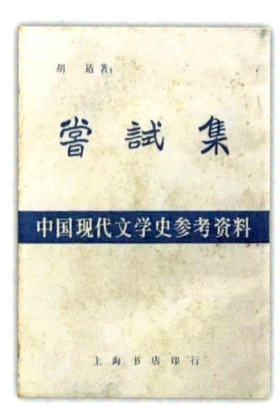

《尝试集》
胡适 著
上海书店印行 1982 年 2 月第 1 版

死生大义须臾事，留取芳名几百秋

一周之内读了两遍《多余的话》。跟初读时的想法有天壤之别。20年前初读，好奇的是瞿秋白究竟"写了什么"，20年后重读，则试图弄清楚"为什么写"和"为什么这样写"。

江苏常州瞿秋白故居前有一条河，名"觅渡"，梁衡纪念秋白写的著名散文题目是《觅渡，觅渡，渡何处》。渡在何处？瞿秋白穷其短暂的36年人生，也未能觅到；或者说曾自以为觅到，但最终放弃了。他的人生之渡并非革命，他始终明白，成为一党最高领袖是"历史的误会"。他认定自己的人生之渡仍是所挚爱的文学。可惜，上天并没有眷顾他，没有留给他成为文学巨匠以充足的时间。

正如瞿秋白在《多余的话》中所写，历史是不能够，也不应当欺骗的。他写道："严格的讲，不论我自由不自由，你们早就有权利认为我也是叛徒的一种。"

《狂人日记》说历史满本都写着"吃人"二字，而鲁迅"斯世当以同怀视之"的人生一知己——瞿秋白的《多余的话》，通篇也可以用两个字加以概括：厌倦。

瞿秋白引用《诗经》的话"知我者，谓我心忧；不知我者，谓我何求"，作为他两万余字遗言的题记。这样说来，"多余的话"并不多余。

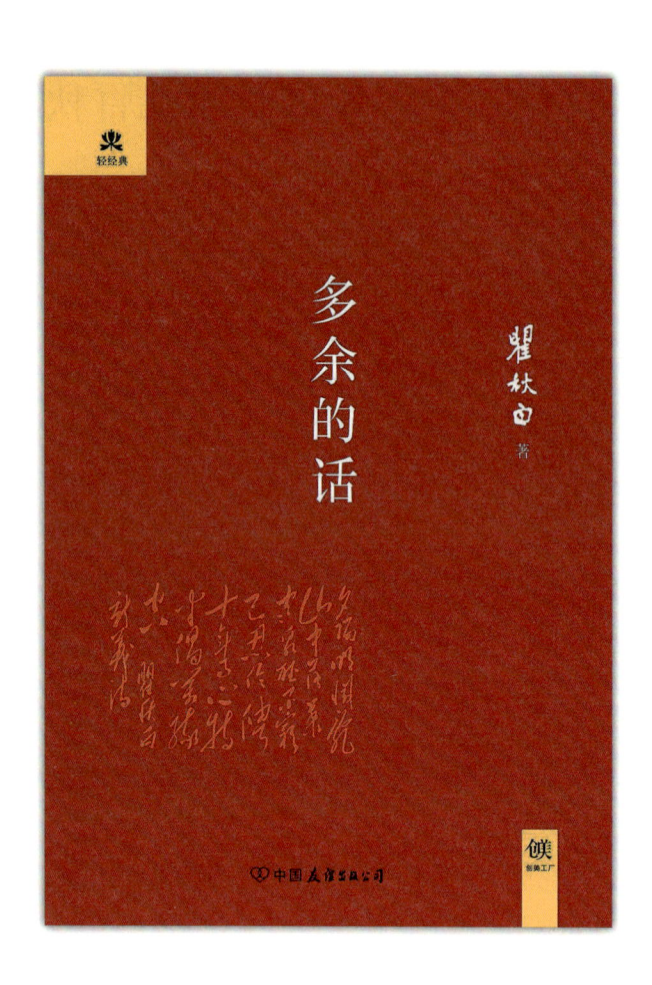

《多余的话》
瞿秋白 著
中国友谊出版公司 2014 年 10 月第 1 版

会讲外语尤其俄语的重要性

陈独秀懂日语、英语和法语，但水平顶多能读写，终究属于"哑巴外语"。1922年年底，陈独秀作为中共代表赴莫斯科参加共产国际第四次大会，但在大会上代表中国发言的却不是他，而是他的随员刘静仁。作为新文化运动的旗手，陈独秀的大名在当时的中国如雷贯耳；但在这次重要会议上，陈却无法与人交流，能做的只是和其他参会者合影留念而已。

会后，精通俄语的瞿秋白受陈独秀之邀一同回国。不久，瞿因学识和语言能力受到高度评价，进而受到重用，进入了中共中央领导层。

日本著名中共党史研究专家石川祯浩在《红星：世界是如何知道毛泽东的？》（北京大学出版社2021年6月第1版 袁广泉译）一书中做出了这样的结论："就这样，就中国的共产党来看，早期的张太雷、瞿秋白和后来的王明等人能够掌握权力，抛开他们的外语能力和因此形成的与共产国际代表的密切关系，就难以解释。"

《赤都心史》
瞿秋白 著
东方出版社 2015 年 1 月第 1 版

画家林风眠

那一年,在一艘上海驶往法国的邮轮上,搭载着一群壮怀激烈的仁人志士。同行人中,还有一个19岁的年轻人,是画画的。

仁人志士赴法寻求的是救国救民之路,日后成为影响中国历史进程的显赫人物。而那个年轻人,远渡重洋的目的只是学画画,其91岁的人生生涯,始终也只是个画画的。

距当年他们远渡重洋已过去了100多年,然而,再过100年、200年甚至1000年,林风眠仍是个画画的,他的画作作为艺术珍品世代相传。

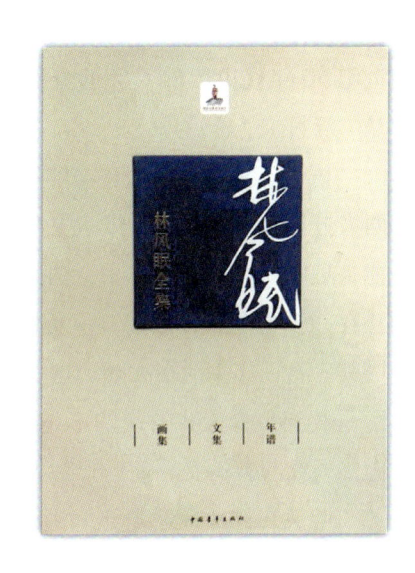

《林风眠全集》
林风眠 著
中国青年出版社 2014 年 12 月第 1 版

"流氓画家"和"洋场恶少"

连着读的两篇文章，分别提到两位老作家，他们都曾与鲁迅交恶，遭鲁迅痛骂，并由此承担了过于沉重的代价，一位是叶灵凤，另一位是施蛰存。

先说叶灵凤。叶被鲁迅骂可以说是咎由自取。1929年11月《现代小说》第三卷第二期发表了叶灵凤的小说《穷愁的自传》，描写主人公魏日青有这么一个情节："照着老例，起身后我便将十二枚铜元从旧货担上买来的一册《呐喊》撕下三页到露台上去大便。"任凭谁是《呐喊》的作者，岂有不怒之理？何况是骂人从不嘴软的鲁迅。于是，鲁迅便送了一顶"流氓画家"的帽子给叶。这顶帽子叶一直戴到1949年后，直到1975年离世也未摘掉。20世纪50年代出版的《鲁迅全集》，对文章中涉及叶灵凤处，注释是"汉奸文人"。

再说施蛰存。施蛰存与叶灵凤不同，并没有招惹鲁迅。施、鲁两人分别在《申报》上发表文章，各自谈青年人读书作文之法。可能是见解相悖，一来二去，两人言语都不客气了。结果鲁迅送了施蛰存一顶帽子：洋场恶少。但是，施蛰存不像叶灵凤终老于香港，因其一直工作生活在大陆，这一恶名他背负了大半辈子。

其实，今天我要说的不是他们之间打笔仗的旧事，而是说叶、施二人在与鲁迅交恶前后，对鲁迅文章和鲁迅为人的评价。

叶灵凤当年获悉鲁迅病逝，"心中有一种说不出的空漠之感"，真诚评价鲁迅"是一位朴实的文人，是一个始终和黑暗势力搏斗的战士"。在鲁迅逝世 15 周年之际，叶在自己主编的《星岛日报·星座副刊》编辑出版了纪念特刊。

施蛰存和鲁迅发生论争、相互攻讦之前，二人曾有过很友好的交往。如 1932 年 11 月，施蛰存主编的《现代》为鲁迅的"北平五讲"开辟专栏，为弄到照片资料四处奔波。尤值得大书特书的是，鲁迅写了《为了忘却的纪念》，当时其他报刊不敢刊发，而施蛰存冒巨大危险在《现代》上予以发表，因为他"觉得鲁迅这篇文章写得实在好""舍不得鲁迅这篇异乎寻常的杰作被扼杀"。

但是，需要说明的是，有考证文章把《为了忘却的纪念》的发表时间和施、鲁二人交恶的时间顺序弄颠倒了。前者是 1932 年 11 月，后者发生于 1933 年 10 月，时间相差近一年。两件事叙述顺序一颠倒，便自然给不明就里的读者造成了鲁忘恩负义和施不计前嫌的误判。

其实，在那个时代，文人间发生论争是常有的事，今人忆述往事，没必要刻意美化或丑化哪一个。因政治因素，他们人格或许会受到不公正的贬损，但各自的专业成就不会因被骂而伤筋动骨。叶灵凤的书话和文史小品独树一帜，而施蛰存几十年后提起与鲁迅的论争，也不无自嘲地说："十年一觉文坛梦，赢得洋场恶少名。"敢于自嘲的，一定是自信的。

《读书随笔.1》
叶灵凤 著
生活·读书·新知三联书店 2022 年 1 月
北京第 1 版

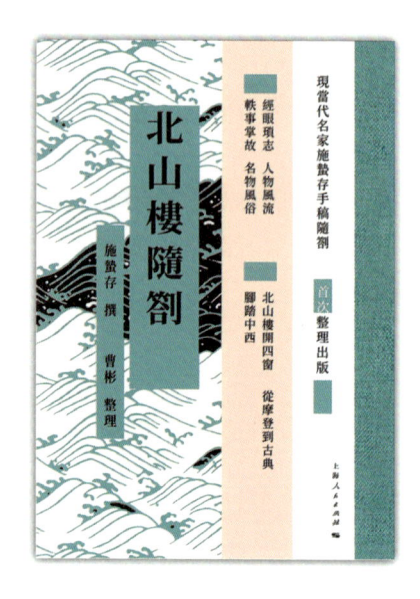

《北山楼随劄》
施蛰存 撰 曹彬 整理
上海人民出版社 2020 年 7 月第 1 版

那个年代那些有温度的文字

20世纪三四十年代,有几位著名作家写过周作人。《文人笔下的文人》(秦人路、孙玉蓉选编 岳麓书社1987年版)收录了写周作人的四篇文章,分别是《知堂先生》(冯文炳)、《周作人这个人》(温源宁)、《国难声中怀知堂》(郭沫若)和《惜周作人》(郑振铎)。其中《国难声中怀知堂》发表在周作人成为"留平教授"之后,《惜周作人》发表在周作人以汉奸罪名被逮捕之后。

郑振铎《惜周作人》文章中有这样的话:"在抗战的整整十四个年头里,中国文艺界最大的损失是周作人附逆。""即在他做了汉奸之后,我们几个朋友也还不能忘情于他。""我们觉得,即在今日,我们不但悼惜他,还应该爱惜他!"

冯文炳写道:"知堂先生是一个唯物论者,知堂先生是一个躬行君子。"并借俞平伯"中国历史上曾有像他这样气分的人没有?"之语,推重至极。

然而,郑振铎1951年出版的自编散文集,并没有收录《惜周作人》一文,《冯文炳选集》也没有选《知堂先生》。

温源宁和郭沫若的两篇旧文,同样是有温度的。

《文人笔下的文人》选辑的是65位作家自1919至1948年间发表的旧文,著名"义务编辑家"谷林(劳祖德)对这些文字推崇备至:"在这个起点之前,没有这样的'笔';在这个终点之后,由于社会政治的大变革,很多支笔下也不再流泻那般的音色了。"

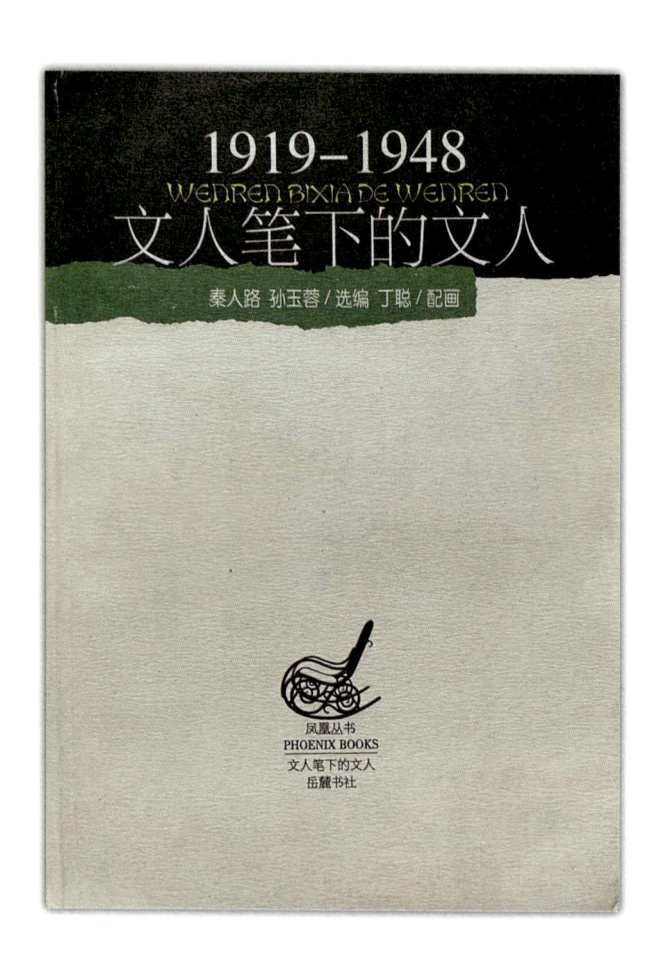

《文人笔下的文人》

秦人路 孙玉蓉 选编

岳麓书社 2002 年 10 月第 1 版

撮长

一般情况下，领导职务都带个"长"，从副科级到正国级，有的地区和单位在法规规定的 12 个行政级别之外，还设有股长和副股长。至于"组长"，绝对是中国特色，可以小到没有任何级别，譬如学习小组长、文体小组长，但如有级别，级别可以大到至高无上。

20 世纪 60 年代，在被专政的文化教育界人士中，产生过一种"长"，可谓亘古奇闻。

著名民俗学家江绍原，1968 年 12 月 5 日—7 日，曾向当时的红卫兵专政小组写过一份总结材料，他交代："……每周应上交专政小组的材料三份，均按时交给小撮长，虽迟交过两或三次，但旋即补交。"文中的"小撮长"，是指跟江绍原一样被揪出来的专政对象，组织上按人头把他们分为若干"撮"，并指定其中一人当头儿，这个头即为"撮长"；又因这类人原本就是被揪出来的一小撮，故而在"撮长"前又加个"小"，是为"小撮长"。

当时被编为第二小撮的江绍原，是公认的民俗学研究领域专家中的专家，颇具声望。江先生另有一鲜为人知的"壮举"：1919 年 5 月 4 日下午，北京学生游行至赵家楼，有一青年闯入曹汝霖卧室（一说是曹女儿的卧室），把床榻上的锦被一撕，振臂高呼，遭警方拘捕，此公即江绍原。

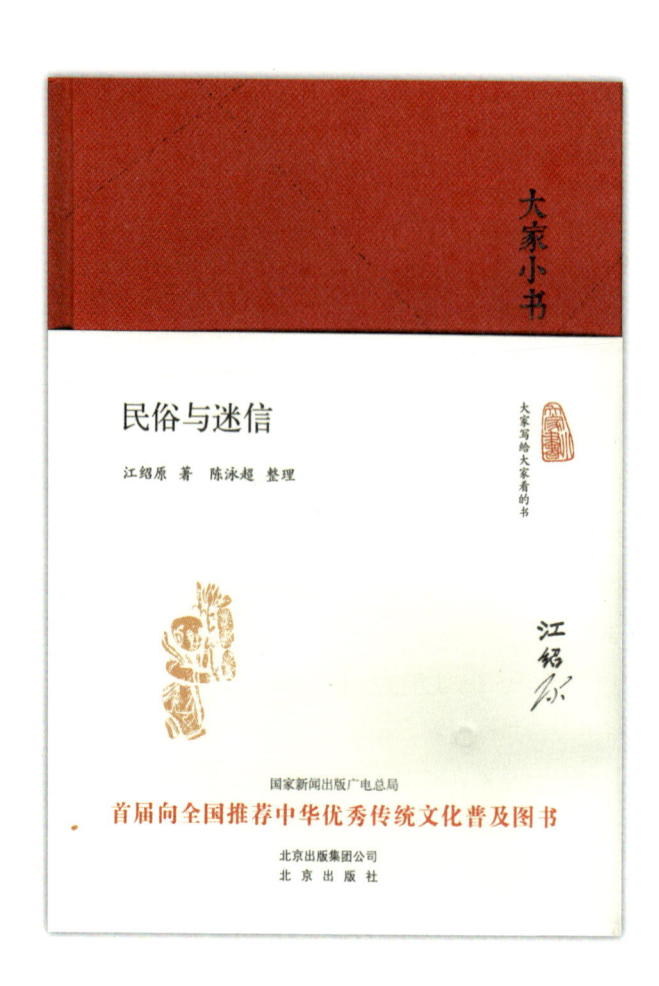

《民俗与迷信》
江绍原 著
北京出版社 2015 年 11 月第 1 版

侠肝义胆沈从文

沈从文先生给人的印象是温和、从容,总是一副笑眯眯的神态,与世无争。但是,如果认为先生向来如此,甚至天生的柔弱,那就大错特错了。毕竟他是行伍出身的湘西人。他剽悍过,与世有争过。因何事?为何人?因挚友胡也频,为挚友丁玲。

1931年初胡也频被当局捕获。沈从文抹下读书人的面子,向党政要员为胡求情。胡遇害后,沈从文千里迢迢冒死护送丁玲母子返回湖南常德老家。

1933年5月丁玲失踪,沈从文怀着悲愤的心情,写下《丁玲女士被捕》和《丁玲女士失踪》,控诉当局绑架丁玲的行径,为营救丁玲造势。在当时恐怖氛围下,只有沈从文一人敢冒坐牢的危险,以笔为刀,公然向当局施压。

出人意料的是,丁玲在软禁期间及出狱后,并没有对沈从文的义举表达多少感激之意。

再后来,丁玲于1936年北上延安,沈从文则依旧写他钟爱的小说。

丁沈二人再度重逢已是13年后,但时局发生了巨变。著名传记记者李辉在《丁玲与沈从文》书中有这样一段简单得不能再简单,却令人玩味的文字——"解放军进城了。丁玲进城了。"

后来,曾撰文称内战是"数十万同胞在国内各处的自相残杀"的"旧文人""反动文人"沈从文,很快遭到猛烈的批判,而此时的丁玲已是位高权重的"第一女作家"。

丁玲不是不整沈从文，而是还没来得及对沈从文落井下石，就在短短四年后的1953年，沦落为比大多数文人"来的早去的迟"被人整的惨境。

20世纪80年代丁玲复出，把沈从文定义为"贪生怕死的胆小鬼""斤斤计较个人得失的市侩"。丁沈之间的恩怨终于酿成了一桩文坛公案。

事实上，无论在丁玲前一个大难不死的20世纪30年代，还是后一个大难不死的20世纪80年代，丁玲贬损沈从文的言辞，基本属罔顾事实，满嘴胡言。

丁玲相恶沈从文，起因仍是她对沈从文写她的文字不满意，她需要的是把她自己和胡也频塑造成神，而沈从文偏偏把他们写成了"人"。

《记丁玲》

沈从文 著

上海良友图书印刷公司 1934年出版

卧底冯亦代说刘海粟是汉奸

1986年年底，扬之水和同事去冯亦代家，送给冯几张生活·读书·新知三联书店自制的新年贺卡，上面有刘海粟"若比邻"的墨迹。不料冯亦代当场拒收，说："不要！不要！我不要他题写的东西！文化界我最讨厌的就是这个人！他是汉奸。"

早在20世纪20年代，刘海粟因教学雇裸体女模特一事，曾被骂作"流氓"，在此之前还被骂过"艺术叛徒""教育蟊贼"，但骂其为"汉奸"，本人还是头一次听说。

冯亦代骂刘海粟汉奸的时候，刘尚在人世。20年后，章诒和撰文披露，她从小亲亲热热叫了几十年的冯伯伯，竟是"文革"时期章家的卧底。此时冯亦代已离开人世，不知他在地下能否听到，昔日他无数次慈祥地抚摸着头的小愚愤怒的讨伐声！

冯亦代骂刘海粟"汉奸"，不知有啥凭据，但章诒和指责冯亦代是卧底，是有历史档案可查的。

《〈读书〉十年》
扬之水 著
百花文艺出版社 2019年8月第1版

石评梅墓前的对话

地点：北京，陶然亭公园内，高君宇石评梅墓前。

高、石没有合葬，毗邻而居，浑然一体。20世纪80年代，一部描述石评梅生平的电视剧播出，唤起了人们对这位一代才女的记忆。那首《雁儿呵，永不衔一片红叶再飞来》传诵一时。

明明是二人的墓地，官方却将此地命名为"高君宇烈士之墓"。

游人甲：高君宇名尚德，号君宇，是最早一批的共产党员。
游人乙：没有石评梅，高君宇能出名吗？有多少人知道他？
游人甲：这个，我不清楚。
游人乙：是因为人们知道石评梅，才知道高君宇的。
……

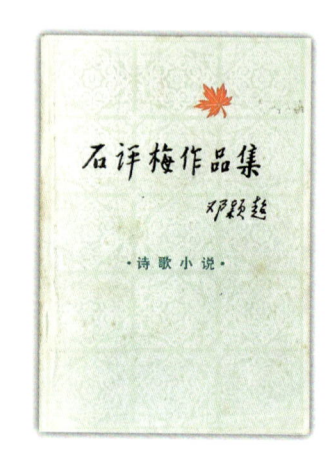

《石评梅作品集（诗歌 小说）》
石评梅 著 杨扬 编
书目文献出版社 1984年2月第1版

张爱玲的决绝，
以及最重要的两部长篇小说

张爱玲谁没读过？她的小说几乎篇篇经典，读者对其篇目的熟悉程度好比《三国演义》的人名，脱口而出，一说再说。然而，她有两部长篇小说可能有的"张迷"听都没听说过。

张爱玲离开中国超乎寻常地决绝，宛如训练有素的特工。很多人至今百思不解，张爱玲怎么可能逃脱一次次运动，她注定死得比严凤英还惨。然而幸运的是，张爱玲的确逃过了劫难，虽客死异国，但死得干净。

"一个国家连人的思想都要统一，这个环境就没有文化和艺术的生存之地。"张爱玲看得极为精准，所以，为了逃离绝不拖泥带水。

1952年7月的一天，张爱玲与跟她感情至深的姑姑诀别，相约不通电话，也不通信，这就意味着姑侄二人永远不会有相见的一天了。

流亡两年，张爱玲写出了后半生最重要的两部反映大陆生活的长篇小说《秧歌》和《赤地之恋》。有评论认为这是两部预言式的小说。其实，她写的不是预言，是现实。

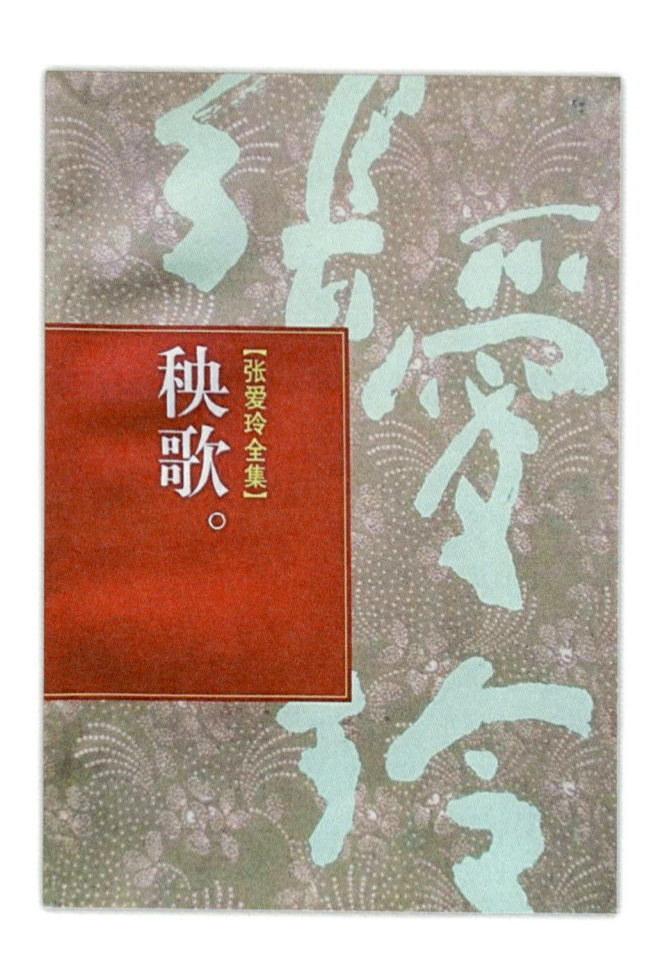

《秧歌》
张爱玲 著
大连出版社 1996 年 1 月第 1 版

第一本张爱玲文集

1952年夏季的一天,张爱玲经过极为周密的策划,潜离大陆。从此,张爱玲这个饱受争议的天才作家,连同她那一部比一部惊艳的作品,逐渐在中国销声匿迹。

在相当长的时期,谈论张爱玲成了敏感话题,阅读张爱玲作品更是禁忌。

直至20世纪80年代初,"(张爱玲)对于我们许多人,甚至是从事现代文学教学与研究的人,还是一个颇感陌生的名字"。后来成为张爱玲研究专家的金宏达先生回忆,1981年他中文系研究生毕业,在朋友推荐下读了一篇题为《张爱玲传奇》的文章,那是他第一次听说"张爱玲"这三个字。

不久,金宏达赴京试图借阅张爱玲书籍,未能如愿。后在邻居的热心帮助下,第一次接触了张爱玲的文字。随后写信向在美国的友人求助,终于拜读到张爱玲的短篇小说。

1982年,在金宏达读博期间,宁夏人民出版社编辑主动找上门来,表示要出一本张爱玲小说选集。因为在这之前,金宏达写过一篇谈张爱玲短篇小说艺术风格的论文,所以出版社请其为选集撰写前言。

难以想象,在当年,一家不知名的边远出版社竟有如此眼光和胆识。1985年12月,《倾城之恋》出版,据说这是新中国成立后大陆出版的第一本张爱玲作品集。

1992年，金宏达与他人合编，由安徽文艺出版社推出了四卷本《张爱玲文集》，这套书意义不小，对已渐渐兴起的"张爱玲热"起到了推波助澜的作用，从此，有关张爱玲的"流言"和"传奇"在中国文学史的长河中浪奔浪流。

《倾城之恋》
张爱玲 著
宁夏人民出版社1985年12月第1版

瞎子阿炳之死

瞎子阿炳的死因在相当长时期是禁忌的话题。因为既然已把阿炳树立为一代民间音乐家，那岂能让他活在旧社会却死在新中国？著名作家陆文夫说："尤其不能说，解放前，阿炳靠一把叫化胡琴，马马虎虎还能混得下去；一解放，政府雷厉风行，严加禁毒，他抽了三十多年鸦片，难以戒绝，烟瘾发作，又无经济来源，只得自行了断！"

除了死因，阿炳的人生经历同样扑朔迷离。20世纪80年代末拍摄的电影《二泉映月》，在无锡当地反应很大，原因是故事情节不真实，基本属于生编硬造。

《二泉映月：十六位亲见者忆阿炳》一书，是16位与阿炳有交往的亲见者对阿炳的忆述，可信度高，很多情况前所未闻，然而对阿炳之死仍语焉不详。

阿炳双目失明的原因已是定论，既不是恶霸打瞎的，也不是日本宪兵用硝镪水弄瞎的，真实情况是阿炳嫖妓染上梅毒所致。

阿炳死时究竟是怎样的情形？书中16位讲述者仅有5位提及，但也是一语带过。无论说是"旧病复发""吐血身亡"，还是说"死的时候很悲惨"，无一例外是"听说"。而其中给阿炳当眼睛，搀着阿炳拉琴卖唱的孙女的忆述尤令人费解，顿生疑窦。她对与阿炳相依为命的许多往事记忆犹新，却唯独对公公（无锡地方对爷爷的称呼）之死如此重要的事，只说了一句"我已经不记得了"。

陆文夫认定阿炳是上吊自尽，依据是阿炳的老伴董催弟亲口告诉他的。之所以当年陆文夫采访董催弟后，并没有把他所了解的真实的阿炳写出来，是因为当年对阿炳及《二泉映月》的宣传态势，使陆文夫有一连串的"不能说"，譬如不能说阿炳的花柳病，不能说阿炳抽大烟，死因自然更不能说，等等。而后来随着知情者的追忆，已证明陆文夫当年了解的情况是真实的。

无论如何，阿炳的悲惨遭遇令人同情，《二泉映月》更是我国乃至世界器乐创作曲中的瑰宝。

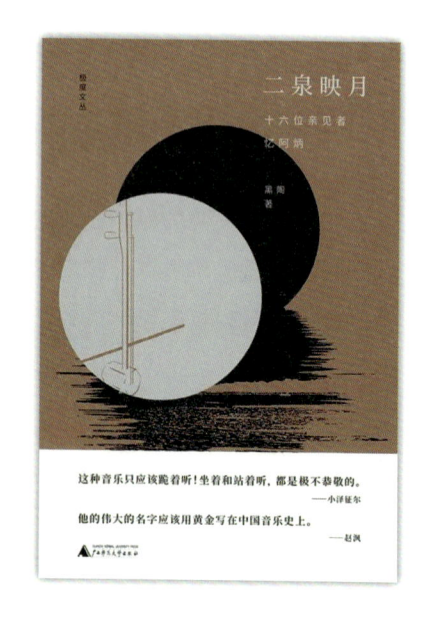

《二泉映月：十六位亲见者忆阿炳》
黑陶 著
广西师范大学出版社 2018 年 8 月第 1 版

《我与悲鸿》和《徐悲鸿一生》

两本书的作者分别是徐悲鸿的前后两任夫人。

廖静文的《徐悲鸿一生——我的回忆》甫一出版,影响不小,本人至今记得当年陪同表哥在小镇书店买这本书时的情形,店员说了句"文笔非常好"。的确,这从两本书开篇的文字,就不难看出两位当事人文学素养的高低。然而,看了蒋碧微的《我与悲鸿——蒋碧微回忆录》,细心的读者会发现,对某些事件的叙述,在两位作者的笔下出入很大。虽说清官难断家务事,但随着后来更多亲友回忆文章的披露,显然蒋碧微笔下的徐悲鸿以及对一些事件的叙述,更加真实。

文笔再好,终究难以掩盖真相。

刻意美化传主,回避、遮掩甚至歪曲事实,是人物传记写作的大忌,这也是太多传记作品可信度不高的原因。

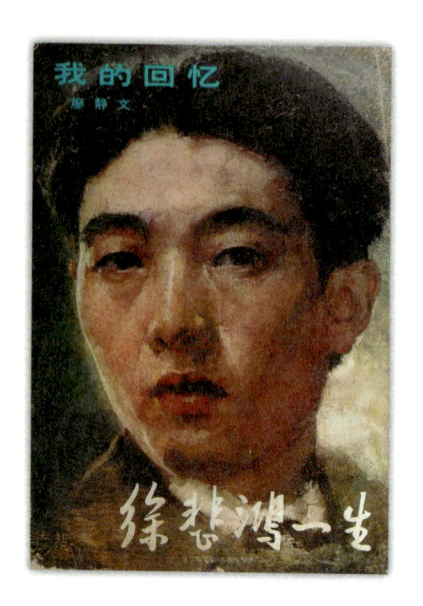

《徐悲鸿一生——我的回忆》

廖静文 著

人民文学出版社 1982 年 8 月北京第 1 版

《我与悲鸿——蒋碧微回忆录》

蒋碧微 著

岳麓书社 1986 年 8 月第 1 版

赵树理与山药蛋派的区别

1962年8月，中国作协党组在大连召开"农村题材短篇小说创作座谈会"，这就是著名的"大连会议"。会议重新肯定了赵树理作品，提出了赵树理是书写农村生活的"铁笔""圣手"。不过，重提"向赵树理方向迈进"，有点过了，但也是源于当时政治的翻云覆雨手。

《三里湾》中文学形象的塑造，譬如"糊涂涂""常有理""铁算盘""惹不起"，超越了《小二黑结婚》中"三仙姑"和"二诸葛"。

赵树理在世时，并没有"山药蛋派"一说，后来有研究者把赵列入了"山药蛋派"，同时有赵是"祖师爷"一说。这让"山药蛋派"的代表人物情何以堪？

西（戎）、李（束为）、马（烽）、胡（正）、孙（谦），都是解读政策的高手，也可以说是配合宣传的文学行家，但赵树理不是，起码他的大部分作品不是。对农村生活，赵不是简单地描写，更不是歌颂，他有自己冷静的分析，甚至是揭露和批判。这是赵树理不同于"山药蛋派"其他作家的伟大之处。

赵树理如果能够管住自己的嘴和笔，也就不至于多次遭到批判，最后被残酷迫害致死，而其他几位老哥们儿都有位高权重的晚年。

《三里湾》
赵树理 著
通俗读物出版社1955年5月第1版

最后的闺秀

"合肥四姐妹"中的小妹充和离世,很多人悼念。

官方通讯社对张充和冠以"最后的才女"。称谓虽是官方所封,但得到了民间的认同,否则微博、微信等社交平台不可能有那么多人关注。无论官方还是民间,都认为张充和是后无来者的才女。

然而,当事人未必认可"最后的才女"的封号,这源于其谦逊的美德。张充和在世时从未自封为才女,若她地下有知,也未必枉称"最后"。事实上,元和、允和、兆和和充和在世时,认可的也只是"合肥四姐妹"这一铁证如山的事实而已,至于担不担得起"才女"的称号,断没有自封的道理。哪能像某女,年纪虽然不大,竟自封为"京城名媛",加之狐朋狗友吹捧,弱智媒体炒作,那真叫一个"恶心他妈给恶心开门——恶心到家了"。

还有,为什么说"最后的"才女呢?张充和在世时,难道世间就没有一位女性的才华与其比肩甚至超越?是的,最后的才女前面还有民国一词限定,但,民国是时间概念还是地域概念?

合肥不止有四姐妹,还有六兄弟,加起来是张家十姐弟。况且,还有个如雷贯耳的四女婿。而六媳妇是否同样才貌双全,品学兼优?有兴趣者可以作为课题研究。

一位受民国教育,后移居资本主义国家的102岁老太太,成为今天让人怀念的"最后的才女"。

并非官宦之家成就了"合肥四姐妹"。就像自称"乡下人"的沈从文爱上了兆和——他小说里和家信中的"三三"——最终被一封"半字电报""允"入的不是官宦的张家，而是诗书的张家。

耕读传家久，诗书继世长。靠耕读传家，以诗书继世的张家，永远流传的将是"合肥四姐妹"的不朽传奇。

《合肥四姐妹》
[美] 金安平 著　凌云岚 杨早 译
生活·读书·新知三联书店 2007 年 12月第 1 版

《唐诗三百首》的作者

《唐诗三百首》的作者是谁？这问题问得够荒唐。作者当然是李白、杜甫、白居易等77位诗人。但是，如果有人说是蘅塘退士呢？

之所以想到这个荒唐的问题，源于前日跟一挚友的交谈。我们偶然谈起一位"著述颇丰"的学者，也都看过一两本此人的书。然而，我们却不得不对这位已是"著名学者""思想家"的新著连同旧作产生怀疑：那能算是他个人的专著吗？

也谈到另一位同样"著作等身"的知名学者，与前者相似，此人成名较早，都是以一本"编"的书成名，并随着所编之书的畅销，名气蹿升。客观地讲，从他们最初所编辑出版的几本书，能看出他们有一定的学识。然而，接下来出版的几本书，署名后面不再是"编"，而是"著"。他们似乎都热衷撰写名人传记，也不止给一位名人写传，其中一位的某本书是点评古今人物的，书中涉及的人物数十位，从传主的生卒年月，到童年趣事，到成年逸事，到与其他社会贤达的交往与谈话，仿佛作者就在现场。实难想象，这样的一部接一部专著是如何生产出来的。

读书非常严谨的挚友告诉我，最近他看了其中一位学者写的文章，竟然发现很多文字与百度上的高度重合，一整段一整段的。本人也知道有写手写作神速，剪刀和糨糊早已淘汰，如今只需"选择—复制—粘贴"。

回过头说《唐诗三百首》。作为这部"几至家置一编"，流传最广、影响最大的唐诗选本的选编者,蘅塘退士对唐诗传播的贡献是空前绝后的,但人家并没在书名的前后左右处,标上很多读书人一辈子渴望或渴望一辈子的那个"著"字。

不只蘅塘退士,也包括喻守真(《唐诗三百首详析》)、金性尧(《唐诗三百首新注》)两位真正的学者。

作为编辑家的蘅塘退士,同样青史留名。

《唐诗三百首新注》
[清]蘅塘退士 编 金性尧 注
上海古籍出版社1980年9月第1版

汗颜

第一次体会到书法之美，是当年看了王羲之的字，再一次体会书法之美，是看了柳公权的字；前者飘逸，后者刚健。

柳公权楷书极具造诣，与前辈颜真卿的楷书并称"颜柳"，后世有"颜筋柳骨"之美誉。然而，本人一直欣赏柳公权的字，对颜真卿的字喜欢不起来，甚至在多处场合不知深浅地"妄议"甚至"抨击"颜真卿的字，包括后人效仿的"颜体"。总觉得颜真卿的书法及后世效仿的颜体字不"美"。

颜柳相比较，更推崇颜体的，大多是书法家。这是不得不承认的事实，也是本人不得不心甘情愿屈服的。

美国研究中国艺术史专家、堪萨斯大学教授倪雅梅（Amy-McNair）在其专著《中正之笔：颜真卿书法与宋代文人政治》一书中提出这样一个论断："颜真卿在书法史上的地位是被宋代的文人集团有意识地制造出来的，这个集团包含了当时许多在哲学、文学和艺术方面受过良好教育的上层精英人士。这个集团的人士出于某种特殊的政治需求，从而要将颜真卿的声望传递给子孙后代，因而他们也采纳了颜真卿的书风，以此作为他们接近颜真卿人格的一种方式。他们临摹并收集颜真卿的作品，将他的风格元素进行转换并整合为己所用，并且在他们的艺术理论中把对颜真卿声望的称赞同其书风联系在一起，使之成为一个不可分割的整体……正是他们利用了颜真卿的艺术和形象来达到自己的政治目的。"

上述论断当然属一家之言，可供商榷。

中国自古有"字如其人"之说，本人承认自己的书法鉴赏力很差，写字更羞于示人，但对"字如其人"之说却从未认可。已成为稀世珍品，至今保存完好的"六必居"金字大匾，仍悬挂在六必居的店堂，众所周知此系明朝宰相严嵩题写。另据说杭州"庆余堂"三字是出自秦桧之手。

《中正之笔：颜真卿书法与宋代文人政治》
［美］倪雅梅 著 杨简茹 译 祝帅 校译
江苏人民出版社 2018 年 10 月第 1 版

卡扎菲哪儿去了

某日,在西四正阳书局,意外淘到一本旧书《卡扎菲传》。

奥马尔·穆阿迈尔·卡扎菲,大阿拉伯利比亚人民社会主义民众国最高领导人。

2011年2月17日,利比亚爆发大规模示威抗议。8月22日,反政府武装攻入的黎波里,卡扎菲政权正式倒台。10月20日,卡扎菲被击毙。被人民拥戴长达42年的"革命导师与领导兄弟"——唰,说没就没了。

据说卡扎菲还会写小说,中国的长江文艺出版社2001年出版了《卡扎菲小说选》;甭管是不是他亲自写的,但小说的寿命已确定比作者的寿命长。

这本传记写成于传主死前20年,而在其死后10年找来翻一翻,内容一定很有趣。

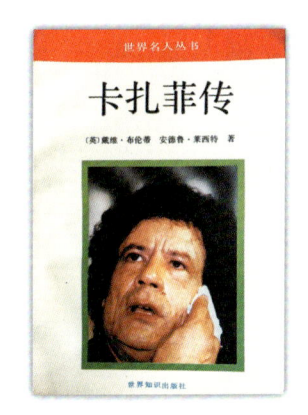

《卡扎菲传》
[英]戴维·布伦蒂 著 吴力超 等译
世界知识出版社 1992年2月第1版

文学与人生

文学就文学

有20多年历史的"深圳读书月",其最受读者瞩目的活动之一是评选"年度十大好书",2019年改为评选"年度十大文学好书"。为何专门评选文学类?据主办方解释,"旨在推出具有人文关怀和思想深度的文学精品,让文学历久弥新"。

然而,如此纯真的理由,在不纯真的年代并不能说服纯真的读者。如今已不是《班主任》《伤痕》《人到中年》的年代,甚至也不是《废都》《白鹿原》的年代,呼唤文学回归已成为羞于启齿的梦呓。改为评选"十大文学好书",似乎有难言之隐。没有像往届以广泛的中外社科类图书为候选范围,可能是珠玉满堂而难以取舍,更大的可能是畏手畏脚,不敢选。

回顾历届"十大好书",有文学类入选,但更多的是社科类,包括译著。

那么,文学就文学吧。

《班主任》

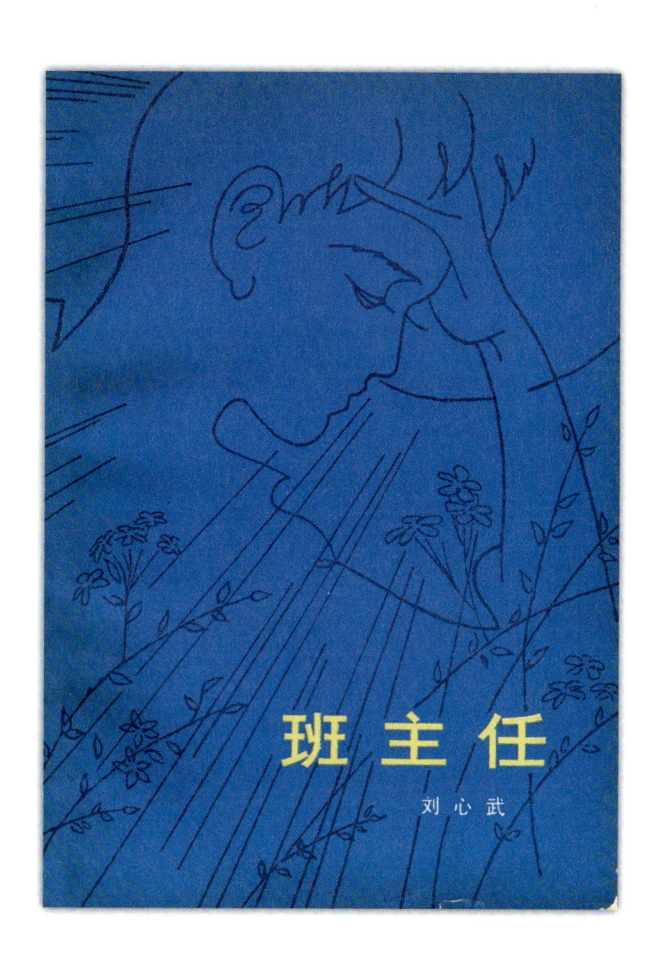

刘心武 著

中国青年出版社 1979 年 6 月第 1 版

虹影·重庆

多年前，有个半生不熟的朋友跟我谈到重庆，说是从虹影《饥饿的女儿》了解了重庆，但书并没看完，因为实在看不下去。几天后，他出差去重庆，回来后说对重庆印象很不好。

他说的应该是真实感受。虹影自传体小说《饥饿的女儿》，描写的是她生活在重庆南岸时的真实生活，贫穷、麻木、丑陋甚至邪恶，陪伴了她的童年和少年。而这位朋友第一次到重庆，偏偏赶上重庆一年里最阴冷潮湿的季节，又恰逢雨天。虽说那时重庆已成为直辖市，但"晴天扬（洋）灰路，雨天水泥路"仍是常态。因此，对重庆产生不想去第二次的想法，也不足为怪。

实事求是地讲，直辖后的重庆变化巨大，由曾经的"中国最大的乡镇"逐渐发展成繁华都市。——至今很多人不知道，直辖后的重庆，无论人口数量还是地域面积，都是名副其实的中国第一大城市。而虹影笔下昔日的贫民窟，如今早已高楼林立，一张张夜景照片常让人误以为是香江夜色。

《饥饿的女儿》和续篇《好儿女花》有好几个版本，但内容并没有差别。只要是名社出版，封面设计得不错，印刷质量也好，我都会买一本，尽可能重读一遍。我喜欢虹影的书，原因有三：一是因为书写得太好；二是虹影被誉为"重庆的女儿"；三是因为重庆。

《饥饿的女儿》
虹影 著
四川文艺出版社 2013 年 3 月第 1 版

日记

日记可分为两种：不以公之于众为目的的；以公之于众为目的的。

前一种，记述生活的柴米油盐，内心的喜怒哀乐；絮絮叨叨，少有文采，甚而偶有污言秽语。后一种，记录高大上，抨击假恶丑，宣扬真善美；逻辑缜密，文采飞扬，警句频现，满满"正能量"。

研究某人生平和思想，为某一历史真相寻找旁证，前一种日记可信度高，有重要参考研究价值。而后一种日记，作者记录的目的往往不纯，甚至是自我表演，再加之后人"整理""编辑"，根本无法做到客观、公正。如果有人认为后一种日记真实可信，并以此为据，无异于盲人骑瞎马。

作家杨沫晚年出版了《自白——我的日记》。可那还是日记吗？儿子老鬼的评价是："文过饰非""补写太多""自白太少""一个致命缺陷，就是与历史原貌有异，欠真实"。

日记，自然是生前所写，即便在作者离世后公开出版，多半是亲友或有关部门出于纪念和史料研究之目的。而在作者健在的时候出版的日记，基本属于上述情形的后一种，顶多算是工作日志，没有多少史料价值。如果非要说有价值，那价值则是：白纸黑字，贻笑大方。

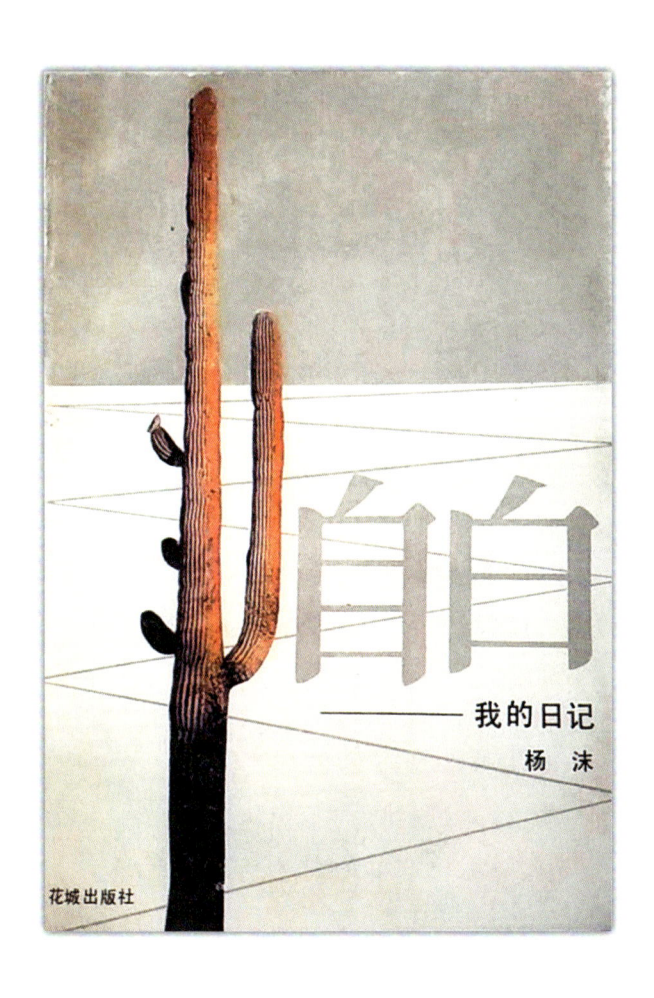

《自白——我的日记》
杨沫 著
花城出版社 1985 年 4 月第 1 版

不宜用小说写传记

刘慧心、松鹰的长篇小说《落红萧萧》推出了新版，著名文化学者梁由之为之作序，非常认可这本小说。

萧红传记很多，但以萧红为原型的小说并不多，较为有名的，除了这本《落红萧萧》，还有谢霜天的《梦回呼兰河》和著名诗人王小妮的《人鸟低飞》。

萧红研究的权威专家葛浩文曾盛赞《梦回呼兰河》，但有人指责该书杜撰故事情节，歪曲事实。《人鸟低飞》初版于1995年，作者评价萧红："真正的作家，是稀有的，在本世纪，萧红算一个。"同时明确说明，她写的不是传记，而是小说。我认可王小妮这一创作态度。

《落红萧萧》初版于1983年，无论作者还是出版方，均称是"传记体小说"。当年萧军看过后，对书中有关他的描写表示不满。当然，无论传记还是小说，萧军几乎都表示不满。有人笑谈，幸好萧军看不到后来的萧红传记了，否则还不气出病来。

我没看过初版的《落红萧萧》，这本新版大致翻了翻。其取材于萧红传记，并没什么新内容。从小说欣赏角度讲，这本书还是不错的。然而，主人公萧红毕竟是现实中的真人，而非小说家杜撰出的人物，以小说的形式为萧红做传，很难让"萧迷"接受。

传记就是传记，小说就是小说，我向来排斥所谓的"传记体小说"。

值得一提的是，梁由之不足 3000 字的序言写得与众不同，非常精彩。刘、松二作者的后记《呼兰河寻梦》也很有意思。序言和后记，都比小说本身耐看。

《落红萧萧》
刘慧心 松鹰 著
台海出版社 2021 年 10 月第 1 版

传记写作：不似考古，胜似考古

想真实了解一位人物，仅凭阅读此人的传记是远远不够的，尤其是国内学者写的人物传记，一般可信度不高。

问题出在国内学者对传记的写作态度和方法上。

外国学者写的人物传记大都很枯燥，涉及传主的每个细节都标有出处，往往由于注释太多而难以畅快阅读。相比之下，国内的传记一般写得很生动，生动到仿佛作者是传主的影子，一切好像其亲眼所见，连传主内心的想法都一清二楚。

季红真的《萧红传》是国内较早的萧红传记作品，作者被列为萧红研究专家。可读着这部著名的传记作品，有似曾相识的感觉，包括对传主重要经历的叙述、评价和定性，遣词用句与其他萧红传记非常接近甚至完全一样。当然，从出版时间推算，其他传记"借鉴"季著的可能性大。

香港导演许鞍华和编剧李樯，在电影《黄金时代》中，对汪恩甲的失踪、二萧分手等重要事件，做了开放式处理；起码在尊重史实方面，这两位艺术家比国内多数专家学者严谨得多。

很多历史事件，没有真相就是真相。

不妨设想一下，由考古学家写人物传记会写成什么样？枯燥可能是难免的，但会避免主观臆断甚至编造事实。

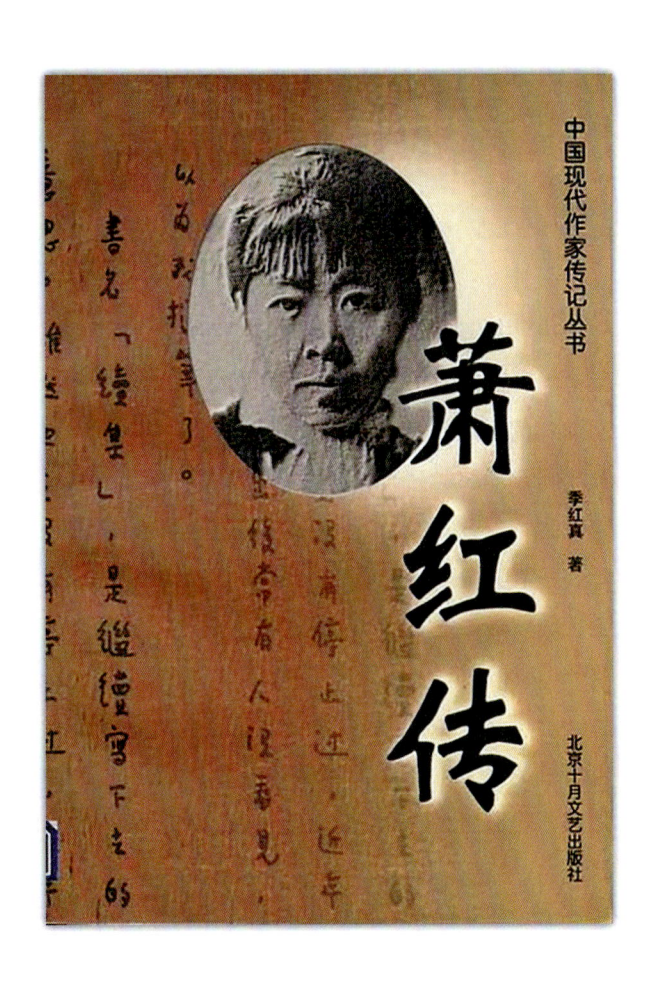

《萧红传》
季红真 著
北京十月文艺出版社 2000 年 9 月第 1 版

传记不足信

人物传记类的书看得很少，对书中描述的某些情节常产生怀疑：确有此事吗？作者是怎么知晓的？

在读过的为数不多的人物传记中，早年间出版的《萧红新传》和《间谍王：戴笠与中国特工》印象颇深。两本书共同的显著特点是注释非常多。通畅地读完整部书是根本不可能的，一口气读一章、一节甚至一段都不大容易，原因就在于注释多。特别是《间谍王：戴笠与中国特工》，讲述传主说的每句话，描述的每一事件及情节，或行文有交代，或注释有出处。

这两本书的作者分别是葛浩文和魏斐德，可他二人不姓葛，也不姓魏，二人都是美国著名的汉学家，前者是中国当代文学翻译家，是萧红研究专家，后者主要研究明清史。二人学风都极为严谨。

本人也接触过一些名人的子女，听他们讲过父辈们鲜为人知的往事，而这些事都是公开出版的传记中没有也不可能记载的。某朋友的父亲百年诞辰，有关部门要拍电视剧纪念，作为顾问的他有一天到片场观看，当看到某场胡编乱造的"感情戏"，气得他连忙叫停：打住吧打住，可别再拍了，那不是我爹。

《间谍王:戴笠与中国特工》
[美]魏斐德 著 梁禾 译
新星出版社2017年2月第2版

一篇序文的故事

家里来了客人，女主人吓得"一病几殆"，男主人急得"几身冷汗"。何至如此？因为"小小寒舍忽然有一位了不起的大人物大驾光临，由于警车开道，扈从随侍，不仅蓬荜生辉，亦且四邻震动"。

引号内的文字是男主人写的原文。起因是男主人应约编了一部漫谈酒文化的书稿，但当年（1988年）出版时遇到困难，又经人推荐，联系一位老友，也是一家出版机构的负责人。

在老友上门看完书稿表示可以出版后，男主人才拿出《序》，同时提出唯一的要求：序言中有一段文字，你一个字都不要动。

这段文字其实跟整部书稿无多大关系，讲的是前面提到的大人物造访之事，从编辑角度看完全可以甚至应该删掉的。

老友过目后表态："我可以一字不动。"

出版者仗义，作者厚道，于是，夫妇俩又原原本本地讲述了事情经过，作为他们人生中的一件大事情，想借编辑出版这部书之便，把此事告知世人，于是在已经写好的序文中"硬"加了一段文字。

老友告辞时再一次表示，"这部书我一定安排出版，序言文字照排无误，绝对不会删动半个字"。

取名为《解忧集》的书很快面世，老友登门奉上样书。男主人先简单翻看装帧设计，接着就读自己的序文，果然一字未动，跟老友调侃了一句："到底是北大同学。"作家口中的"北大"不是北京大学，而是北大荒，他与出版社负责人是早年劳改时的难友。

回过头来说大驾光临的事。大人物屈尊降贵造访作家寒舍，目的是谈话，谈话的主题后来很多人都知道了。

客人叫胡乔木。男主人叫吴祖光，女主人叫新凤霞。

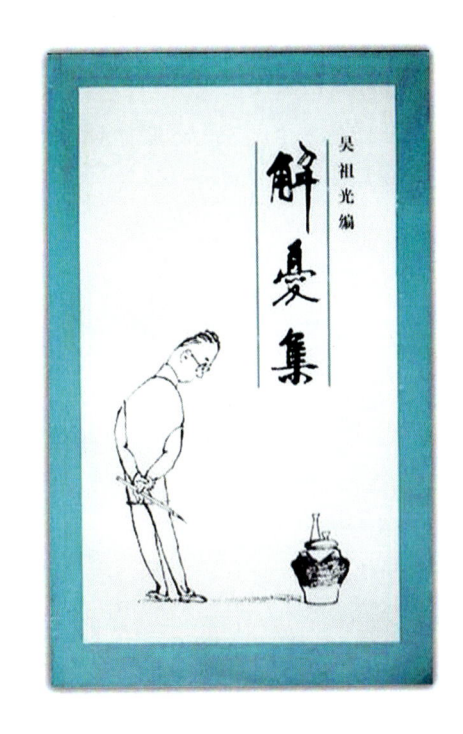

《解忧集》
吴祖光 编
中外文化出版公司 1988 年 9 月北京第 1 版

六十九年与永垂

1956年,《日瓦戈医生》完稿,"因为与官方的文化指导方针不符",苏联拒绝出版这部小说。

同年5月,原始书稿被意大利记者从苏联秘密运至意大利。

1957年11月,意大利文版《日瓦戈医生》出版。

1958年,作者获诺贝尔文学奖。

1988年,《日瓦戈医生》俄文版在苏联正式出版。

1991年12月,苏联解体。此时,距《日瓦戈医生》问世34年,距在苏联出版仅仅3年。

作为一个国家,苏联存活了69年,而作为一部文学作品,《日瓦戈医生》永垂不朽。

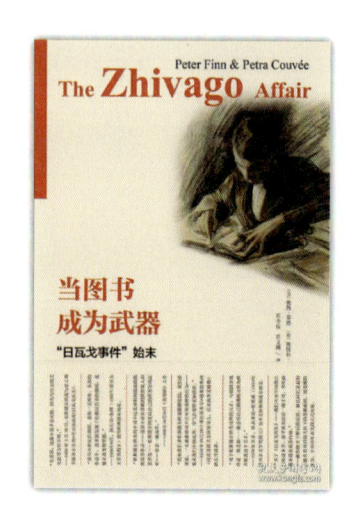

《当图书成为武器》
[美]彼得·芬恩 [荷]彼特拉·库维 著
贾令仪 贾文渊 译
北京大学出版社 2015年2月第1版

玛蒂尔德，诚信和自尊的典范

玛蒂尔德，短篇小说《项链》中的女主人公，向来是万恶的资本主义社会的小市民的小资产阶级的虚荣心的代表人物。然而，本人从最初读《项链》，直到今天，也没能看穿玛蒂尔德那一连串的虚荣心。相反，我看到的是做人的诚信与尊严。

损坏东西要赔，借钱要还，说过的话也要兑现。玛蒂尔德通过整整十年的艰辛劳作，还清了全部债务，应该得到人们的理解、认可和尊重。

她挣回的不是一条三万六千法郎的项链，而是一顶桂冠，诚信和尊严的桂冠。

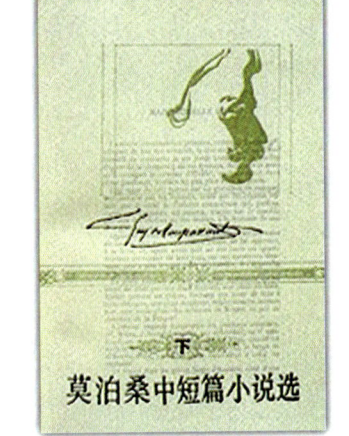

《莫泊桑中短篇小说选》
[法]莫泊桑 著 赵少侯 译
人民文学出版社1981年12月北京第1版

忠诚

电视剧《潜伏》改编自龙一的短篇小说,原著只有短短一万多字,所有人物加起来不过五六个。

电视剧《潜伏》成功、批量地塑造了个性鲜明、有血有肉的人物。除开余则成不谈,沉稳老辣的吴敬中,话说半句满脸堆笑的陆桥山,只会逞匹夫之勇的马奎,等等,这些人,当然包括余则成在内,一个个都是阎王爷老婆有喜——心怀鬼胎。相比之下,李涯则兢兢业业,眼里不揉沙子。他怀疑余则成和翠平,怀疑陆桥山,怀疑吴敬中,都是有真凭实据的。

"我干这一行真不图立功受奖,(图的是)为党国消除所有的敌人,让孩子们过上好日子。"这是剧中李涯的道白,是他的真心话。

《潜伏》片尾曲用的是苏联卫国战争时期著名歌曲《神圣的战争》的曲,词是著名作词人韩葆填写的,歌曲歌颂了一个个可歌可泣的隐蔽战线英雄。

在黑夜里梦想着光
心中覆盖悲伤
在悲伤里忍受孤独
空守一丝温暖
我的泪水是无底深海
对你的爱已无言

相信无尽的力量

那是真爱永在

我的信仰是无底深海

澎湃着心中火焰

燃烧无尽的力量

那是忠诚永在

《潜伏》
龙一 著
百花洲文艺出版社 2009 年 3 月第 1 版

同类

电影《老炮儿》是经典之作，是冯小刚表演生涯难以逾越的巅峰。

或是军队大院圈养的，或是胡同串子放养的，非帝都野生写不出这样的剧本、导不成这样的电影。没有表演天赋也诠释不了这样的角色，主角、配角及众多客串，一个个都是经典塑造，血肉淋漓。

两点遗憾：一是六爷单刀赴会是影片高潮，背景音乐如同激昂的战鼓，催促六爷在沉舟侧畔艰难站立，跨越冰河，同时也击打震撼着观众的内心。只可惜这是移植美德电影《未竟一生》的音乐，配器上结合剧情做了改编，并非原创。二是六爷把对账单塞进邮筒寄往中纪委，不能不说是可以理解但的确令人遗憾的"光明的尾巴"。

影片真实得像当年的《生活空间》——讲述老百姓自己的故事。然而，他们真不是老百姓，无论六爷还是小飞。

小飞是官二代和富二代的代表，无知、狂妄、空虚、任性，是占有财富的社会蛀虫。六爷同样无知、狂妄、空虚、任性，虽不富有，但绝不是社会底层贫苦百姓的代表。年轻的小飞们神吹，当年的老炮儿们胡侃；年轻的小飞们飙车，当年的老炮儿们茬琴；年轻的小飞们群殴，当年的老炮儿们茬架；年轻的小飞们斗狠，当年的老炮儿们狠斗，用铜头皮带抽得老师们满脸是血……你见过哪个平头百姓的汽车后备箱里藏着砍刀和镐把？

有句话说：不是老人变坏了，而是坏人变老了。没有财富，小飞就是当年的六爷；有了钱财，六爷就是未来的小飞。本质上，六爷和小飞是一类人。

影片上映同期，导演管虎把剧本改写成同名小说，据说增加了很多电影中因时长受限无法用镜头表达的情节。小说我没看，因为不想看。

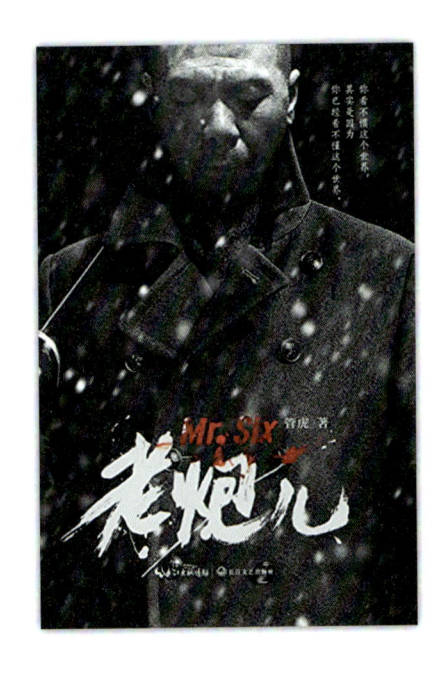

《老炮儿》
管虎 著
长江文艺出版社 2015 年 12 月第 1 版

美人

"2004.4.14 温州·永中镇"。本人有一癖好：第一次到某地，总会买本书做纪念。对永中这座浙东小镇的唯一记忆，就是曾在那里买了一本王朔和老霞合著的一本书。作者之一（当然不是指王朔）早已成了世界名人，书也成了"世界名著"。

老霞一看就是假名，当年王朔对出版社负责人说那是自己的红颜知己。能让王朔看得上眼的女子，一定是个美人。"原来是他。"那位出版社负责人后来见到了王朔所说的红颜知己。书没费太多的周折出版了。书能出版，这位负责人绝对算得上美人。

王朔把40万元稿费全部给了合著者，这一仗义之举，王朔做得真爷们儿。他和那位出版人都是美人，心灵和行为俱美的人。

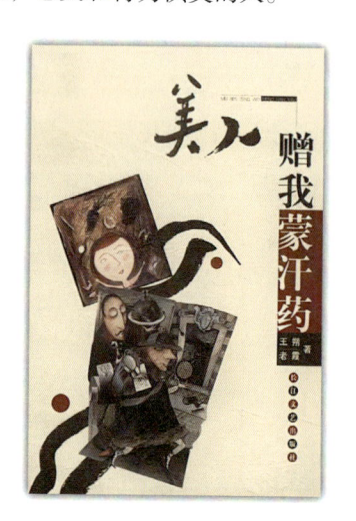

《美人赠我蒙汗药》
王朔 老霞 著
长江文艺出版社 2000 年 8 月第 1 版

一碗油盐饭

作家刘醒龙曾在多个场合推介一首小诗。

刘醒龙最初是从一位山区老人口中得知这首诗的,听到最后一句,作家的泪水夺眶而处。"《一碗油盐饭》若是进不了诗歌史,天理难容!"刘醒龙下了这样的结论。

刘醒龙在湖北某县文化馆做讲座时介绍并朗读这首诗,无数听众哽咽。文化馆守门的老人也旁听了讲座,竟然失控地当街痛哭。

面对异国的听众,刘醒龙也讲述这首诗。而担任同声翻译的加拿大老人,哽咽着几乎翻译不下去了。

某地一位中学老师从刘醒龙那里听到了这首诗,她回校后在教室黑板上写这首诗。写完第一节,班上有一半学生在笑:这是什么诗啊?接着写第二、第三节,更多学生笑了起来。这位老师说:等我写完最后一句,你们如果还笑的话,这节课我就放你们的假。她将最后一句写出来后,教室里出现了一阵令人压抑的沉默,随后响起了一片抽泣声。

这首诗过去很长时间没有找到作者,有很多人妄图认领,被刘醒龙一一给骂了回去。

诗的真正作者是鄂西山区的一个小女孩,叫李代梅,笔名"黛妹",家境贫寒,母亲多病,她能品尝到最好的美味就是油盐饭。后来母亲不幸病逝,女孩含泪写成这首诗。更不幸的是,这位女孩竟然在18岁那年遭遇车祸身亡。她的这首诗从此被有悲悯之心的人们口口相传。

附：
一碗油盐饭
黛妹

前天，
我放学回家，
锅里有一碗油盐饭。

昨天，
我放学回家，
锅里没有一碗油盐饭。

今天，
我放学回家，
炒了一碗油盐饭。
——放在妈妈的坟前。

《刘醒龙文学回忆录》
刘醒龙 著
广东人民出版社 2019 年 5 月第 1 版

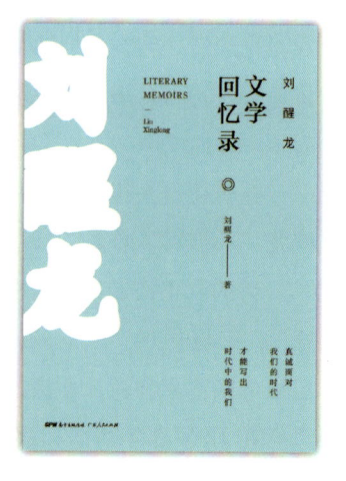

莲叶李田田

李田田，湖南湘西偏远山区"90后"乡村女教师，原本跟歌坛巨星王力宏、带货女王薇娅不是同一"层次"，然而，2021年岁末却引爆了舆论，跟此前王力宏的绯闻和薇娅偷税完全不是一个当量，这是原子弹与手榴弹之比。

李田田的妈妈和姐姐随后照本宣科的表态，是意料之中的，确信一定不是田田本人的意思表示——"棰楚之下，何求而不得？"然而，也替那么多的好心网友和为数不多的良知媒体感到一丝悲哀，——一种被"出卖"的悲凉。鲁迅说得好：哀其不幸，怒其不争。完全能够理解，也应该理解田田家人的处境以及被逼无奈，他们别无选择。只求田田从此不受非人的待遇。

李田田15岁开始写诗，有组诗曾被《诗刊》头条重推。2020年出版了诗歌、童话和小说作品集《有只狐狸看月亮》。"李田田事件"发酵后，该书全网断货，一书难求。

不知当初李田田和出版社签订的出版协议是一次性稿费，还是以版税的方式取酬，但有一点是肯定的，就是无论作者还是出版社，当初都没有料到这本书竟然在一年后供不应求。真希望李田田能够靠这本小书，获得不菲的收入，以改善她和家人及她所爱护的学生们的生活。

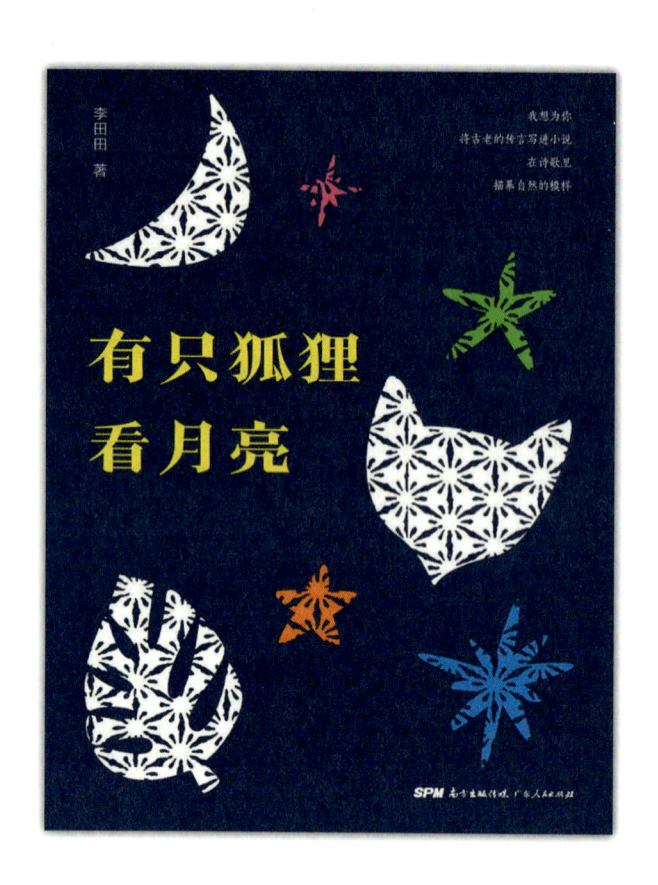

《有只狐狸看月亮》
李田田 著
广东人民出版社 2020 年 5 月第 1 版

做个有趣的人

局是一周前就组好的,主题依旧有关文学。

故事不断,笑话不断,欢声赛过樽中酒。

见过滴酒不沾的诗人吗?江右浪兄就是。见过不研究菜谱研究兵法的厨子吗?作为读了四年+三年中文专业的诗人,江兄谈的竟是汉斯·格罗斯的《犯罪心理学》!

2021年的第一场雪预报在次日傍晚飘落,某职业编剧"比以往时候来得更晚一些",其真实年龄不大,但容貌略显老,看上去快三十岁了。其参与编剧的《我要当八路》《西红柿红了》《背着奶奶进城》等电视剧已播了几轮,本人虽没看过(家里没电视),但确实听说过。作者潜心十年创作,描写一个爱戏成痴的箱倌,在梨园大后台上演六十年悲喜人生的长篇小说《大后台》,改天得踅摸一本看看。

另几位,有的两次荣膺中国编剧最高奖"夏衍电影文学奖",有的夺得过电影政府最高奖"华表奖"。

在座八位,其中五位是专业文学人,一位是职业法律人,一位是职业新闻人,与这"三种人"相比,本人顶多算"跨界伪军",因此告诫自己须畏慑有加,拳足而寝,断不敢伸伸脚。

张岱《夜航船》序云:昔有一僧人,与一士子同宿夜航船。士子高谈阔论,僧畏慑,拳足而寝。僧人听其语有破绽,乃曰:"请问相公,澹台灭明是一个人、两个人?"士子曰:"是两个人。"僧曰:

"这等,尧舜是一个人、两个人?"士子曰:"自然是一个人!"僧乃笑曰:"这等说起来,且待小僧伸伸脚。"

章诒和先生曾说:若生在明代,只嫁张岱。还有人说,张岱除了文好,还好玩,会玩。那么问题来了:张岱择妻的标准是什么?张岱的朋友们都是什么样子呢?

会不会写文章倒是次要,但起码应是个有趣的人,无论妻子和朋友,也无论男人和女人。

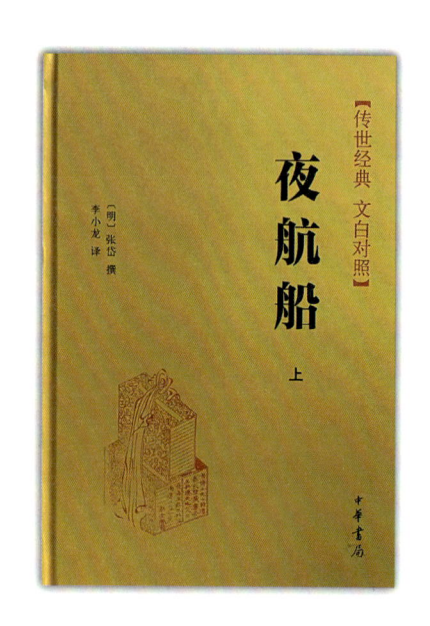

《夜航船》
张岱 著 李小龙 译
中华书局 2015 年 10 月第 1 版

代跋：酒肉朋友新解

××：

　　你对我有些抱怨，我是知道的。我参加聚会的次数越来越少，即使去了，说的话还没有喝的酒多。其实，你大可不必在意我，更不该怨我，我们只不过是酒肉朋友而已。

　　我原来也认为"酒肉朋友"不是什么好话，也绝不会结交这样的朋友。但是，随着时间的推移和现实生活的演变，很多原本推心置腹的朋友不得不变成酒肉朋友，也就是吃吃喝喝在一起，在一起吃吃喝喝。其实，做酒肉朋友非但没什么坏处，且好处颇多，如：目的单纯，方式简单，过程轻松。

　　过去，我们也曾壮怀激烈，也曾风花雪月，泪水伴着酒水恣意流淌。如今，除了反反复复地说"吃好喝好"，我真的找不出其他什么话题，尤其是你需要的话题。

　　你原本希望我帮你在仕途上有所进步，指名道姓地让我跟某某领导和某某某说说，提拔你一官半职。我承认我的确认识他们，可他俩不认识我呀。你又说人托人滚动天，让我找关系，这，就是强人所难了。我自己没能力办的事，实在不好意思开口求人。再说，你混上现在的职位，应该知足了，更应该有自知之明。现行体制下，有几人是靠自身能力提拔的？你就别在酒桌上在哥儿几个面前装腔作势了。可是，偏偏每次聚会你都迟到，迟到了非但没有丝毫歉意，反而抱怨说领导又找你谈话，甚或又训斥了你。其实，大家的心都明镜似的,你是故意迟到。再说,你哪里是在诉苦,分明是在炫耀。既然我帮不上你的忙,也不想戳穿你的虚荣,那我们还是喝酒,谈点什么吧。

我们谈什么呢?

谈法律?我记得当年你的毕业论文是《刑事证人出庭作证的必要性》,但如今身为法官的你,在你主审的案件中,却屡次拒绝有利被告人的证人出庭做证,公然成为侵犯人权、践踏法治的帮凶。

谈新闻?我认为新闻是社会正义的最后一道防线,记者是当今中国社会最后的良知,而你却认为记者除了给政府添乱啥正事都不干。你完全不记得十年前你老家的祖屋被强拆,叫天天不应叫地地不灵,最后是记者的一篇报道为你和乡亲们讨回了公道。

谈文学?还记得《美国现代诗选》吗?当年在书店咱俩四只眼睛放光,但一套书4.45元却没凑够。经过紧急磋商,我把两套《诗选》紧紧抱在怀中,你回宿舍拿钱。三十多年了,你转身飞奔的背影依然清晰……而今呢,说你不知道茅盾是谁,那是侮辱你,但我断定你不知道《繁花》是谁写的。

谈政治?这你热衷,我也感兴趣。但你理解的政治就是官场,其他的,对于社会上很多事情,你连起码的常识都不懂。

还谈什么?谈工业、农业、金融?谈历史、地理、哲学?谈音乐、美术、建筑?我发现,这一切,有的是你真不懂,但主要是你不屑一谈。我认为这些知识是人生的乐趣,是美好生活的点缀,而你认为只有权力和金钱,才是你人生亢奋的春药。再好比一道菜,我认为需要葱姜蒜花椒大料的调剂,而你认为这些都是可有可无的,只要油大就是好菜。

好了,咱都别装清高,别卖弄高雅,咱可以谈谈很多人一喝酒就拍胸脯说的交情。可是，这么多年过去了，你确定我们还有交情吗？在你心中，我们的交情抵得上权和钱吗？交情值多少钱呢？

接开头的话题，能做称职的酒肉朋友，也不是那么容易的。每次碰杯，我干了，你喝一半，剩下的一半你顺手就倒在了脖子后边，我只是装作没看见而已。但你要知道，我请你吃饭，是不开发票的，一瓶茅台在我的工资里是占有一定权重的。如此说来，我把你当酒肉朋友，也是真情流露了，不客气地说，也是我瞧得起你了。

还谈吗？算了，咱们还是喝酒吧。

《美国现代诗选》（共两册）
赵毅衡 编译
外国文学出版社 1985年5月第1版

图版索引

（按汉语拼音字母顺序排列）

A

《啊！》冯骥才 著 …………………………………… 166

B

《冰河：1966—1976 无路可逃》冯骥才 著 ………………… 168
《八十年代激情文坛：我在〈文汇月刊〉十年》罗达成 著……059
《八十天环游地球》[法]儒勒·凡尔纳 著 沙地 译………… 321
《跋涉》三郎（萧军）悄吟（萧红）著 …………………… 084
《白鹿原》陈忠实 著 ……………………………………… 160
《白鹿原：手稿版》陈忠实 著……………………………… 201
《班主任》刘心武 著 ……………………………………… 363
《北京法源寺》李敖 著 …………………………………… 220
《北京，最后的纪念》阎连科 著 ………………………… 219

《北山楼随劄》施蛰存 撰　曹彬 整理 …………………………………334

C

《沧海客》尤凤伟 著……………………………………………………218
《尝试集》胡适 著………………………………………………………326
《曹禺：戏里戏外》张耀杰 著…………………………………………213
《吃瓜时代的儿女们》刘震云 著………………………………………282
《赤都心史》瞿秋白 著…………………………………………………330
《冲积期化石 飞絮 苔莉》张资平 著…………………………………017
《重庆客》司马讦 著……………………………………………………181
《纯真博物馆》[土耳其]奥尔罕·帕慕克 著　陈竹冰 译……………318

D

《大荒纪事》张鸣 著……………………………………………………207
《当代英雄》[俄]莱蒙托夫 著　翟松年 译 …………………………036
《当图书成为武器》[美]彼得·芬恩[荷]彼特拉·库维 著
　贾令仪 贾文渊 译………………………………………………………376
《抵达内心的歌谣》李广平 著…………………………………………131
《独白下的传统》李敖 著………………………………………………225
《读书读书》周作人 林语堂 老舍 等著　陈平原 编 ………………023
《〈读书〉十年》扬之水 著……………………………………………341
《读书随笔.1》叶灵凤 著………………………………………………334
《端木与萧红》钟耀群 著………………………………………………106
《多余的话》瞿秋白 著…………………………………………………328

E

《二泉映月：十六位亲见者忆阿炳》黑陶 著…………………………348

F

《法律也疯狂》[奥地利]鲁道夫·维瑟 编著　林宏宇 赵昌来 译 ……313

《繁花》金宇澄 著……194
《封面子恺》杨子耘 杨朝婴 宋雪君 吴达 编著……161
《芙蓉镇》古华 著……294
《〈芙蓉镇〉评论选集》湖南人民出版社编……006

G
《感时忧世》资中筠 著……288
《歌词门：怎样写歌词》王晓岭 著……134
《官场》刘震云 著……248
《广场钟声：演说与宣言》林贤治 编选……034

H
《好的爱情》陈果 著……296
《合肥四姐妹》［美］金安平 著　凌云岚 杨早 译……354
《何日君再来：刘雪庵传》李明忠 著……142
《痕迹：又见瞿秋白》胡仰曦 著……196
《红楼解梦》（增订本）第一集 霍国玲 霍纪平 霍力君 著……173
《呼兰河传》萧红 著……092
《呼兰河传》萧红 著……098
《花甲录》［日］内山完造 著　刘柠 译……127
《怀念狼》贾平凹 著……158
《活在洪武时代：朱元璋治下小人物的命运》谌旭彬 著……293
《火与废墟：基弗艺术札记》林贤治 著……264

J
《饥饿的女儿》虹影 著……365
《激流中：1979—1988 我与新时期文学》冯骥才 著……168
《记丁玲》沈从文 著……340
《记丁玲续集》沈从文 著……169
《记者站长》郭啸 著……255

395

《贾平凹书画》木南 编……215
《假如鲁迅活着》陈明远 编……116
《间谍王：戴笠与中国特工》［美］魏斐德 著 梁禾 译……373
《讲真话的书》巴金 著……316
《酱豆》贾平凹 著……177
《叫魂：1768年中国妖术大恐慌》［美］孔飞力 著 陈兼 刘昶 译……299
《解忧集》吴祖光 编……375
《界限之书》［法］埃德蒙·雅贝斯 著 刘楠祺 译……245

K

《卡扎菲传》［英］戴维·布伦蒂 著 吴力超 等译……359
《科尔沁旗草原》端木蕻良 著……108
《狂人日记（赵延年插图本）》鲁迅 著……118

L

《蓝衣社碎片》丁三 著……185
《老炮儿》管虎 著……381
《老朱煮酒》朱学东 著……241
《李商隐诗选》刘学锴 余恕诚 选注……052
《李宗盛：人生没有白走的路，每一步都算数》张绛 著……146
《莲灯诗梦林徽因》（增订本）陈学勇 著……205
《邻人之妻》［美］盖伊·特立斯 著 木风 许诺 译……236
《林风眠全集》林风眠 著……331
《林中小屋》张梅溪 著 黄永玉 黄永厚 插图……054
《凌汛：1977—1979朝内大街166号》冯骥才 著……168
《凌汛：朝内大街166号》（1977—1979）冯骥才 著……165
《刘醒龙文学回忆录》刘醒龙 著……384
《龙年档案》柯云路 著……252
《鲁迅的饭局》薛林荣 著……111
《鲁迅的故事》石一歌 著……012

《鲁迅全集》鲁迅 著······125
《鲁迅诗歌简论》刘扬烈 刘健芬 著······113
《鲁迅与我七十年》（新版）周海婴 著······115
《路遥的时间：见证路遥最后的日子》航宇 著······199
《吕梁英雄传》马烽 西戎 著······270
《绿房子》[秘鲁]马里奥·巴尔加斯·略萨 著 孙家孟 译······042
《论犯罪与刑罚》[意]贝卡里亚 著 黄风 译······027
《论艺术文学的特征》[苏]尼古拉耶娃 著 高叔眉 译······043
《落红萧萧》刘慧心 松鹰 著······369

M
《美国法律史》[美]劳伦斯·弗里德曼 著 周大伟 译······272
《美国现代诗选》（共两册）赵毅衡 编译······391
《美人赠我蒙汗药》王朔 老霞 著······382
《蒙古王府本石头记》（凡六册）[清]曹雪芹 著······045
《缅甸岁月》[英]乔治·奥威尔 著 陈超 译······062
《缅甸岁月》[英]乔治·奥威尔 著 冯军燕 译······062
《缅甸岁月》[英]乔治·奥威尔 著 郝爽 张旸 译······061
《缅甸岁月》[英]乔治·奥威尔 著 李锋 译······062
《缅甸岁月》[英]乔治·奥威尔 著 王如月 译······062
《民歌40——再唱一段思想起》陶晓清 统筹 杨嘉 主编······154
《民俗与迷信》江绍原 著······338
《明暗之间：鲁迅传》[日]丸尾常喜 著 陈青庆 译······190
《末代沙皇：尼古拉二世的最后503天》
[英]罗伯特·瑟维斯 著 付满 译······238
《莫泊桑中短篇小说选》[法]莫泊桑 著 赵少侯 译······377

N
《呐喊》鲁迅 著······124
《牛市一万点：中国财富大趋势》温元凯 著······290

P

《贫嘴张大民的幸福生活》刘恒 著……308
《平凡的世界》路遥 著……163
《普通法简史》[英]哈利·波特 著 武卓韵 译 周大伟 审校……274

Q

《七里香》席慕蓉 著……140
《启功书法学国际研讨会论文集》文物出版社 北京师范大学 编……230
《启功书画集》启功 编著……232
《潜伏》龙一 著……379
《潜流与漩涡——论二十世纪中国小说家的创作心理障碍》
　王晓明 著……038
《桥》悄吟 著……009
《秦制两千年》谌旭彬 著……292
《倾城之恋》张爱玲 著……346

R

《让世界充满爱》谭明 选编……144
《让"死"活下去》陈希米 著……203
《人啊，人！》戴厚英 著……016
《人民的饮食》朱学东 著……243
《人生的枷锁》[英]毛姆 著 黄水乞 译……320
《人生海海》麦家 著……064
《人与人间——萧军回忆录》萧军 著……083
《〈日瓦戈医生〉出版记》[美]保罗·曼科苏 著 初金一 译……020

S

《三里湾》赵树理 著……352
《三毛的生与死》新华社参考新闻编辑部 编……204
《三峡工程议案是怎样通过的：一个全国人大代表的日记》黄济人 著…211

《莎菲女士的日记》丁玲 著⋯⋯⋯⋯⋯⋯⋯⋯⋯⋯⋯⋯⋯094
《山坳上的中国》何博传 著⋯⋯⋯⋯⋯⋯⋯⋯⋯⋯⋯⋯066
《山本》贾平凹 著⋯⋯⋯⋯⋯⋯⋯⋯⋯⋯⋯⋯⋯⋯⋯⋯007
《商君书》石磊 译注⋯⋯⋯⋯⋯⋯⋯⋯⋯⋯⋯⋯⋯⋯⋯⋯306
《商市街》悄吟（萧红）著⋯⋯⋯⋯⋯⋯⋯⋯⋯⋯⋯⋯⋯077
《商市街》萧红 著⋯⋯⋯⋯⋯⋯⋯⋯⋯⋯⋯⋯⋯⋯⋯⋯079
《商州三录》贾平凹 著⋯⋯⋯⋯⋯⋯⋯⋯⋯⋯⋯⋯⋯⋯187
《涉过愤怒的河》[日]西村寿行 著 杨哲山 王晓滨 译⋯⋯070
《深圳十大观念》王京生 主编⋯⋯⋯⋯⋯⋯⋯⋯⋯⋯⋯⋯315
《生死场》萧红 著⋯⋯⋯⋯⋯⋯⋯⋯⋯⋯⋯⋯⋯⋯⋯⋯081
《声誉》唐诺 著⋯⋯⋯⋯⋯⋯⋯⋯⋯⋯⋯⋯⋯⋯⋯⋯⋯022
《石评梅作品集（诗歌 小说）》石评梅 著 杨扬 编⋯⋯⋯342
《手机》刘震云 著⋯⋯⋯⋯⋯⋯⋯⋯⋯⋯⋯⋯⋯⋯⋯⋯285
《受命》止庵 著⋯⋯⋯⋯⋯⋯⋯⋯⋯⋯⋯⋯⋯⋯⋯⋯⋯209
《书香缘——作家捐书题词集》费滨海 编⋯⋯⋯⋯⋯⋯⋯005

T

Tales of Hulan River 萧红 著 葛浩文 译⋯⋯⋯⋯⋯⋯⋯100
《唐山警世录——七·二八大地震漏报始末》张庆洲 著⋯⋯298
《唐诗三百首新注》[清]蘅塘退士 编 金性尧 注⋯⋯⋯⋯356
《躺着读书》周立民 著⋯⋯⋯⋯⋯⋯⋯⋯⋯⋯⋯⋯⋯⋯060
《天网》张平 著⋯⋯⋯⋯⋯⋯⋯⋯⋯⋯⋯⋯⋯⋯⋯⋯⋯227
《通往父亲之路》叶兆言 著⋯⋯⋯⋯⋯⋯⋯⋯⋯⋯⋯⋯234
《通往奴役之路》[英]弗里德里希·奥古斯特·哈耶克 著
　王明毅 冯兴元 等译⋯⋯⋯⋯⋯⋯⋯⋯⋯⋯⋯⋯⋯⋯018

W

《晚熟的人》莫言 著⋯⋯⋯⋯⋯⋯⋯⋯⋯⋯⋯⋯⋯⋯⋯175
《王佑贵教你写词作曲》王佑贵 著⋯⋯⋯⋯⋯⋯⋯⋯⋯⋯139
《文化的流亡：纳粹时代欧洲知识难民研究》李工真 著⋯⋯304

《文化界遛弯儿》丁东 著⋯⋯⋯⋯⋯⋯⋯⋯⋯⋯⋯⋯⋯⋯⋯⋯047
《文人笔下的文人》秦人路 孙玉蓉 选编⋯⋯⋯⋯⋯⋯⋯⋯336
《文人的脾气——韩石山文学批评选》韩石山 著⋯⋯⋯⋯280
《文学的鲁滨逊：木心的前半生（1927—1956）》夏春锦 著⋯⋯⋯⋯278
《我的大学》梁治平等 著⋯⋯⋯⋯⋯⋯⋯⋯⋯⋯⋯⋯⋯⋯050
《我的艺术生涯》力群 著⋯⋯⋯⋯⋯⋯⋯⋯⋯⋯⋯⋯⋯⋯261
《我们村里的年轻人（续集）》马烽 著⋯⋯⋯⋯⋯⋯⋯⋯150
《我与悲鸿——蒋碧微回忆录》蒋碧微 著⋯⋯⋯⋯⋯⋯⋯350
《我与地坛（纪念版）》史铁生 著⋯⋯⋯⋯⋯⋯⋯⋯⋯⋯202
《吴伯箫散文选集》吴伯箫 著⋯⋯⋯⋯⋯⋯⋯⋯⋯⋯⋯⋯057

X

《西口大逃荒》马小林 张敬民 著⋯⋯⋯⋯⋯⋯⋯⋯⋯⋯267
《闲话（十五）：同路殊途》臧杰 主编⋯⋯⋯⋯⋯⋯⋯⋯029
《闲话中国人》易中天 著⋯⋯⋯⋯⋯⋯⋯⋯⋯⋯⋯⋯⋯⋯265
《相遇而已》姚谦 著⋯⋯⋯⋯⋯⋯⋯⋯⋯⋯⋯⋯⋯⋯⋯⋯148
《像一块滚石》[美] 鲍勃·迪伦 著 徐振锋 吴宏凯 译⋯⋯153
《萧红全集：全三册》萧红 著 林贤治 编注⋯⋯⋯⋯⋯⋯102
《萧红小传》骆宾基 著⋯⋯⋯⋯⋯⋯⋯⋯⋯⋯⋯⋯⋯⋯⋯104
《萧红印象·影像》章海宁 景然 编著⋯⋯⋯⋯⋯⋯⋯⋯073
《萧红与鲁迅》袁权 著⋯⋯⋯⋯⋯⋯⋯⋯⋯⋯⋯⋯⋯⋯⋯075
《萧红传》季红真 著⋯⋯⋯⋯⋯⋯⋯⋯⋯⋯⋯⋯⋯⋯⋯⋯371
《萧红自集诗稿》萧红 著 北京鲁迅博物馆 编⋯⋯⋯⋯087
《小城三月》萧红 著⋯⋯⋯⋯⋯⋯⋯⋯⋯⋯⋯⋯⋯⋯⋯⋯011
《小月前本》贾平凹 著⋯⋯⋯⋯⋯⋯⋯⋯⋯⋯⋯⋯⋯⋯⋯056
《小镇喧嚣：一个乡镇政治运作的演绎与阐释》吴毅 著⋯183
《新儿女英雄续传》孔厥 著⋯⋯⋯⋯⋯⋯⋯⋯⋯⋯⋯⋯⋯171
《新儿女英雄传》袁静 等著⋯⋯⋯⋯⋯⋯⋯⋯⋯⋯⋯⋯⋯170
《新儿女英雄传》袁静 孔厥 著⋯⋯⋯⋯⋯⋯⋯⋯⋯⋯⋯171
《新星》柯云路 著⋯⋯⋯⋯⋯⋯⋯⋯⋯⋯⋯⋯⋯⋯⋯⋯⋯250

《新月与蔷薇：波斯五千年》[伊朗] 霍马·卡图赞 著　王东辉 译 ……032
《漩涡里：1990—2013 我的文化遗产保护史》冯骥才著………… 168
《徐悲鸿一生——我的回忆》廖静文 著……………………………350
《雪窗帘》迟子建 著……………………………………………………192

Y

《烟云·阿根廷蚂蚁》
[意大利] 伊塔洛·卡尔维诺 著　萧天佑　袁华清 译……………301
《燕山夜话》（合集）马南邨 著………………………………………302
《阎锡山日记全编》阎锡山 著…………………………………………325
《秧歌》张爱玲 著………………………………………………………344
《野草》鲁迅 著…………………………………………………………122
《夜航船》张岱 著　李小龙 译…………………………………………388
《夜与昼（共两卷）》柯云路 著………………………………………189
《一把刀，千个字》王安忆 著…………………………………………217
《一个叛逆女性的心声——萧红诗简析》陈绍伟 编著………………086
《一个县委书记的自述》刘郁瑞 著……………………………………227
《遗言：震动世界》李君旭 著…………………………………………311
《忧郁的热带》[法] 克洛德·列维-斯特劳斯 著　王志明 译………025
《雍正皇帝》（全三册）二月河 著……………………………………222
《幽微的人性》李玫瑾 著………………………………………………319
《有只狐狸看月亮》李田田 著…………………………………………386
《又见昨天》杜高 著……………………………………………………040
《愚园路》徐锦江 编著…………………………………………………314
《源氏物语（上中下）》[日] 紫式部 著　丰子恺 译………………003

Z

《暂坐》贾平凹 著………………………………………………………175
《战争和人》（共三册）王火 著………………………………………157
《赵树理全集（1-6）》赵树理 著……………………………………259

401

《赵树理全集》赵树理 著……263
《中国传统民歌歌典》陈川 主编……137
《中国绘画史》陈师曾 著 徐书城 点校……120
《中国四十年社会变迁》毕竟悦 著……276
《中正之笔：颜真卿书法与宋代文人政治》
[美]倪雅梅 著 杨简茹 译 祝帅 校译……358
《姊妹本纪》贾平凹 著……179
《自白——我的日记》杨沫 著……367
《自我之歌》[美]沃尔特·惠特曼 著 李印白 译/摄……247